四川省科技厅软科学资助项目：创新失败、组织韧性对企业创新行为影响机制研究（2021JDR0150）

博士生导师学术文库

A Library of Academics by
Ph.D. Supervisors

心理资本
如何影响员工创新行为

唐 源 著

光明日报出版社

图书在版编目（CIP）数据

心理资本如何影响员工创新行为 ／ 唐源著 . -- 北京：
光明日报出版社，2024.7. -- ISBN 978 - 7 - 5194 - 8144 - 5

Ⅰ. C93-051；F273.1

中国国家版本馆 CIP 数据核字第 2024SS3954 号

心理资本如何影响员工创新行为

XINLI ZIBEN RUHE YINGXIANG YUANGONG CHUANGXIN XINGWEI

著　者：唐　源

责任编辑：杨　娜　　　　　　　责任校对：杨　茹　王秀青

封面设计：一站出版网　　　　　责任印制：曹　净

出版发行：光明日报出版社

地　　址：北京市西城区永安路 106 号，100050

电　　话：010-63169890（咨询），010-63131930（邮购）

传　　真：010-63131930

网　　址：http：// book. gmw. cn

E - mail：gmrbcbs@ gmw. cn

法律顾问：北京市兰台律师事务所龚柳方律师

印　　刷：三河市华东印刷有限公司

装　　订：三河市华东印刷有限公司

本书如有破损、缺页、装订错误，请与本社联系调换，电话：010-63131930

开　　本：170mm×240mm

字　　数：262 千字　　　　　　印　　张：16.5

版　　次：2025 年 1 月第 1 版　　印　　次：2025 年 1 月第 1 次印刷

书　　号：ISBN 978 - 7 - 5194 - 8144 - 5

定　　价：95.00 元

前　言

当前国际国内市场竞争环境复杂多变，"贸易战"和"技术垄断"现象愈演愈烈，创新人才成为国与国之间竞争的关键因素。创新人才是企业创新的基础来源，企业只有在创新实践中发现和培养人才，在创新事业上汇聚和召唤人才，在创新活动中锻炼和挖掘人才，才能造就和培养素质优良、结构合理的创新型科技人才。我国高新技术企业还存在大量"卡脖子"技术，急需在当前激烈竞争环境中取得应对国外的核心创新能力。员工创新是企业创新的基础和主体，是最重要的创新构成要素。高新技术企业的员工具有高素质、高创新性和自我实现愿望强烈等特点，在促进企业创新方面有着其他传统企业员工无法比拟的优势，他们分布于企业中的技术研发、行政管理、后勤服务、市场营销和品牌推广等各个部门，是最能知晓企业短板、发现问题和识别创新机会的创新单元。如何让企业能最大限度地开发和利用个体员工成为"问题发现""机会识别"和"突破创新"的关键触发器，在于必须尊重员工、了解员工个性心理和激发员工创新心理，要利用好心理资本规律，使高新技术企业员工自发自愿参与到企业的各个层次的创新行为中。

员工创新行为研究领域逐渐成为广大学者近年来研究的一个热点，大部分国际国内学者从单变量或多变量视域分析员工创新行为的个人、团体和组织的影响机制。本研究的研究视角是将组织行为学视角和环境动态论视角结合起来探究员工创新行为的作用机理，进一步延伸员工创新行为的研究视野，深度分析高新技术企业员工创新行为的新状况，探讨如何通过员工心理资本的提升促进其创新行为。目前，已有研究文献关注到心理资本对员工创新行为的影响，但对心理资本如何作用于员工创新行为的内在机理及其具体作用情境，现有文献对该问题鲜有深入和展开研究，而且在现有的理论研究中，其研究结论有不一致的地方，尤其是在某些具体研究问题上还存在一定的分歧。

本书在借鉴国内外相关理论和实践的基础上,从心理资本理论、工作要求—资源理论、知识管理理论、双元创新理论、资源基础理论等视角,紧密围绕"心理资本如何影响员工创新行为"这一基本问题,建立"心理资本—工作投入—员工创新行为""心理资本—知识分享—员工创新行为"双重路径理论框架,目的是探讨心理资本与员工创新行为之间的影响路径,本研究采用实证研究方法对其展开了深入的探究工作。首先,本研究选取了高新技术企业员工为研究对象,在对现有文献资料进行梳理的基础上,初步形成了心理资本与员工创新行为关系的分析框架,提出了本研究的初始假设命题:心理资本中任务型、关系型、学习型和创新型四个心理资本均能提升员工创新行为。其次,基于文献探讨建构理论模型,本研究以心理资本为切入点,引入工作投入、知识分享两个变量,在当前的现实和理论背景下,架构了心理资本和员工创新行为二者的研究假设和概念模型,对心理资本、工作投入、知识分享、员工创新行为概念进行了讨论,对这几个变量的现有研究维度进行了划分,进一步探讨了各个变量的测量方法,为进一步挖掘心理资本对高新技术企业员工创新行为影响机制做好铺垫。再次,把心理资本理论、工作要求—资源模式理论、知识管理理论、双元创新理论、资源基础理论整合到统一模型中进行研究,进一步提出研究假设。最后,在前面主效应和中介效应研究的基础上,根据当下国际国内情景,引入了环境动态性(技术动态性和市场动态性)变量作为情景边界进行考察,从环境动态性的视角考察在差异化情境下心理资本、工作投入和知识分享对员工创新行为的影响机制是否存在差异。通过多元回归分析方法进行了实证分析检验,最终形成了环境动态性(技术动态性和市场动态性)影响心理资本、工作投入、知识分享与员工创新行为关系的调节效应模型和被调节的中介效应模型。

目　录
CONTENTS

第一章

绪 论

第一节 研究背景

一、现实背景

（一）当前国际国内"加快创新"形势要求企业必须重视员工创新行为

当前我国面临以美国为首的西方国家对我国华为和中兴等高新技术企业进行光刻机和芯片等技术的"卡脖子"，以华为和中兴为代表的中国高新技术企业员工努力突破技术瓶颈，拉开了在技术攻关上与时间赛跑的序幕。这使得我国高新技术企业员工感受了时间的压力，伴随着创新的高复杂性和高不确定性，企业之间、地区之间和国家之间在核心技术上的竞争压力越来越大，各自都希望获取高竞争力和核心技术话语权，高新技术企业更加需要缩短技术迭代的周期，以此获取市场主动权。"加快创新"在各级政府工作报告中被明确提及。员工作为高新技术企业科技创新业务的主要载体，预留给他们的时间越来越少。一方面，现在我国和国外在技术上有一定差距；另一方面，国外的技术发展也在突飞猛进。[1] 即当前高新技术企业员工面临着严峻的技术创新压力问题，要求员工能在较短的时间内做出难度很大的创新结果。自 2014 年开始，我国为助推经济结构实现创新发展战略，国务院全面启动"创新驱动"工作以创新促进发展[2]，创

---

[1] 宋锟泰，张正堂，赵李晶. 时间压力促进还是抑制员工创新行为？一个被调节的双重路径模型 [J]. 科学学与科学技术管理，2020，41（1）：114-133.

[2] 张秀峰，胡贝贝，张莹，等. 国家高新区出口转化绩效及影响因素研究：基于创新驱动的视角 [J]. 科学学研究. 2021，39（6）：10 26-10 35.

新人才不仅可以增加企业和国家的核心竞争力，而且能增加企业核心竞争力，在当前经济发展环境中具有举足轻重的作用，创新人才因此对于企业的发展至关重要[1]。高新技术企业的员工对科学技术或发明在原领域或新领域进行艰难攻关，员工是知识与技术密集的拥有者和开拓者，这些员工的创新行为更是企业发展不可或缺的核心动力。[2]

（二）企业内部研发优胜劣汰机制让员工感到发展压力

近年来，高新技术企业员工高强度的工作投入引发了一系列问题，需要引起政府层面的高度重视。企业内部实行临时"研发组""课题组"等研发项目，使得有能力的员工能发挥其才能，同时随着项目组结束后组建新一轮临时"项目组""课题组"等的运作效能，使得员工感受到了在企业内部的生存和发展压力。在这种情况下，由于工作场所中压力导致的负面心理感知的消极态度和行为对组织效能的不利影响越来越凸显，这种员工微观层面的矛盾最终会影响企业整个创新系统出现不利局面。[3]

如何抓住员工创新动力的心，激发其用之不竭的创新行为，尤其是面临一个个创新团体的成立和解散，如何把控企业的创新进度和员工自身创新行为一致性，这是当前特定背景下高新技术企业员工管理效能的时代新课题。但是把员工创新行为作为因变量来研究影响其产生的内在机制的还较少，比如，什么因素影响了员工创新想法的产生，如果要产生新颖度高的和具有原始根本创新性质的想法是否需要员工具有更强的创新心理动机，是否需要员工具备创新需要的多元的知识积累和知识体系；是否需要员工投入大量的时间和精力来完成创新任务，如何衡量工作投入在情感、知觉和身体力行上的投入程度；如何利用好"影响因素"来提高员工创新

[1] 赵兰香，姚萌，吴博. 隐性知识视角下创新型人才培养模式研究［J］. 科研管理，2019，40（11）：32-42.

[2] D DODGSON M，GANN D，SALTER A. Think，Play，Do：Technology，Innovation，and Organization［M］. New York：Oxford University Press，2005：254.

[3] KLEYSEN F R，STREET T C. Toward a Multi-Dimensional Measure of Individual Innovative Behavior［J］. Journal of Intellectual Capital，2001，2（3）：248-296.

行为等。①

(三) 企业激发新时代员工创新热情任务艰巨

近些年国内一些学者已经开始研究创新行为，但是他们的研究成果基本以"80后"及以前年代的员工为研究主体。随着时代更替，大量具有较高学历、较高文化程度的员工加入高新技术企业，逐渐成为企业主体。他们的多元价值观能否适应高新技术企业的岗位要求，同时时空技术迭代变化，对这部分员工的需求变化也很快，企业之间和企业内部的岗位变化频繁，如何留住他们，如何激励他们对企业的忠诚度，如何促进其创新热情？这对当前企业来说是一项十分艰巨的管理任务。当前对这部分员工创新行为的研究关注较少。这部分员工能否融入高新企业的各个岗位创新工作，能否在某些岗位独当创新职责？这部分"90后"和少量"00后"员工在高新技术企业里不但承担了核心技术研发创新工作的攻坚任务，而且还成为组织创新活动中时间压力的主体。他们的创新行为直接关系到企业的创新绩效。

Scott 和 Bruce 认为员工创新行为是指：在企业创新活动中员工个体加入整个创新团队行动的时候表现出来的所有创新行为，该创新行为是从创新想法出现到创新想法实现的过程。② Jansen 等认为创新行为包括满足现有客户或市场的需求的利用式创新，与满足新兴客户或市场的需求的探索性创新。③ 利用式创新是渐进的创新，修正了当前的计划，拓展了现有的技能和知识，延展了目前的技术创新、产品创新和服务创新，扩展了当前的营销效率。因此，利用式创新是建立在现有知识的基础上，强化现有的技能、流程和结构。也有学者指出可以从创新活动的新颖程度之间是否有

---

① LI Y, WANG M, VAN J D, et al. From Employee-Experienced High-Involvement Work System To Innovation: An Emergence-Based Human Resource Management Framework [J]. Academy of Management Journal, 2018, 61 (5): 2000-2019.

② SCOTT S G, BRUCE R A. Determinants of Innovative Behavior: A Path Model of Individual Innovation in the Workplace [J]. Academy of Management Journal, 1994, 37 (3): 580-607.

③ JANSEN P J J, BOSCH D V A F, VOLBERDA W H. Exploratory Innovation, Exploitative Innovation, and Performance: Effects of Organizational Antecedents and Environmental Moderators [J]. Management Science, 2006, 52 (11): 1661-1674.

差异化，将创新活动分成利用式和探索式两种创新活动，前者的创新程度较低，新颖度不高，例如，仅对现有产品、市场、服务和客户在一定程度上更新的改进活动；而后者的创新程度较大，新颖度高，如进行新产品开发、创新商业模式、挖掘新的影响市场因素等激进的创新活动。

（四）当前西方国家对我国"技术和市场封锁"急需提升员工创新行为

美国为了打压我国高新技术的飞速发展，对我国华为等高科技公司进行了技术封锁、人才交流封锁、技术知识交流封锁，把我国很多高新技术企业和高校等单位列入"实体清单"，尤其是对我国高科技公司人员的学术交流往来都加以限制，对中国留学生学术交流进行限制，将很多高科技公司和高校列入"实体清单"，同时对现有美国的技术知识进行限制，不准我国使用和采购，对现有美国技术的相关产品知识和专利知识都加以限制，这给我国目前一些核心技术的研发带来了短暂的困境。我们目前如何利用对员工的知识管理来保持当前的前沿知识不脱钩的现实问题？我们如何在美国等西方国家的技术封锁下提高员工的创新行为？

由于企业创新与其持续发展息息相关，因此企业必须开发和利用好企业现有自身员工，为提升员工从事创新行为做好相应激励工作。美国的"贸易战"将我国走在世界前列的通信产业加以限制，同时对其盟国使用中国的高新技术也加以阻挠，使得我国以"5G"产品为代表的中国高科技公司的创新产品市场更加狭窄。高科技公司员工如何面对这一系列的"市场阻碍"，如何进一步拓展我国高新技术产品市场，如何满足顾客个性化和多元化需求？这些都急需提升我们市场开拓员工的创新行为来应对挑战。因此，无论是从业者还是学者，都迫切希望找出员工创新行为的提升因素，这些提升因素对员工创新行为的影响是本研究的重点。

二、理论背景

本研究对影响高新技术企业员工创新行为的现有文献进行了综合分析和梳理，通过汇总分析发现，当前许多专家学者都对员工创新行为开展了系列相关研究，其中还有部分专家学者构建了研究模型。比如，一些专家学者构建了专业技能、个人心理动机、环境不确定和创造力技能的研究模型。另外，一些学者从影响员工创新行为的因素的内在机制入手，比如，从员工特征变量、团队特征变量、关系网络、企业文化、创新氛围、领导视角和人与岗位匹配等角度来展开研究。

通过对员工创新行为现有文献归纳整理分析发现，国内外大量学者对该主题的影响因素以及相互作用关系开展了系列研究，仍有需要进一步丰富的和完善的研究空间。

第一，从目前研究高新技术企业员工创新行为的前置影响因素的文献看，已经有部分研究心理资本对员工创新行为作用的成果，但是这部分研究还存在以下不足，大部分使用的问卷是国外的问卷，高新技术企业在我国这几年发展迅速，我们在高新技术上是后发国家，高新技术企业员工必定和国外的高科技企业员工有不同之处，这一点是本研究关注的重点，使用的是本土问卷。侯二秀、陈树文和长青的问卷认为心理资本的内容结构包含四个维度，分别是积极情感和坚韧性的任务型心理资本、情绪智力和感恩的关系型心理资本、学习效能感和知识共享意愿的学习型心理资本、创新自我效能感和模糊容忍度的创新型心理资本。① 但是目前使用该问卷做本土研究的还比较少，本研究将进一步拓展本土问卷研究领域。

第二，当前国内外学者虽然从员工个人、工作团体和企业组织三个层次对员工创新行为的作用机制进行了探讨，但是缺乏深入和全面系统的综合研究，比如，是个体层次、团体层次和组织层次相互影响还是其单个层次影响没有说清楚，研究层面在逻辑上比较混乱。本研究专门从员工个体层次做了深入研究，如对员工内在心理层面、工作投入程度、知识分享效果对员工创新行为的影响机制展开了全面深入研究。

第三，目前虽然有部分学者构建了影响员工创新行为的机制模型，但是从理论基础上来看还是比较混乱。一是理论基础不足，对各个变量之间的影响关系讨论不足。二是没有把影响员工创新行为的各个变量的作用机制说清楚，比如，中介变量是否还存在双重影响机制或者链式中介影响机制，这种深入讨论目前还比较缺乏，还有待进一步研究并清晰影响其运作黑箱的必要。

第四，目前国内外研究文献对员工创新行为的影响机制的情景边界因

_____

① 侯二秀，陈树文，长青. 企业知识员工心理资本维度构建与测量 [J]. 管理评论，2013，25（2）：115-125.

素研究还比较匮乏，比如，结合现实情景，高新技术企业员工的创新行为是否受到当前国际"贸易战"的市场动态性影响，是否受到西方国家"技术垄断"卡脖子的技术动态性影响？目前很少有学者关注情景边界的影响效应，可以看出，目前有关心理资本、工作投入、知识分享和环境动态性对员工创新行为影响作用机制的理论研究仍然存在一些局限，需要做进一步深入的理论研究和科学的实证检验。

综上所述，为了弥补上述研究缺口，本研究通过实证研究的方式，致力于探讨我国高新技术企业的员工创新行为是如何被心理资本、工作投入和知识分享产生作用的全过程。此外，本研究还实证检验了技术动态性和市场动态性如何影响企业员工心理资本、工作投入和知识分享与员工创新行为之间的关系。

第二节　问题提出与研究目标

一、问题提出

经济全球化，国际国内不确定性因素增加，技术变革和环境动态性加剧，高新技术企业面临生存的空间越来越小和压力越来越大，高新技术企业员工在企业的创新行为直接影响到企业的生死存亡。

一方面，随着互联网的普及，高新技术企业的知识得到广泛的交流和分享，大量的知识和资源得到广泛利用，但是由于技术创新本质的稀缺性和前沿性以及巨大的经济潜力导致各个企业、各个国家对核心技术的封锁和垄断，使得创新资源竞争加剧，这对员工创新行为提出了更高的要求。

另一方面，由于高新技术企业的研发工作离不开创新人才，每个员工有其独特的自身异质性，都有自己的心理特点和知识背景以及对待技术创新等的认同和差异，这些都为提高企业创新效率提出了相应的难题。如何整合高新技术企业的员工资源，进一步推动高新技术企业员工高质量的创新行为，充分发挥创新人才的作用，为创新员工提高科学的创新信道，疏通创新人才和创新管理中的"障碍"？

本研究紧紧抓住"心理资本如何影响员工创新行为"的核心线索，将深入探讨以下五个问题。

（1）高新技术企业员工创新行为到底有哪些影响因素？影响员工创新行为的内在机制如何？

（2）高新技术企业员工心理资本结构是怎样的？

（3）高新技术企业员工在目前工作中的心理资本、工作投入、知识分享和创新行为的现状是怎样的？

（4）高新技术企业员工的心理资本、工作投入、知识分享和创新行为四者的内在影响机制是怎样的？

（5）引入环境动态性的管理情景边界，探讨能否通过改善管理让高新技术企业员工有积极向上的心理资本，激发员工的工作投入和知识分享，促进高新技术企业员工创新行为，增强企业核心竞争力。

二、研究目标

本研究以高新技术企业员工为研究对象，在文献回顾的基础上，运用理论与实证相结合的方法，对员工心理资本与员工创新行为关系、知识分享与工作投入的中介作用、环境动态调节作用等相关问题进行研究，试图实现以下研究目标。

1. 探索心理资本（任务型、关系型、学习型、创新型）、知识分享（意愿、能力）、工作投入（身体投入、情感投入、认知投入）、员工创新行为（利用式创新、探索式创新）四者之间的关系；增加对环境动态的认识，深入分析员工心理资本、知识分享、工作投入对员工创新行为的影响作用。

2. 明确心理资本、知识分享、工作投入作用于员工创新行为的具体路径，揭示知识分享、工作投入的中介作用，通过比较了解两者中介效果的差异。

3. 探讨心理资本、知识分享、工作投入作用于员工创新行为中造成的影响差异。检验在环境动态（技术动态性与市场动态性）的调节下，心理资本、知识分享、工作投入与员工创新行为之间关系的变化，深入研究环境动态差异对具体作用路径的影响，发掘导致心理资本、知识分享、工作投入对员工创新行为的影响因素。

4. 在研究结论的基础上，为政府加快企业发展提供决策依据和政策建议，为企业促进员工知识分享、工作投入以提升员工创新行为提供启示。

第三节　研究方法与技术路线

一、研究方法

根据具体的研究问题，本研究的章节中综合运用了理论分析法、问卷调研法、统计分析法和结构方程模型四种方法。

1. 理论分析法

理论分析方法是借助理论原理进行推理的研究过程。在本研究中，研究者基于双元新理论，建立了结合心理资本、工作投入、知识分享与员工创新行为的关系模型，并对每一条路径进行了研究假设，奠定了本研究的具体研究模型。借鉴先前学者对影响员工创新行为因素的研究成果，提出环境动态具有调节研究模型的作用的探索，在实证研究结果出来后，本研究在具体研究内容的分析和讨论中，也运用了理论与相关文献来进行佐证和解释，从而增强了研究的严谨性。

2. 问卷调研法

问卷调研法是通过深入社会现实来获取研究所需要的第一手资料。基于文献探讨产生研究模型及问卷后，在 120 份有效的预调研问卷的基础上，对问卷进行信度和效度检验，经过调整、加工和完善，最终形成正式调研问卷。在 2020 年暑假笔者通过委托机构发放、导师关系、网络问卷（微信、问卷星）、学院 MBA/EMBA 学生发放正式调研问卷，收集到 636 份有效研究问卷，为后续的实证分析提供了研究的素材与数据。

3. 统计分析法

本研究运用统计软件 SPSS 26.0 版本与结构方程模型软件 AMOS 24.0 版本对通过调查问卷获得的调研数据进行了科学统计并对验证结果进行认真分析。主要涉及的统计分析方法是描述性统计分析，对企业员工人口特征变量、企业生存时长、企业员工人数、企业资产、企业所属区域等情况进行简单的描述性统计分析。对研究模型中心理资本、知识分享、工作投入、员工创新行为、环境动态性等潜变量进行描述性分析，检查其是否符合正态分布特征，为后续研究奠定基础。

4. 结构方程模型

该方法用于潜变量之间的关系研究。本研究中心理资本、知识分享等变量各维度均需以问卷量测,属于潜变量关系分析,故而使用结构方程模型分析。实证分析中,本研究运用 AMOS 24.0 软件先对测量模型进行验证性因子分析、信效度分析,同时对测量模型和结构模型分别进行模型拟合度分析,在验证指标十分理想的基础上开展对研究模型中各潜变量之间关系假设的验证,分析 4 个核心变量间的影响机制。然后使用 Bootstrap 方法进行中介效应检验,分析心理资本作用于员工创新行为的作用路径,判断工作投入与知识分享的中介作用。最后,通过 Process 宏的交互项分析来判断环境动态性对各路径的调节作用。

二、技术路线

本研究遵循"提出问题—分析问题—解决问题"的思路,具体思路如下。

1. 提出问题

通过对相关文献的研究,结合组织员工的创新行为,提出本研究需要解决的问题,概括出本研究的具体目标,明确加强本研究的理论意义和实践意义。

2. 分析问题

首先,运用心理资本、双元创新等理论构建研究概念模型,在相关文献的基础上,提出基于核心变量及其具体维度的研究假设。

其次,明确实证研究方法、参考文献,确定研究变量的量表,设计问卷,展开预调研,对问卷质量进行检查。

最后,将检查过的问卷进行发放,展开正式调研,收集大量样本数据,运用统计方法对研究假设进行实证检验,并结合理论与文献对结果进行分析和讨论。

3. 解决问题

根据实证结果对检验结果进行分析,得出研究结论并提出实践启示。本研究从企业和员工个人角度提出了管理启示,同时对现有研究的不足提出了展望。

技术路线如图 1-1。

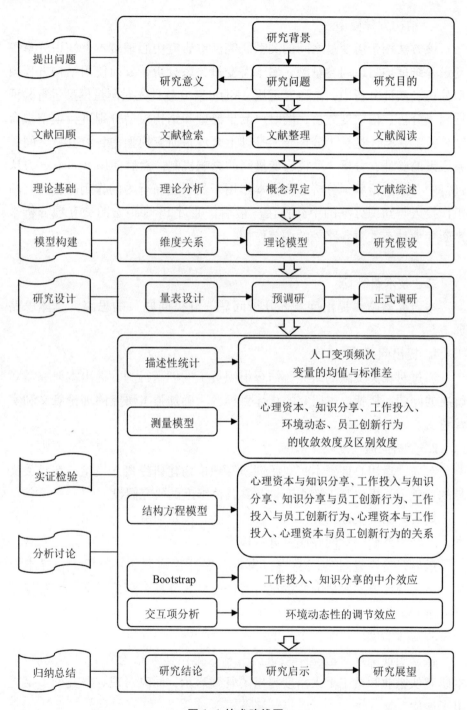

图 1-1 技术路线图

第四节 研究内容与创新点

一、研究内容

本研究共分七章，以下为各章节内容。

第一章：绪论。该部分介绍研究的现实背景与理论背景，提出研究问题、分析研究方法与技术路线，最后阐述研究结构和研究创新之处。

第二章：文献综述。首先对员工创新行为的影响因素进行分析，将这些因素进行研究层面和视角的归类。其次，介绍员工心理资本（任务型、关系型、学习型、创新型）的概念，并对工作投入与知识分享（意愿、能力）对员工创新行为（利用式创新、探索式创新）的影响进行综述。最后，针对环境动态性（技术动态、市场动态）可能会影响到的研究路径提出讨论。

第三章：理论基础和模型构建。本章在心理资本理论、工作要求—资源理论、知识管理理论、双元创新理论、资源基础理论基础上，然后结合先前学者的研究发现，讨论心理资本、工作投入、知识分享、环境动态性与员工创新行为（利用式创新、探索式创新）之间的关系并提出研究方向，明确具体研究模型。

第四章：研究假设的提出。在第二章文献综述以及第三章理论基础与模型构建的基础之上，提出本研究的 13 组研究假设，建立心理资本与员工创新行为、工作投入、知识分享对员工创新行为的中介和链式中介作用的假设以及环境动态性的调节作用及被调节的中介作用的假设。

第五章：研究设计与方法。为了验证前一章提出的研究假设，本研究采取实证检验的方法，本章介绍了研究模型中对各个具体维度研究变量的测量和问卷的设计过程与组成部分。此外，本章还介绍了正式调研所使用的统计分析方法，包括多元回归分析、结构方程模型与 Process 宏分析等，对此验证研究假设。为了检查问卷的科学合理性，以 120 个样本进行预调研，在进行了探索性因素分析和信度效度检查后，确定最终问卷题项。

第六章：实证分析与结果讨论。本章先进行信度和效度分析，在模型拟合度通过检验的基础上，运用 AMOS 24.0 统计软件进行结构方程模型分析，检验心理资本、工作投入、知识分享、员工创新行为的几个变量之间的关系，分析心理资本作用于员工创新行为的几个变量之间的关系的具体路径，并且通过中介效应和链式中介分析，探讨环境动态性对于工作投入、知识分享与员工创新行为的调节效应以及调节的中介效应。最后针对实证分析结果进行讨论。

第七章：研究结论与启示。本章以第六章实证分析为基础，结合理论、文献和实践等因素对模型变量之间的关系、知识分享与工作投入的中介效果、环境动态性的调节效应进行详细的分析和讨论，完成对假设检验的解释。此外，本章总结本书的主要研究结论，并提出相应的对策和建议，最后指出研究中存在的局限，探讨未来可拓展的方向和可深入研究的内容。

二、研究创新点

本书通过开展心理资本对员工创新行为作用机制的研究，从心理资本视角和环境视角探讨了员工创新行为水平提升的有效途径，系统阐述了心理资本对员工创新行为产生的影响机制。本研究的创新点如下。

1. 解决高新技术企业员工如何利用心理资本激发创新行为新问题

打破原有文献和概念的局限，从组织行为学和环境动态性的双重视角，丰富员工创新行为的研究领域。本研究以高新技术企业员工创新行为为研究对象，对心理资本的内涵进行重新界定，并利用本土心理资本的维度及量表，通过深入解析心理资本的不同方式对于员工创新行为的影响，弥补现有本土量表实证文献的不足，具有一定的创新意义。

2. 发现影响高新技术企业员工创新行为影响的中介效应规律

本研究选择从心理资本的角度来解释员工创新行为，建立起一条从微观角度来驱动员工创新的解释逻辑和影响机制。在建立主要解释路径的基础上，引入"工作投入"和"知识分享"作为中介作用和链式中介作用，剖析出从心理资本到创新行为的内在作用链路与影响机制，建立了"心理资本—工作投入—员工创新行为""心理资本—知识分享—员工创新行为"双重中介的主要研究脉络，并提出"心理资本—工作投入—知识分享—员工创新行为"的链式中介作用路线，弥补了现有研究的不足。

3. 揭示影响高新技术企业员工创新行为的情景边界影响机制

现有研究较少从环境动态性视角来关注心理资本对员工创新行为的作用情景。基于当前国际国内现实情景，引入环境动态性（技术动态性和市场动态性）作为调节变量，通过实证检验，探究其在心理资本、工作投入、知识分享与员工创新行为之间的调节作用和被调节的中介作用，研究更具有全面性和连续性。这一研究为员工创新行为在不同情景下的研究提供了全新的视角，拓展了现有心理资本对员工创新行为作用研究的纵深度，为高新技术企业在不同技术动态性和市场动态性下提升员工创新行为提供了科学的管理方法和实践指导。

第二章

文献综述

本章针对员工创新行为、心理资本、工作投入、知识分享、环境动态性5个变量相关理论进行归纳与整理，并阐述变量的内涵和维度。通过文献回顾，对相关理论进行研究、分析、整理，以厘清变量之间的关系，建立研究模型，并为提出假设奠定基础。

第一节　员工创新行为

一、员工创新行为的内涵

经济学家 Schumpeter 是最早提出创新（innovation）一词的学者，他在企业家精神（entrepreneurship）概念的基础上，认为创新是一种创造活动或行为。① 管理学大家 Drucker 认为企业家精神是一种创新的过程，这个过程是提供新的商品或服务的过程，企业家就是通过这个过程提升了创造新财富的能力②，因此 Drucker 将创新定义为"赋予企业家资源创造财富的新行为，这个行为能使资源变成真正创造财富的资源"。由于创新是以非连续性的概念来表述，故后续学者将创新视为一个多阶段的过程，认为每个阶段代表不同的活动以及行为，因此他们根据创新的意义以过程阶段理论定义创新行为（innovative behavior）。

关于员工创新行为的定义，许多学者提出众多看法。其中以 Amabile 以及 Scott 和 Bruce 的解释尤为经典，他们认为员工创新行为可从过程与结

---

① SCHUMPETER J A. The Theory of Economic Development［M］. Cambridge，MA：Harvard Press，1934：82-90.
② DRUCKER P F. Innovation and Entrepreneurship：Practice and Principles［M］. New York：Harper and Row，1985：19-33.

果两种视角来解释,即指员工在执行工作的过程,所产出、拥有的想法及具体行为的结果。① West 和 Farr 认为员工创新行为是指个体有意地将新想法、新产品、新过程、新程序应用并导入工作角色、单位或组织之中。② Janssen 提出员工创新工作行为(innovative work behavior)的定义:"个体在工作中所扮演的工作角色,或在所属的工作组中为了提高绩效,而有意地创造、引入、应用新的想法,以利于组织的运作。"③ 其他学者则将员工创新行为视为企业员工的个人行为,旨在为组织提出新的想法,并将想法实现化。④ 顾远东和彭纪生认为员工创新行为是指员工在工作过程中,有了创新的想法或者对工作中出现的问题有了新的解决办法,同时积极将这些想法付诸具体工作实践的创新行为,这个过程包括了创新想法产生的阶段的创新行为表现和把创新想法进行实践的过程和行为表现。⑤

本研究将以往文献中国内外学者对员工创新行为相关观点进行整理,形成表格(表2-1)如下。

表 2-1 国内外学者对员工创新行为的定义

研究者	内涵及观点
Amabile	组织员工以创新思想为基础,并为组织成功地实施想法
Scott 和 Bruce	个体遇到问题时产生想法,为了得到他人协助支持,所以建立团队联盟,最后将想法实现化的过程
West 和 Farr	个体有意地将新想法、新产品、新过程、新程序应用并导入工作角色、单位或组织之中

① AMABILE M T. A Model of Creativity and Innovation in Organizations [J]. Research in Organizational Behavior, 1988, 10: 123-167.
② WEST M A, FARR J A. Innovation and creativity at work: Psychological and organizational strategies [J]. Health Policy, 1991, 45 (3): 175-86.
③ JANSSEN O. Job Demands, Perceptions of Effort-Reward Fairness and Innovative Work Behaviour [J]. Journal of Occupational and Organizational Psychology, 2000, 73 (3): 287-302.
④ JANSSEN O. Innovative Behaviour and Job Involvement at the Price of Conflict and Less Satisfactory Relations with Co-Workers [J]. Journal of Occupational and Organizational Psychology, 2003, 76 (3): 347-364.
⑤ 顾远东,彭纪生. 创新自我效能感对员工创新行为的影响机制研究 [J]. 科研管理, 2011, 32 (9): 63-73.

续表

研究者	内涵及观点
Janssen	个体在工作中所扮演的工作角色或所属的工作组中，为了提高绩效，而有意地创造、引入、应用新的想法，以利于组织的运作
Jong ①	创新行为是指组织成员针对新的、有用的想法、过程、产品、程序的行为，应用在工作角色或组织内
Jansse	创新行为是指通过个人工作角色或组织成员之间互动所产生的新想法，并将此想法应用在组织内
Kang 等②	创新定义为个人行为，旨在实现组织内新的想法，并予以实施、付诸现实
顾远东和彭纪生③	员工创新行为是指员工在工作过程中，有了创新构想或问题解决方案，并努力将这些想法付诸实践的行为，包括产生和执行新构想两个阶段的各种行为的表现

资料来源：作者根据相关文献整理而成。

通过阶段论及定义可以得知，员工创新行为是指遇到必须解决的问题时，所产生的想法，而为了解决问题，个体首先得针对问题，提出初始看法，然后针对初始看法进行讨论、集思广益等过程，对看法进行改良、修正，最后在许多人的支持下，才能将想法予以实现、推广，为组织谋取利益。对企业组织而言，为了解决面临的问题，其想法不论是个人立场还是组织立场，都应有效促进组织的经营，并提升组织竞争力，因此员工创新行为对于组织的利益产生重要的影响。

二、员工创新行为的维度划分

在对许多员工创新行为的研究当中，许多学者采用不同视角，进而提出不同维度的创新行为。本研究参照众多学者对员工创新行为的研究，认

---

① JONG J P J. Individual Innovation：the Connection Between Leadership and Employees, Innovative Work Behavior ［M］. Zoetermeer：EIM, 2007：15-29.

② KANG H J, SOLOMON T G, CHOI Y D. CEOs' Leadership Styles and Managers' Innovative Behaviour：Investigation of Intervening Effects in an Entrepreneurial Context ［J］. Journal of Management Studies, 2015, 52（4）：531-554.

③ 顾远东，彭纪生. 创新自我效能感对员工创新行为的影响机制研究 ［J］. 科研管理, 2011, 32（9）：63-73.

为员工创新行为有三种归类和划分的依据：阶段、程度性、组织要求。

（一）根据阶段划分

根据员工创新行为阶段论的意义，有学者将其以阶段论的形式进行维度划分，如 Kanter 提出创新 4 个过程阶段，分别为：1. 想法产生（idea generation）；2. 创造联盟（coalition building）；3. 想法实现（idea realization）；4. 转换或扩散（transfer or difffusion）。① Janssen 根据 Scott 和 Bruce 的创新运作行为理论，将创新行为分为 3 个阶段：1. 想法产生（idea generation）；2. 想法推广（idea promotion）；3. 想法实现（idea realization）。Kleysen 和 Street②③ 梳理了 28 篇员工创新行为的相关文献，将其归纳为 5 个维度：1. 寻找机会（opportunity exploration）；2. 产生想法（generate idea）；3. 形成调查（formation survey）；4. 支持（championing）；5. 应用（application）。顾远东和彭纪生依据的创新行为维度，认为员工创新行为可分为工作中产生创新想法和创新想法进行实践的两个阶段的行为表现。

（二）根据程度性划分

Mom 等研究者指出有必要进行个体层面的创新行为研究，他们把个人创新行为研究划分为探索式员工创新行为和利用式员工创新行为两种，对探索式员工创新行为表述为在企业里，员工个体主动或者积极参加制造、寻找和利用一切机会进行原始创新的探索式行为，这是创新程度很高的一种创新行为，很容易引起一个行业、某项技术或者产品突破现有创新轨道，达到突破性创新程度。企业里面利用式员工创新行为表现为员工个体参与到现有技术、产品或者服务上的改进、调整和更新改良的创新行为，这种创新行为表现出来的是一种创新程度温和，在原有基础上的渐进性创新行为。程度性的创新行为维度划分，是以想法或商品上的特征、特质来

① KANTER M R. Three Tiers for Innovation Research [J]. Communication Research, 1988, 15 (5): 509-523.

② JANSSEN 0. Job Demands , Perceptions of Effort-Reward Fairness and Innovative Work Behaviour [J]. Journal of Occupational and Organizational Psychology, 2000, 73 (3): 287-302.

③ KLEYSEN F R, STREET T C. Toward a Multi-Dimensional Measure of Inplividual Innovative Behavior [J]. Journal of Intellectual Capital, 2001, 2 (3): 284-296 .

提出探索、改良和直接利用，如 March 提出创新分为利用式（exploitation）以及探索式（exploration）两种维度[①]。Schumann 的创新矩阵（innovation matrix）的概念，将创新行为的维度分为：渐进式创新（incremental innovation）、独特性创新（distinctive innovation）、突破性创新（breakthrough innovation）。[②]

（三）根据组织要求划分

组织要求的创新行为的维度划分，是基于组织文化的差异，进而产生不同的创新行为，如杨皖苏和杨善林认为在中国与西方的世界里，创新行为的界定有所区别。他们提出两个员工创新行为，分别为主动性员工创新行为、被动性员工创新行为。[③] 赵斌等提出三种员工创新行为，它们分别为应付性、权益性和服从性创新行为。[④]

本研究将上述学者对员工创新行为概念所提出的维度汇总为表格（如表 2-2），将维度及意义整理如下。

表 2-2　员工创新行为维度与意义

研究者	维度与意义
Kanter	1. 想法产生：企业家针对问题产生想法，以促进创新驱动力。 2. 创造联盟：建立组织联盟，以获取能将想法转为现实的权力。 3. 想法实现：将想法转变成可行的计划，设计出产品的原型模型，以实现想法创意。 4. 转换或扩散：最后将产品或想法创意扩散、商业化，以采用新产品或概念。

---

① MARCH G J. Exploration and Exploitation in Organizational Learning [J]. Organization Science, 1991, 2 (1)：71-87.
② SCHUMANN A P, PRESTWOOD D, TONG A, et al. Innovate! Straight Path to Quality, Customer Delight, and Competitive Advantage [M]. New York：McGraw-Hill, 1994：165.
③ 杨皖苏，杨善林. 主动性—被动性员工创新行为：基于挑战性—阻断性压力源双路径分析 [J]. 科学学与科学技术管理，2018, 39 (8)：130-144.
④ 赵斌，刘开会，李新建，等. 员工被动创新行为构念界定与量表开发 [J]. 科学学研究，2015, 33 (12)：1909-1919.

研究者	维度与意义
Janssen	1. 想法产生：遇到问题或者解决问题时，个体会产生新的想法。 2. 想法推广：产生新想法后，说服他人以获取支持、协助。 3. 想法实现：当新的想法获得他人支持时，将此想法予以执行、付诸实践。
顾远东和彭纪生	1. 产生创新构想的行为：员工为了提升产品技术、工作流程、服务等，而进行广泛性探索、寻找发现创新的机会。 2. 执行创新构想的行为：员工为了实现构想，因此积极性调动资源、说服他人支持等行为过程，并将创新构想予以实现并常态化。
March①	1. 探索式创新：以大幅、激进的行为进行创新，该维度强调创造、获取全新的知识，并追求、超越目前组织的知识基础。 2. 利用式创新：以小幅、渐进的行为进行创新，目的是针对原有的产品进行改善。
杨皖苏和杨善林②	1. 主动性员工创新行为：员工是主动、自发、自愿的行为，发起创新行为。 2. 被动性员工创新行为：员工以非志愿性，或认知不一致的行为，发起创新行为。

资料来源：作者根据相关文献整理而成。

三、员工创新行为影响因素探究

本研究对以往相关文献进行分析和归纳，发现对员工创新行为影响的因素包含领导者的风格因素、组织因素以及员工本身的因素，创新行为不仅是个人行为，而且是组织、领导与个人互动所产生的结果，倘若互动良好，则创新行为应能产生良好的影响结果。故此节从领导、组织、个人三个视角切入，来探讨创新行为的影响机制概况。

（一）领导视角

以领导视角而言，员工创新行为是受组织领导的风格影响的。李悦和王怀勇针对科技型企业员工，以矛盾式领导为调节变项，探讨双元创新行

---

① MARCH G J. Exploration and Exploitation in Organizational Learning [J]. Organization Science, 1991, 2 (1)：71-87.

② 杨皖苏，杨善林. 主动性—被动性员工创新行为：基于挑战性—阻断性压力源双路径分析 [J]. 科学学与科学技术管理，2018，39 (8)：130-144.

为上对员工心理脱离的影响，发现矛盾式领导风格在双元创新行为上对员工心理脱离具有调节作用。① 苏屹等从共享授权型领导角度来研究其对员工创新行为是否有影响，研究结论是共享授权型领导对员工创新行为具有显著的正向影响。② 袁朋伟、董晓庆、翟怀远等探讨共享领导对员工创新行为的影响情形，发现共享领导对员工创新行为具有显著的正向影响。③ 李永占探讨高科技员工变革型领导对员工创新行为的影响机制，发现变革型领导对员工创新行为具有显著的正向影响。④

（二）组织视角

在组织视角中，是以组织的气氛来影响创新行为的结果。阎亮和张治河以组织支持为中介变项，探讨组织创新气氛对创新行为的影响情形，发现组织支持在组织创新气氛与创新行为之间具有中介效果。⑤ 连欣、杨白寅和马月婷在汇总相关前人研究成果的基础上，进一步研究组织创新气氛是否对员工创新行为具有一定的作用机理，研究结论表明，组织创新氛围能通过内在动机、工作例行性、学习培训进而影响创新行为。⑥

（三）个人视角

在个人视角中，主要是以个人心理特质来影响创新行为所影响的结果。李悦和王怀勇探讨双元创新行为对员工心理脱离的影响，发现双元创新行为对员工心理脱离具有显著负向影响。苏屹等以内部人身份感知对员工创新行为的影响，发现内部人身份感知对员工创新行为具有显著正向影

---

① 李悦，王怀勇．双元创新行为与心理脱离：矛盾式领导风格的调节作用及其边界条件 [J]．科学学与科学技术管理，2018，39（10）：157-170.

② 苏屹，周文璐，崔明明，等．共享授权型领导对员工创新行为的影响：内部人身份感知的中介作用 [J]．管理工程学报，2018，32（2）：17-26.

③ 袁朋伟，董晓庆，翟怀远，等．共享领导对知识员工创新行为的影响研究：知识分享与团队凝聚力的作用 [J]．软科学，2018，32（1）：87-91.

④ 李永占．变革型领导对员工创新行为的影响：心理授权与情感承诺的作用 [J]．科研管理，2018，39（7）：123-130.

⑤ 阎亮，张治河．组织创新氛围对员工创新行为的混合影响机制 [J]．科研管理，2017，38（9）：97-105.

⑥ 连欣，杨百寅，马月婷．组织创新氛围对员工创新行为影响研究 [J]．管理学报，2013，10（7）：985-992.

响。袁朋伟等探讨知识分享对员工创新行为的影响情形，发现知识分享对员工创新行为具有显著正向影响。李永占在研究高科技企业个人心理授权因素是否对员工创新行为有一定的影响作用，现有理论明晰了心理授权变量对员工创新行为起到了显著的正向影响作用。

四、员工创新行为研究评述

综上所述，对员工创新行为的研究探讨了其内涵，并从三种类别（阶段、程度、组织要求）进行了归类和划分。在对员工创新行为影响因素的讨论中，总结归纳出了影响因素（前置变量），从领导、组织、个人视角，皆对创新行为具有相当程度的影响并有关联性。归纳出影响结果（结果变量）对企业绩效和创新绩效的影响。在研究方法方面，目前归纳出有实证研究和理论探讨研究，也有案例研究和实验研究。目前对该主题的研究重点集中在影响结果变量的实证研究，以往的研究取得了长足的发展，保留了丰富的研究成果，但是还存在一些不足。

（一）在概念界定、内容结构和研究视角存在较大分歧

由于学者的研究背景和学术经历不同，所以考察创新行为的侧重点和视域不同，比如，有的学者从宏观角度入手，而有的从微观角度切入，也有学者从广义角度进行挖掘，而有的学者从狭义角度进行研究，这样得出的概念在表述和理解上都有较大差异。当然这也主要是因为研究过程中选取的研究对象不一致、研究时间不相同，尤其是创新是国际热点，还存在着国家之间的区域环境不一致而导致的创新文化的不尽相同。但是大家总的对员工创新行为的核心内涵理解较为相同——创新是具有新颖性和开创性的，而且要实现商业化，即让一个新生事物从无到有，或者在有的基础上进一步改良最终实现商业化，实现市场交换而获得再次循环的资源。在不确定环境的挑战的情况下，企业创新的要求不仅需要某些项目上的改善，对于员工创新行为也急切地提出相应的要求。然而，多数文献对于员工创新的概念，较多采用阶段式的观点解释。尽管阶段式的解释创新较为循序渐进，但对于创新的解释存在有限性，因为阶段论的解释并没有突破性，如阶段式创新行为仅解释提出想法的过程，没有注重创新的结果。故本研究采用由双元创新理论中的探索式与利用式两种不同层次的创新行为

进行分析，对于员工创新行为做到较全面的涵盖。

（二）对员工创新行为各类影响因素研究有待进一步挖掘

从前文的研究内容可以看出，目前的研究内容主要集中在员工个人因素、团队因素、企业外部因素和内部因素等影响因素的研究，而且大部分集中在团体影响和组织内部，尤其是比较研究变量，如创新动机、创新认知和创新组织气氛、领导因素等影响因素。虽然这些研究点很热，但是还需要进一步拓展其影响因素的研究，加大对员工心理因素、组织外部环境因素（市场变化和技术变化）的讨论，同时还需要加大对员工个人因素和员工在组织内工作投入、知识分享等新变量因素的考察和探索，从而拓展对员工创新行为的其他重要影响因素的研究。

（三）选取的研究对象的工作领域还需要进一步拓展

目前对员工创新行为的研究成果的研究对象集中在领导层（企业家、CEO 个体特质）、研发人员等，或选取的企业都集中在服务业或制造业，这些企业早年的确为中国的工业发展做了巨大贡献，也代表了中国飞速发展的 40 年，但是对高新技术企业的员工而且是企业内部的不同岗位的员工的研究还比较欠缺，不过近几年已经陆续出现了对不同行业知识员工的群体研究。本研究的研究对象是高新技术企业，因为高新技术企业是目前国际竞争的前沿，是代表国家软硬实力的象征，在未来很长的一段时间内，国与国的竞争都是高新技术企业的人才创新行为的竞争。

（四）员工创新行为形成的内在机制框架还需要进一步丰富

当前很多研究还停留在研究个人层面，或者研究团体层面，或者研究企业层面，把个人和环境结合起来研究的还较少。但是人的行为的产生离不开个人和环境的交互作用，所以目前研究大多从前置影响因素或者后置结果简单出发进行浅层次的考察，不能把一些关键的内在影响机制说清楚，尤其是当前研究没有把环境动态性等情景变量纳入考察，很难构建一个系统性、综合性的影响机制模型。为了弥补不足，本研究将员工个人和环境相结合进行模型建构并展开研究。

综上所述，为了进一步挖掘员工创新行为的影响机制，本研究将从以上四点不足之处展开研究，进一步丰富员工创新行为的研究成果。

第二节 心理资本

一、心理资本的内涵

企业组织在创新的过程中会面临诸多具有挑战性的工作与任务，也会遇到许多挫折，倘若心理素质不强就很容易被挫折击溃，因此心理素质是挑战创新成功的关键因素之一。美国心理学家 Luthans 提出了心理资本概念，认为积极心理资本能够提升员工愿意投入工作的热情，进而激发出员工最佳的工作状态。此外，在过程中会强化自我效能的信心，增强对未来希望的感知以及保持乐观的态度，相信所有的障碍最终都会迎刃击解。①因此在创新路上，员工的心理资本是具有至关重要作用的影响因素，更被视为企业赢得竞争优势的一种关键手段，故将其纳为本研究变量之一。

心理资本是积极心理学理论的一环，而且心理资源是人们内心重视的事物，如个人自尊、身心健康及平和等，亦包含人们实现个人目标时所具备或需要的事物，如社会支持、信誉等。②故心理资源可协助人们朝着目标前进，并获取成功，因此被视为个体在日常生活中从事各活动都容易成功的个人资源。③

员工个体心理资本是指个体在工作中表现出来的一种积极的、发展的心理状态，其外显特征是员工个体感觉乐观、希望、适应力、自我效能的整合，心理资源与心理资本的差异在于后者是着重个体内在成长与未来目标的一种信念，因此是可使个体成长和绩效提升的一种心理资源。Luthans 和 Youssef-Morgan 将心理资本定义为个体具有信心来面对有挑战性的任务，且对现在和未来的成功做出积极的归因。在个体努力不懈地追求最终目标时，

---

① LUTHANS F, LUTHANS W K, LUTHANS C B. Positive Psychological Capital: Beyond Human and Social Capital [J]. Business Honzons, 2003, 47 (1): 45-50.

② 高伟明，曹庆仁，许正权. 伦理型领导对员工安全绩效的影响：安全氛围和心理资本的跨层中介作用 [J]. 管理评论，2017, 29 (11): 116-128.

③ 高中华，赵晨，李超平，等. 高科技企业知识员工心理资本对其离职意向的影响研究：基于资源保存理论的调节中介模型 [J]. 中国软科学，2012 (3): 138-148.

若有必要会重新思考方法来获取通往成功的道路。① 最后，遇到困境时能够展现出坚忍的韧性的精神。Peterson 等人认为心理资本能使个体产生信心去执行具有挑战性的任务②，并坚持不懈地执行任务，而且在必要时，个体会改变努力的方向，为现在和未来的成功进行归因，并在失败后表现出韧性。

由此可知，心理资本是属于个体能够产生正面与积极的心理状态，有助于挑战困难的事。而心理资本是一个人在成长与发展的道路上所展现出来的一种正向且积极的心理状态，除了可以促使一个人成长之外，还可以反映在个人的绩效表现上。此外，具有高度心理资本的人对于开放与接纳的程度更高，且会愿意为了改变而付出努力。本研究对以往心理资本内涵相关观点进行整理，形成下表 2-3。

表 2-3　国内外学者对心理资本的定义

研究者	内涵及观点
Luthans 和 Youssef-Morgan	心理资本为个体心理积极的一种状态，其特征涵盖有自信能够对现在和未来进行积极归因；在艰难之时保持希望；遭遇问题和被逆境困住时，能坚持并恢复自我，甚至超越困难进而获得成功
Peterson 等	心理资本赋予人们自信，使之有信心地去从事具有挑战性的工作，即使遇到困难或是不易成功的事物，也能勇往直前、努力不懈地直到完成任务，当处于失败的挫折之中，也能在逆境中奋力崛起，展现出坚韧不拔的特质
闫艳玲等③	个体在成长和发展过程中表现出来的一种积极的心理状态
古家军和吴君怡④	心理资本是个体所展现的一种积极的心理状态，除了可以促使一个人成长之外，也可以反映在个人的绩效表现上

资料来源：作者根据相关文献整理而成。

---

① LUTHANS F, YOUSSEF M C. Psychological Capital：An Evidence-based Positive Approach [J]. Annual Review of Organizational Psychology and Organizational Behavior, 2017, 4 (1)：339-366.

② PETERSON J S, LUTHANS F, AVOLIO J B, et al. Psychological Capital and Employee Performance：A Latent Growth Modeling Approach [J]. Personnel Psychology, 2011, 64 (2)：427-450.

③ 闫艳玲，周二华，刘婷. 职场排斥与反生产行为：状态自控和心理资本的作用 [J]. 科研管理，2014，35 (3)：82-90.

④ 古家军，吴君怡. 新创企业员工间高质量关系影响失败学习的机理研究 [J]. 科研管理，2020，41 (5)：164-171.

综上文献内涵可知，心理资本是一种正向积极的心理状态，能使人们产生自信心，接受具有难度的工作项目，而在过程中即使遇到诸多障碍，也会坚持不懈直到完成任务，此外，也会根据不同的情况采取不同方式来应对。当面临失败时也能重新奋斗，展现出坚韧不拔的特质，因此心理资本越高的人在工作上有越好的表现。所以本研究选择心理资本来作为预测员工创新行为的自变量。

二、心理资本的维度划分

Luthans 等使用了许多衡量标准，从较高层次结构的积极心理学文献中识别出四种主要构成心理资本的心理资源特质，包含自我效能（self-efficacy）、乐观（optimism）、希望（hope）、韧性（resilience），由此可知心理资本是由多种不同维度变量所组成的二阶变量。其中，自我效能是指个体有信心完成具有挑战性的任务；乐观是指个体会对过去成功的经验进行归因；希望是指一种对于未来能够成功的信念，其中希望又由机制与途径两个因素组成[1]：机制指个人在特定的背景下完成特定任务的动力；途径指的是实现计划达成目标的可行方式。有学者指出机制与途径会互相影响，当人们遇到阻碍时，机制会使其有强烈的动机去使用途径，而充满希望的人会表现出强烈的能量去达成目的，并会发展出替代途径来实现目标。[2] 最后，韧性是指个人在遇到问题和逆境等不确定性因素的困扰时，能够适应这些困难，然后反弹这些风险或压力的能力。当个体面对压力或外在环境发生重大变化时，韧性强的人往往具有高应变能力，而且也较擅长去适应不良的环境。

回顾过去研究，在心理资本的衡量上均采用 Luthans 等所建构的分类，分别为自我效能、乐观、希望以及韧性。而国内学者孙鸿飞等分析归纳综合所有国内外一级期刊中心理资本的相关维度后，总结出知识型员工心理资本应包含自我效能感、希望、乐观和回复力等四种维度，由此可见心理

---

[1] SNYDER R C, SYMPSON C S, YBASCO C F, et al. Development and Validations of the State of Hope Scale [J]. Journal of Personality and Social Psychology, 1996, 70 (2): 321-335.

[2] LUTHANS F, AVEY B J, PATERA L J. Experimental Analysis of a Web-Based Training Intervention to Develop Positive Psychological Capital [J]. Academy of Management Learning and Education, The, 2008, 7 (2): 209-221.

资本的衡量方式与特性已相当成熟且稳定。①

　　心理资本已经成为工作绩效和工作满意度稳定可靠的预测指标，过去的研究指出心理资本的四种特质都与员工的积极行为或态度有显著的关系，例如，心理资本越高的员工，其工作满意度和组织承诺的程度也越高，并且离职率会越低，这些态度行为都能为组织带来良好的绩效。组织提供促进员工心理资本发展的环境条件，将有益于组织绩效的提升。由此可见，心理资本对于个体能够产生积极行为和正向态度，亦能反映在工作上具有较卓越的表现，故多数学者以此四项特性组合在一起作为评估心理资本的方式。这些可成为未来管理者经营企业的新方向。

　　除了上述心理资本的衡量之外，亦有其他学者试着从不同的视角，将心理资本进行不同维度的划分，例如 Goldsmith 等将心理资本分为控制点（locus of control）及自尊（self-esteem）两个维度②；Peterson 等则用乐观、自我效能以及希望三种维度去解释心理资本。国内学者柯江林、孙健敏和李永瑞收集西方过去针对心理资本的研究后，提出符合中国文化特性的心理资本的概念内涵（事务型与人际型）。事务型心理资本具有自信勇敢、奋发进取、乐观希望与坚韧顽强等特质③；人际型心理资本包含谦虚诚恳、包容宽恕、尊敬礼让与感恩奉献等特质。他们认为人际型心理资本较能反映出中国传统文化中个人行为与他人之间的关系，以此维持社会关系的和谐。侯二秀、陈树文和长青也加入中国人的文化元素，参考国内外学者心理资本的研究文献，针对知识型员工的定义与要求等特征，建构出适合知识型员工的心理资本量表，最后统整出任务型、关系型、学习型以及创新型四种心理资本维度。任务型心理资本包括积极的情感与坚韧性等特征，关系型心理资本包括情绪智力与感恩等特征，学习型心理资本包括学习效能感与知识共享意愿等特征，创新型心理资本包括创新自我效能感与模糊容忍度等特征，维度内容与题项对知识型员工更具针对性。

---

① 孙鸿飞，倪嘉苒，武慧娟，等. 知识型员工心理资本与工作绩效关系实证研究 [J]. 科研管理，2016，37（5）：60-69.

② Goldsmith H A, Veum R J, Darity W. The Impact of Psychological and Human Capital on Wages [J]. Economic Inquiry, 1997, 35 (4): 815-829.

③ 柯江林，孙健敏，李永瑞. 心理资本：本土量表的开发及中西比较 [J]. 心理学报，2009，41（9）：875-888.

　　本研究回顾过去学者对心理资本的维度划分，对其维度内容整理如下表 2-4。

表 2-4　心理资本维度主要观点

研究者	维度
侯二秀，陈树文和长青	任务型、关系型、学习型、创新型
Luthans 等	自我效能、希望、乐观、坚韧
高中华等	自我效能、希望、乐观、坚韧
闫艳玲等	希望、乐观、复原力、自信
Peterson 等	乐观、自我效能、希望
古家军和吴君怡	自我效能感、期望、乐观、韧性
高伟明等	自我效能、乐观、希望、韧性
孙鸿飞等	自我效能感、希望、乐观、回复力
Goldsmith 等	控制点、自尊
柯江林等	人际型心理资本：谦虚诚恳、包容宽恕、尊敬礼让、感恩奉献等特质事务型心理资本：自信勇敢、奋发进取、乐观希望、坚韧顽强等特质

资料来源：作者根据相关文献整理而成。

　　综上所述，现有文献较多关注了心理资本较高层次的特征，如韧性（re-silience）、自我效能（self-efficacy）、希望（hope）和乐观（optimism）[1]，而我国学者对于心理资本的探讨，也多以自我效能、乐观、希望以及韧性等分类[2]，针对中国人文化特质并以知识型员工为主要对象进行研究，修正了对心理资本的维度的分类，提出任务型、关系型、学习型、创新型的四种分类，虽然此分类较契合员工创新行为的维度划分概念，但尚待本研究提出验证。本研究认为在创新这条道路上必然会遇到许多挫折，因此个体的自我信心感能使其不畏惧挑战，遇到挫折解决挫折，并保持希望与乐观

① AVEY B J, WERNSING S T, LUTHANS F. Can Positive Employees Help Positive Organizational Change? Impact of Psychological Capital and Emotions on Relevant Attitudes and Behaviors [J]. The Journal of Applied Behavioral Science, 2008, 44 (1): 48-70.

② TUGADE M M, FREDRICKSON L B. Resilient Individuals Use Positive Emotions to Bounce Back From Negative Emotional Experiences [J]. Journal of Personality and Social Psychology, 2004, 86 (2): 320-333.

的积极态度来面对未来的崎岖道路。然而，本研究旨在探讨高新技术企业的员工创新行为，认为除了原本心理资本的四项维度之外，员工的情绪智力、学习效能亦是相当重要的一环，因此认为侯二秀、陈树文和长青所建构的心理资本量表不仅符合国人民情，对于维度上的划分，也较为适合用于探讨与员工创新行为的关系，这些心理资源的特质都与员工的积极行为有显著的关系，将有助于激发员工行为的创新，因此本研究采用侯二秀、陈树文和长青的维度划分。

三、心理资本的影响因素研究

本研究以个人因素视角、组织因素视角两种不同角度观点出发，将过去心理资本相关研究进行如下梳理。

（一）个人视角

在个人视角上研究心理资本，其与人际关系、工作表现、工作绩效等因素有关联性。古家军和吴君怡研究员工彼此之间的关系对心理资本与学习效果的影响，闫艳玲等在探讨职场中的排斥与反生产行为的研究中指出，职场排斥行为将会对员工的反生产行为和人际反生产行为有影响，意即排挤行为除了不利于员工绩效之外，彼此人际关系也会较差。

回顾过去学者从员工工作表现与绩效的视角的研究可知，心理资本对于员工行为层面具有正面的影响，且与员工的工作绩效与工作稳定性有关联性。顾江洪等与郭钟泽、谢宝和程延园等学者的研究有相同结论，即心理资本对工作投入有显著正向影响，这表明员工有正面且积极的心理状态能够投入于工作之中。[①] 此外，心理资本也能反映在工作绩效上，如在创新绩效上有较好的表现。而在员工行为表征上的研究显示，心理资本与职业倦怠呈现负相关，这表明具有较高心理资本的员工对于职业倦怠感较低。可见，心理资本的特性即自信、希望、乐观与韧性能够降低倦怠感受。高中华等指出员工具有较高的心理资本能够降低其离职倾向，越显示其心理状态较积极的员工对于离职的倾向越低。此外，心理资本通过压力

---

① 郭钟泽，谢宝国，程延园. 如何提升知识型员工的工作投入？基于资源保存理论与社会交换理论的双重视角 [J]. 经济管理，2016，38（2）：81-90.

影响离职倾向，说明虽然员工有较高的心理资本，但若给员工太多的压力，就会影响员工的身心健康，进而使其产生离职倾向。李晓艳和周二华从心理资本调节的视角来进行语言冒犯对离职意图的研究，并指出拥有高水平心理资本的员工在遭受顾客言语侵犯时产生离职意愿的可能性较小。①

（二）组织视角

本研究以组织视角进行切入，回顾过去学者对于心理资本在企业组织中的影响因素的研究并进行归纳。

首先，从文献可知，领导者的领导风格除了会影响整体组织氛围以及组织绩效之外，还会进一步影响员工的行为表现，因此领导风格与员工的心理资本有关联性。吴庆松和游达明以心理资本和组织创新氛围作为研究的前因变量，研究这两个变量是否对创新绩效有作用效果，研究结果表明心理资本对创新绩效有正向影响，组织创新氛围也对创新绩效有正向影响，组织创新氛围在心理资本和创新绩效之间有调节作用。② 此外，梁阜和李树文指出，变革型领导通过员工心理资本影响员工创新行为，表明员工创新行为必须完全通过心理资本来影响其行为。③ 任皓、温忠麟、陈启山和叶宝娟的研究指出，领导心理资本有助于提升团队信任、认同与归属感，并激发成员的心理资本以及促进工作绩效与组织公民行为。④。

其次，企业组织氛围亦是影响心理资本的关键要素之一。个体与工作团队彼此的关怀、信任和尊重能够促进团队积极心理状态的形成，尤其是个体在愿景、乐观、自信等方面的正向心理状态的感知，团队层次的心理资本的正向心理状态的形成和发展同样促进团队知识的分享、组合、再造和创新。杨燕和高山行以高新技术企业为研究对象，并从个人、团队以及组织等三种不同角度研究心理资本对企业自主创新的影响机理。研究结果

① 李晓艳，周二华. 顾客言语侵犯对服务人员离职意愿的影响研究：心理资本的调节作用 [J]. 南开管理评论，2012，15（2）：39-47.
② 吴庆松，游达明. 员工心理资本、组织创新氛围和技术创新绩效的跨层次分析 [J]. 系统工程，2011，29（1）：69-77.
③ 梁阜，李树文. 变革型领导对员工创新行为的影响机制：一个跨层次模型研究 [J]. 科技进步与对策，2016，33（24）：147-153.
④ 任皓，温忠麟，陈启山等. 工作团队领导心理资本对成员组织公民行为的影响机制：多层次模型 [J]. 心理学报，2013，45（1）：82-93.

表明，个体心理资本对自主创新学习、学习情境有其影响存在。此外，个体心理资本通过对员工学习行为的影响作用于个体创造力①。

本研究对上述不同视角的观点进行总结与归纳，个人因素视角的心理资本会受到人际关系的影响，更进一步影响工作绩效与表现；组织视角的心理资本受到领导风格、组织氛围影响。由此可知，个体心理资本的建构必须依赖人为因素与环境因素来形塑。本研究以心理资本为自变量通过探讨高新技术企业员工的工作投入、知识分享与员工创新行为来进行相关的研究和讨论。

四、心理资本研究评述

综上所述，心理资本的研究涉及核心概念的内涵，具体包括的维度内容和维度结构，对心理资本的前置影响变量，对影响结果的研究，研究方法有案例法、实验法和实证分析法，以往的研究取得了丰厚的成果积累，但还存在一些不足。

（一）在概念的内涵、内容架构上仍有较大分歧

由于研究人员对考察对象的关注视角不同，选取的研究点不同，导致对概念的界定和内涵表达有不同意见，但是其核心内涵的说法是一致的，即心理资本就是员工个人心理状况对自身如何更好开展工作、融于团体和满足企业组织以及外部环境的合理期望，能激发自身潜在能力的个性特质，尽可能完成自己期望的事情。关键词是"心理状况""激发"和"潜在能力"等核心内涵。以往研究更多的是企业要求员工怎么做，很少有员工自己要求自己怎么做，从自身内在潜力出发考虑的为个人职业发展、团队和企业做什么，怎么能做得更好。但是从组织行为学微观的个人视角展开心理资本，驱动其内在好的品质研究不多，诸如努力工作，尽可能为企业做贡献，加大自身的工作投入，发挥自己的知识储备，积极分享知识，努力提高自身知识分享能力和意愿。

---

① 杨燕，高山行．心理资本对企业自主创新的作用机理研究-基于组织学习视角的整合框架［J］．科技进步与对策，2010，27（23）：79-84.

（二）研究对象需要与时俱进，紧扣新时代员工个人特征

当前大部分研究局限在企业的研发人员、中层管理人员和企业领导，研究对象的选取没有考虑到当前高新技术企业员工的特征，和具有高知识性，大多员工受过良好教育，大部分高科技公司的员工都集中在大专学历以上。同时由于我国早年主导的是出口导向性，所以加工代工企业较多，这部分企业大部分是劳动力密集型企业，人员素质不高，而且大部分是农民工，当然这些年国家对制造业和加工服务业等企业进行转型升级改造，关停并转提升了大部分制造企业的技术研发能力，很多企业走在了国际前列，因此其中的这部分企业长成了集自主技术研发和生产为一体的高新技术企业，所以加强高新技术企业员工的研究显得尤为重要。同时，现在大部分员工是"90后"，少部分是"00后"，这些人员近几年逐渐成为这些企业的生力军，他们具有的新的心理和行为，需要进一步探讨和研究，这样更适合时代，更切合企业管理者的需要。

（三）心理资本本土化研究还比较缺乏

在目前国内外的研究文献中，大部分研究集中使用的概念、量表以及理论都是国外成熟的概念和量表，本土开发的量表很少，用本土开发的量表来做实证研究的也很缺乏。由于心理层面的量表开发要求很高，程序较多，对量表的信度和效度的检测较难，这使得大部分研究直接使用国外的成熟量表，但是由于国家之间、民族之间文化环境和经济发展水平等的不同，导致结构肯定不同，这使得调查结果的可信度有一定的存疑，所以我们应该鼓励开发本土心理资本量表，同时国内学者对本土量表开发者给予大力支持，多进行检验，多提改进意见，多使用更多体现中国元素的量表来进行研究。本研究采用的是侯二秀、陈树文和长青开发的心理资本量表。

（四）结合时代问题开创性研究的变量较少

当前心理资本研究集中在自变量或者中介变量，对其结果影响的变量有工作满意度、离职率等，对员工个人在创新层面行为的研究较少。而在当前技术创新竞争和市场竞争激烈展开的今天，企业面临的各种问题和困

难最终都要落实到具体岗位的员工身上来，比如，美国对我国的技术封锁
"卡脖子"，市场垄断打压"5G"国外市场，尤其是技术动态性和市场动
态性对企业和个人的影响，都需要我们具备良好的心理资本来应对这些困
难，所以研究在考虑情景边界下的员工创新行为显得十分必要，尤其是当
前创新上升到了国家发展和民族复兴的核心生产力的高度上来，对员工个
人的创新行为应该作为心理资本的结果变量进行探索，这也是时代赋予的
研究课题。

第三节　工作投入

一、工作投入的内涵

自从 Kahn 提出工作投入（work engagement）的概念后，后续许多学者
针对此概念，开始进行广泛性研究，并且提出了许多不同的见解。① 就概念
上而言，投入是一种经验的动机结构，而工作投入（work engagement）所涉
及的是整体资源的应用结果。② 依据 Kahn 的看法，他认为投入是一种动机，
是指个体如何将自身的经验与资源，应用并持续性地表现在工作上，倘若员
工将自身资源适时投入工作中并产生良性回馈时，其敬业精神就能被激发。
当资源投注在特定的工作任务时，此过程会反映出广泛的自我角色定义。换
言之，个体在执行工作任务时，是同时运用资源以及所扮演的工作角色参
与，而非各自参与。Macey 等则认为投入在心理层面上，不仅包括"感受到
热情、专注和充满活力"，同时也代表行为层面，包括"工作积极性、角色
扩展、工作超乎预期、持续性，以及适应性"③。

随着研究的不断深入，后续研究学者对于工作投入衍生出不同看法。

---

① KAHN A W. To be Fully There：Psychological Presence at Work ［J］. Human relations, 1992,
45（4）：321-349.

② SCHAUFELI W B, BAKKER A B. Job Demands, Job Resources, and Their Relationship with
Burnout and Engagement：a Multi-Sample Study ［J］. Journal of Organizational Behavior,
2004, 25（3）：293-315.

③ MACEY H W, SCHNEIDER B, BARBERA M K, et al. Employee Engagement：Tools for
Analysis, Practice, and Competitive Advantage ［M］. New Jersey：Wiley-Blackwell, 2019.

Kahn 将工作投入定义为："能将自我与组织内的工作角色相结合，使得个人在工作角色中可以有实质、认知与情感上的自我表达。"而 Maslach 和 Leiter 认为工作投入与工作倦怠应被视为两个极端对立面，他们提出三个工作倦怠维度的直接对立面，分别为精力（energy）与枯竭（exhaustion）、卷入（involvement）与讥诮（cynicism）、效能感（efficacy）与效能感低落（ineffectiveness），在两端维度的区别中，认为工作投入越高，则个体越是有精力充盈的感觉，以致不仅能有效进入工作状态而且与同事相处融洽，也易浮现出有信心能随时处理工作上不同需求的感受；反之，倘若倦怠度越高，不仅容易出现耗竭感，在同事的相处上也易处于疏离状态。① 后来，Schaufeli 等对于 Maslach 和 Leiter 的概念提出疑问，他们认为工作投入与工作倦怠的关系并非互相对立，应属各自独立的概念，所以他们从积极心理学观点出发，认为工作投入是指个体能以投身（dedication）、沉浸（absorption）、活力（vigor）、自满（fulfilling）等状态投入工作任务之中，此外，他们根据这些状态，发展出 Utrecht 工作投入量表（Utrecht Work Engagement Scale，简称 UWES）以测量工作投入的表现情形。②

　　纵观学者所提出的概念，认为有差异性存在。Kahn 提出的概念涉及自我与工作角色两个概念的转换过程，即将个人资源分投至角色行为中，使得在工作角色中展现自我；Maslach 和 Leiter 将工作倦怠与工作投入视为极端体，认为工作投入越高，则越不易出现工作倦怠，但此说法备受批评，且尚未受到检验与证实③；而 Schaufeli 等认为工作投入是一种正向体验，即个体并非针对特殊的目标或事物，而是全神专注地投入至工作任务之中，此说法与心流（flow）概念相似。本研究将其他学者对于工作投入内含的相关观点进行整理，形成表格（表 2-5）如下。

---

① MASLACH C, LEITER M. The Truth About Burnout: How Organizations Cause Personal Stress and What to Do About It [J]. Psychiatric Rehabilitation Journal, 1997, 23 (2): 194.

② SCHAUFELI B W, SALANOVA M, GONZÁLEZ-ROMÁ V, et al. The Measurement of Engagement and Burnout: A Two Sample Confirmatory Factor Analytic Approach [J]. Journal of Happiness Studies, 2002, 3 (1): 71-92.

③ 曹威麟，彭传虎，梁樑. 国外工作投入与工作倦怠研究述评与展望 [J]. 科研管理，2013, 34 (11): 154-160.

表 2-5 国内外学者对工作投入的定义

作者	内涵及观点
Schaufeli 等	个体并非针对特殊的目标或事物，而是全神专注地投入至工作任务之中
Kahn	能将自身精力投入至工作表现上并维持长久的状态
Schaufeli 和 Bakker	工作投入所涉及的是整体资源的应用结果
Rich 等①	个体在执行工作的过程中全心全意投入工作角色状态，此外也愿意牺牲时间来付出额外的劳动，故工作投入系为展现个体心理认同程度或个体形象的重要程度
王桢等②	由工作能力（活力、能量）与工作意愿（卷入、奉献）互相结合的概念
Maslach 和 Leiter	员工享受工作投入的过程，有着良好的工作动机，对完成企业交办的工作任务十分享受
Harter、Schmidt 和 Hayes③	指个体对于工作的热情、满意度、投入的程度

资料来源：作者根据相关文献整理而成。

综上所述，工作投入不仅是单纯的行为表现，也是执行工作任务中所持有的想法与状态，以致愿意长时间投入至工作任务之中，甚至愿意牺牲时间额外付出，以完成工作任务。而本研究探讨员工创新行为的影响因素，而工作投入正好有问题解决与高工作动机的特性，正好与员工创新行为相呼应。

二、工作投入的维度划分

在许多探讨工作投入维度的文献中，Kahn、Schaufeli 等针对员工访谈所得出的工作投入维度与 Harter、Schmidt 和 Hayes 使用的"个体对于工作的热情、满意度、投入的程度"维度较为一致。Kahn 认为工作投入是个

---

① RICH B L, LEPINE J A, CRAWFORD E R. Job Engagement：Antecedents and Effects on Job Performance [J]. Academy of Management Journal, 2010, 53 (3)：617-635.

② 王桢，陈乐妮，李旭培. 变革型领导与工作投入：基于情感视角的调节中介模型 [J]. 管理评论, 2015, 27 (9)：120-129, 212.

③ HARTER K J, SCHMIDT L F, HAYES L T. Business-Unit-Level Relationship Between Employee Satisfaction, Employee Engagement, and Business Outcomes：a Meta-Analysis. [J]. Journal of Applied Psychology, 2002, 87 (2)：268-279.

体如何善用自身的资源投资工作的结果，因此他提出了三个资源种类，分别为身体（physical）、认知（cognitive）、情感（emotional）。身体投入指员工实际表现行为能否跟组织期望保持一致；认知投入指员工的想法与认知能否关注在自身的工作角色上，以利于为组织做出更大的利益贡献；情感投入为员工与同事或他人的工作角色，能产生强烈的情感联系。

Schaufeli 等提出工作投入的三种维度，分别为活力（vigor）、奉献（dedication）、专注（absorption）。其中，活力是指工作时，除了能保持精力充沛，在心理上也具有韧性，以致愿意为工作投入精力，且遇到困难时能坚持不懈；奉献是指对于工作充满意义、热情、自豪与挑战感；专注则是指能全心全意、全神贯注地专注于工作，导致认为时间过得很快，难以脱离工作。

盖洛普公司针对员工进行访谈调查，提出工作投入有两种维度，分别为态度、行为。其中态度属于行为意图，是指员工想要将工作做到最好的想法与渴望；而行为是指员工对于所属组织有着正向评价，此外也愿意花费更多时间努力工作，并渴望通过工作达成更多的成就。

针对上述所提到的工作投入各个维度，发现许多研究大多采用 Schaufeli 等提出的工作投入构面。然而，根据 Rich 等的看法，他们认为尽管 Schaufeli 等所发展的量表颇受欢迎，但并没有完全反映 Kahn 所提出的概念，同时也容易与 Kahn 的概念产生混淆。本研究也较为支持 Rich 等的看法，理由是工作投入的意义不仅是单纯地投入工作任务中所产生的状态，而且需要关注个体在完成工作任务的过程中，是如何长时间持续地影响心理层面，并非以 Schaufeli 等认为工作投入是指个体对于工作能以投身（dedication）、沉浸（absorption）、活力（vigor）、自满（fulfilling）等状态，投入至工作任务中，故 Kahn 所提出的概念与维度解释应较为适切、全面。因此，本研究采用 Kahn 所提出的维度，以身体、情感与认知三种投入以进行后续探讨。

三、工作投入的相关研究

本研究通过对相关文献的整理，认为工作投入能从个人视角与组织视角的观点出发，且在不同视角中，其工作投入的影响效果也不尽相同。此节以个人、组织视角切入，来探讨影响工作投入的影响机制，并得出结论。

(一) 个人视角

个人视角指个体的心智特征对于工作投入具有相当程度的影响。如李伟和梅继霞指出内在动机对员工绩效和工作投入有正向作用,工作投入在内在动机对员工绩效中起着部分中介作用。[①] 杨自伟和翟海燕针对服务型公司员工,探讨内在动机对工作投入的影响,发现内在动机能正向影响工作投入。[②] 郭钟泽等针对知识型员工,探讨职业成长机会对工作投入的影响,发现职业成长机会能正向影响工作投入。翁清雄、杨惠和曹先霞针对科研人员,以工作投入为中介,探讨职业成长对工作绩效的影响机制,发现职业成长维度均与工作投入呈显著正相关。此外,工作投入在职业成长与工作绩效之间具有中介效果。[③] 连坤予、谢姗姗和林荣茂针对中小学教师,以工作投入为中介,探讨职业人格对主观幸福感的影响机制,发现工作投入在职业人格与主观幸福感之间具有中介效果。[④]

(二) 组织视角

组织视角指个体在所属组织中,其工作投入是受到领导风格、组织气氛、工作环境等影响所产生的结果。如杨燕和高山行对心理资本进行了心理学和管理学跨学科研究,把心理资本概念在团队和组织层面进行拓展,从心理资本影响个体、团队和组织层次出发,研究了在三个不同层次的心理资本如何影响企业创造力。从前因变量(情感、认知和行为)等视角研究心理资本与组织学习气氛的关系,同时研究了组织学习气氛如何影响心理资本和企业自主创新的作用机理。王桢等在研究中以正性情感为中介,探讨变革型领导与工作投入的关系,发现变革型领导对工作投入具有正向

---

① 李伟,梅继霞. 内在动机、工作投入与员工绩效:基于核心自我评价的调节效应 [J]. 经济管理,2012,34 (9):77-90.

② 杨自伟,翟海燕. 组织战略信息对员工创造力的影响:基于社会资源与认知评价理论整合的视角 [J]. 现代管理科学,2015 (12):94-96.

③ 翁清雄,杨惠,曹先霞. 科研人员职业成长、工作投入与工作绩效的关系 [J]. 科研管理,2017,38 (6):144-151.

④ 连坤予,谢姗姗,林荣茂. 中小学教师职业人格与主观幸福感的关系:工作投入的中介作用 [J]. 心理发展与教育,2017,33 (6):700-707.

影响。柯江林、孙健敏和李永瑞探讨了组织沉默对工作投入的影响机制，发现组织沉默对工作投入具有负向的影响效果。

在上述相关视角中，可以发现个人层面、组织层面对于工作投入皆具有一定程度的影响力。倘若组织中的员工与组织价值观能够相辅相成，则能正向影响工作投入；而工作投入良好的情况之下，也应能影响员工创新行为。

四、工作投入研究评述

综上所述，以上研究从工作投入的概念出发，对工作投入变量进行了现有研究的内涵梳理，在现有研究的基础上进行了维度划分，将前任研究进行了不同维度的划分，同时对本研究现有相关研究进行了归纳，主要从个人视角和组织视角进行了梳理。以往研究取得了相应的成果，但是还存在以下不足。

（一）对影响工作投入的因素有待进一步挖掘

现有文献对工作投入的研究主要是前置因素和后置结果方面，前置因素研究主要集中在对企业内外部资源的利用和探索上，后置结果变量主要集中在企业和创新绩效、离职率和缺勤率方面，但是对工作投入后对员工和企业的行为影响研究较少，工作投入得多，回报是否相对应，是否会影响员工后续在工作上的投入。这些都是我们应该关注的研究空间，而且工作投入需要有较强的心理动机，否则没有强烈的工作愿望，员工是不会无缘无故进行大量的工作投入的，所以从心理层面解决工作投入也应该纳入考虑范围。

（二）对工作投入影响的情景边界因素研究目前较缺乏

以前的研究中较少讨论外部环境对员工工作投入的情景边界，由于现在的高新技术企业对外部环境依赖性极高，尤其是技术动态性和市场动态性都对企业员工有较强的边界作用。目前研究的较少，这些都是学者们在后续研究中应该深入展开的，应该关注哪些调节变量影响着员工工作投入的积极性和产生的后果效应，这些在以往的研究中比较缺乏，也应该是后续研究的一个重要着力点，所以本研究将工作投入作为中介变量进行研究，同时也考虑影响工作投入的情景边界，对该领域研究的拓展做出了一定贡献。

第四节　知识分享

一、知识分享的内涵

近年来知识分享（knowledge sharing, KS）已成为知识管理研究中热门的议题之一。知识分享是知识管理的核心要素，在企业技术创新的改善及核心竞争能力的提升中扮演着极其重要的角色。

Davenport 和 Prusak 认为知识分享是知识传播与知识接收，其中分享者和接收者是过程中不可或缺的重要角色。① 知识分享提供信息与知识以协助或共同解决问题，并提出新想法或实施政策或程序，通过两人或两人以上的参与者进行交流，在谈话的过程中促使知识流动，此过程包含知识获取与知识分享。Hansen 认为知识分享是一种获取和提供关于产品和技术的讯息、经验和知识等的过程，知识分享影响其他知识活动，比如知识整合和知识创造。② McAdam、Moffett 和 Peng 认为知识分享是个体、团体和组织彼此之间的一种知识交换的活动。③

解学梅和吴永慧将知识分享定义为个体愿意将其所学的专业知识与经验传授给他人，通过知识分享可以提高彼此的知识能力与团队各项能力的展现。④ 知识分享是指知识能够在不同主体之间相互交换、移动的一种过程，其对增强组织的竞争力和财务绩效都有很强的积极影响，企业可以依

---

① DAVENPORT H T, PRUSAK L. Working Knowledge：How Organizations Manage What They Know [M]. Boston：Harvard Business School Press, 1999：6.

② HANSEN T M. Knowledge Networks：Explaining Effective Knowledge Sharing in Multiunit Companies [J]. Organization Science, 2002, 13 (3)：232-248.

③ MCADAM R, MOFFETT S, PENG J. Knowledge Sharing in Chinese Service Organizations：a Multi Case Cultural Perspective [J]. Journal of Knowledge Management, 2012, 16 (1)：129-147.

④ 解学梅，吴永慧. 企业协同创新文化与创新绩效：基于团队凝聚力的调节效应模型 [J]. 科研管理, 2013, 34 (12)：66-74.

赖知识分享来构建竞争优势。因此知识分享是一种维持、提升与创造企业竞争优势的无形资产，有知识分享才可能有接下来的知识整合、创造，乃至于形成智能资本，这是企业发展的核心竞争力资源。知识分享包含参与者彼此之间交换显性知识和隐性知识的活动。通过分享的过程将个人知识转化为群体知识，除了可使参与人受益之外，企业组织也可从中获取宝贵的知识。

曹科岩和窦志铭也将知识分享视为个人、团队和组织将其所拥有的专业知识传递给他人知晓，而这里面知识包含内隐知识和外显知识两种知识内涵，通过传递的过程使知识以既有形式或产生新的形式再现。①。

知识分享除了是一种个人知识转化为群体知识的交流活动之外，也可以定义为一种社交互动文化，涉及通过整个部门或组织进行的员工知识、经验和技能的交流。当个体愿意主动学习，又愿意帮助他人获得新知识与能力时，就会产生知识分享行为。因此知识分享行为也可以视作一种组织公民的行为，它的出现源于个体的自发决策，因此会受到个体状态或特征的影响。开放性和关怀性的组织氛围可以鼓励并增强组织成员彼此之间的互动，进而使其进行合作学习和知识交换。知识分享是成员对组织的知识贡献，可以扩增组织的知识库，而且具有策略性收集、分析、整合知识分享能力的企业更有可能实现创新。

Tsai认为知识分享是知识创造的前提条件，虽然知识分享有助于创造价值，但只有在个人认识、吸收、转化并有效应用在组织中才会创造价值，知识分享是企业和个人提升能力、获取知识的有效途径，可以快速提高企业的创新能力以及企业的竞争能力。②

本研究对以往知识分享定义的内涵及相关观点进行整理，表格（表2-6）如下。

---

① 曹科岩，窦志铭. 组织创新氛围，知识分享与员工创新行为的跨层次研究 [J]. 科研管理，2015，36（12）：83-91.

② TSAI W. Knowledge Transfer in Intraorganizational Networks：Effects of Network Position and Absorptive Capacity on Business Unit Innovation and Performance [J]. Academy of Management Journal，2001，44（5）：996-1004.

表 2-6 国内外学者对知识分享的定义

研究者	内涵及观点
Hansen	知识分享是一种取得和提供讯息、经验的过程
解学梅和吴永	知识分享是指企业内部员工或外部人员通过不同渠道或方式进行知识交流和讨论
文鹏等①	指知识能够在不同主体之间相互交换、移动的一种过程,其对增强组织的竞争力和财务绩效都有很强的积极影响
Cheng 等②	知识分享不仅是一个传播的过程,而且能协助知识接收者更了解其内容,进而发展出新的知识和能力
Hu 和 Randel③	知识分享又称知识移转,是指知识接受者从其他知识传播者获得知识、学习经验的一种过程
曹科岩和窦志铭	知识分享是传递知识的一种活动,此过程使知识以既有形式或产生新的形式再现
Ortiz 等④	知识分享是个体自愿与他人分享其专业知识或经验,来帮助他人学习新知
Janz 和 Rasarnphanich⑤	知识分享是一种具有多方向性的过程,知识的来源与流动涉及知识提供者和吸收者两个个体的行为表现
Tsai	知识分享是个人相互交流知识并共同创造新知识的过程,包含知识传播与知识收集两种行为

① 文鹏,包玲玲,陈诚. 基于社会交换理论的绩效评估导向对知识共享影响研究 [J]. 管理评论, 2012, 24 (5):127-136.
② CHENG H J, YEH H C, TU W C. Trust and Knowledge Sharing in Green Supply Chains [J]. Supply Chain Management, 2008, 13 (4):283-295.
③ HU L, RANDEL E A. Knowledge Sharing in Teams:Social Capital, Extrinsic Incentives, and Team Innovation [J]. Group & Organization Management, 2014, 39 (2):213-243.
④ ORTIZ J, CHANG H S, CHIH H W, et al. The Contradiction Between Self-Protection and Self-Presentation on Knowledge Sharing Behavior [J]. Computers in Human Behavior, 2017 (76):406-416.
⑤ JANZ D B, Prasarnphanich P. Understanding the Antecedents of Effective Knowledge Management:The Importance of a Knowledge-Centered Culture [J]. Decision sciences, 2010, 34 (2):351-384.

研究者	内涵及观点
Imamoglu 等①	知识分享是一个双向过程，双方都可以增长知识、能力和经验，此外知识分享可以改善员工彼此之间的关系，并使知识成为组织内的价值，提高组织竞争优势

资料来源：作者根据相关文献整理而成。

综上文献可知，知识分享是知识分享者将自身的经验、技术和知识传递给他人的一种过程。在知识流动的过程中，双方皆能受益。对企业组织而言，通过知识分享可使部门和团队之间有更多的想法交流，甚至产生新想法，是一种组织文化，有助于员工的创新行为，进而帮助企业提升竞争力。

二、知识分享维度划分

本研究回顾过去学者针对知识分享所进行的研究可得知，学术界对于知识分享的视角有不同的论述与维度划分，因此本章将梳理过去学者对知识分享的视角进行探讨，并以绩效视角、动机视角、意愿与能力视角、功能视角及传递方向视角等来进行维度划分。

（一）绩效视角

李显君等将知识分享按照传播程度和共享效果两个维度来进行划分。②传播程度指参与者对知识分享的数量和知识的丰富程度，而共享效果是指参与共享的知识被吸收和掌握的程度。此种知识分享观点在于探析分享者所传递的知识数量与知识丰富程度，用以来衡量接收者对于分享者所传递的知识，是知识分享绩效的一种衡量。

（二）动机视角

Seyyedeh、Daneshgar 和 Aurum 将知识分享分为三种动机因素，包含情

① IMAMOGLU Z S, INCE H, TURKCAN H, et al. The Effect of Organizational Justice and Organizational Commitment on Knowledge Sharing and Firm Performance [J]. Procedia Computer Science, 2019 (158): 899-906.
② 李显君，马雅非，徐可，等. 汽车产品开发过程知识共享影响因素实证研究 [J]. 科研管理，2011, 32 (2): 28-36.

境因素、组织因素、相关知识性质。① 其中情境因素主要是受到双方关系质量与社会文化的影响而愿意进行知识分享；组织因素是企业管理者对于知识分享的态度与整体组织信息的水平；相关知识性质是知识的显性知识和隐性知识。② 由上述知识分享的动机观点可知，知识分享会受到传递者与接受者之关系、社会文化氛围、企业管理者态度和信息水平影响。换言之，双方（传递者与接受者）若关系友好，将引发传递者之分享动机。此外，管理者对于知识分享的态度与组织信息能力也会影响知识分享动机。

（三）意愿与能力视角

王雁飞和朱瑜将知识分享和个体特质两个变量梳理并合并来探讨员工的创新行为，他们认为知识分享牵涉两个必要条件，包含知识分享能力和知识分享意愿。③ 知识分享能力指组织成员对外部的知识能够吸收，且以技巧性、合理性及以容易理解的方式来表达自己的独特见解；知识分享意愿指组织成员能充分理解自己所带来的知识价值，且愿意自发性地去接纳新的事物、观点与知识，也乐意与他人交流自己的知识和经验。④

（四）功能视角

知识分享可分为沟通、市场、学习、互动等四种功能。沟通功能是指在知识分享的过程中是一种沟通，此过程包含知识拥有者和知识需求者两个主体；市场功能是指将知识分享视为市场导向，其存在使买卖双方皆可从中获益⑤；学习功能是指知识分享是一种企业组织内部成员之间或是团队间的互相学习过程；互动功能是指内隐知识与外显知识流动在个体与组

---

① SEYYEDEH N, DANESHGAR F, AURUM A. Investigating Inter-Organizational Knowledge Sharing Intention in Supply Chain Partnership [J]. ACIS 2009 Proceedings, 2009 (18): 894-903.

② 龙勇，汪谷腾. 模块化组织知识共享对创新绩效影响机制的实证研究 [J]. 管理工程学报，2018，32 (3): 43-51.

③ 王雁飞，朱瑜. 组织社会化，信任，知识分享与创新行为：机制与路径研究 [J]. 研究与发展管理，2012，24 (2): 34-46.

④ 张振刚，余传鹏，李云健. 主动性人格，知识分享与员工创新行为关系研究 [J]. 管理评论，2016，28 (4): 123-133.

⑤ 余福茂. 集群企业知识分享行为影响因素的实证研究 [J]. 科学学研究，2009，27 (10): 1535-1542.

织之间①。

（五）传递方向视角

赵洁和张宸璐将知识分享分为内部知识和外部知识，他们认为内部知识分享是指企业组织内成员进行交换知识与讯息，传播成功经验与案例；外部知识分享是指企业与其他外部企业进行信息交流，进而获取知识以增强企业竞争力。② Akram、Haider 和 Hussain 认为知识的流动主要是被知识传递者与接收者这两个主体主宰的。而知识分享的过程在本质上有着截然不同的方向，知识传递者的行为称为知识捐赠，是指个体基于自身愿意转移其智力资本的一种交流，而知识接收者吸取知识的过程称为知识收集，是指接受他人分享的智力资本。③

综上可知，知识分享现有研究视角基于不同维度划分可分为传播程度、共享效果、内外部知识分享、意愿、能力、知识捐赠以及知识收集等不同类型。鉴于高新技术企业具有知识、技术密集的特性，因此组织成员的教育及知识水平相对较高。然而本研究旨在探讨高新技术企业的员工创新行为，因此将知识分享的衡量分为能力与意愿，以此来预测高新技术企业员工创新行为。本研究知识分享能力是指组织成员对于内外部知识容易吸收，有能力以浅显易懂的方式传递给他人；知识分享意愿是指组织成员愿意自发地去接纳新的事物或观点与知识，也乐意与他人交流自己的知识和经验。在知识分享的行为中，两者缺一不可。

三、知识分享的影响因素研究

本研究从个人因素视角、组织因素视角以及情境因素视角等三种不同角度观点出发，将过去知识分享相关研究进行如下梳理。

---

① 曹兴，刘芳，邬陈锋. 知识共享理论的研究述评 [J]. 软科学，2010，24（9）：133-137.

② 赵洁，张宸璐. 外部知识获取、内部知识分享与突变创新：双元性创新战略的调节作用 [J]. 科技进步与对策，2014，31（005）：127-131.

③ AKRAM T, SHEN L, HAIDER J M, et al. The Impact of Organizational Justice on Employee Innovative Work Behavior: Mediating Role of Knowledge Sharing [J]. Journal of Innovation & Knowledge, 2020, 5 (2): 117-129.

（一）个人因素

知识分享有利于促进企业员工知识更新与创新，提升企业竞争力，增加企业绩效。然而个体的知识价值与其在公司中的地位和待遇福利皆有所关联。简言之，具有知识价值的成员是否愿意进行知识分享除了受到个人地位与福利因素的影响之外，还会被态度影响。

张晓东和朱敏的研究直接指出知识分享意愿会受到工作同人的态度影响。① 王智宁、吴应宇和叶新凤基于计划行为理论来建构高科技企业员工知识分享意图研究，指出知识分享意图受到态度、主观规范和感知行为影响。换言之，个体是否愿意对他人进行知识分享的意图主要是受到个体对分享知识后的结果的评价以及他人寄予分享知识的期望的影响②。此外，在人际关系方面，唐于红和毛江华指出组织成员若感知到与他人存在差异（遭受排斥），将会负向影响知识分享行为。③

虽然知识分享有助于创造价值，但只有个人在将知识认识、吸收、转化与有效应用在组织中才会创造价值。在个人动机部分显示，企业组织内部成员若具有强烈的内在动机则较能够汲取过往经验、知识来解决所遇到的障碍，也较能够完成具有挑战性且复杂性的工作项目。张振刚等的研究指出主动型个人因存在较积极的内在动机，因此对于员工创新行为能有正向影响。此外，主动型人格通过知识分享的部分中介作用影响能够促进员工创新行为的展现。

（二）组织因素

现今许多企业组织逐渐重视知识管理的重要性，积极举办知识分享与交流等活动来促进新知，协助改善企业绩效和管理决策，因此组织成员知识分享意愿也会受到领导者所采取的领导风格、组织氛围的影响。李锐、

---

① 张晓东，朱敏．激励，同事态度和个人文化对知识共享的影响［J］．科研管理，2012，33（10）：97-105.

② 王智宁，吴应宇，叶新凤．员工知识共享的计划行为模型：基于江苏高科技企业问卷调查的分析［J］．情报杂志，2011，30（3）：106-113.

③ 唐于红，毛江华．个体感知差异和职场排斥对知识共享行为的影响机制［J］．科研管理，2020，41（4）：200-208.

田晓明和孙建群的研究指出，自我牺牲型领导对员工知识分享有其影响效果。①

张亚军等则指出威权领导对隐性知识共享有显著的负向影响，而授权领导则对隐性知识分享有显著的正向影响，换言之，威权式的领导风格不利于知识分享，而适当的授权使员工有自主空间有助于员工彼此之间进行知识分享。②

梁祺和张纯指出包容型领导对员工知识分享具有影响力，也可以通过员工知识分享行为间接作用，影响员工创新行为。③ 王文平和谈正达探讨了集群组织中知识共享对不同组织的知识和企业的私有知识有不同影响，不同知识共享深度和私有知识产出对企业知识共享行为和创新资源投入都有不同程度的影响。④ 刘明霞和徐心吾的研究指出，领导者若采取真实型领导风格，能够提高员工道德认同并促进知识分享行为。⑤

有学者曾探讨组织氛围对知识分享的关联，如路琳和陈晓荣指出组织成员若不重视团队和谐，否定和谐和漠视和谐都将会阻碍知识分享。如果只是表面一团和气，实质上矛盾重重同样不利于组织成员的知识分享。⑥ 此外，社会资本能够凝聚群体意识，并提升企业组织内部员工的参与度与活跃度，因此能够促进知识分享、流动以及激发创新思潮的产生。袁朋伟等的研究也得出了相同的结论，即企业组织的团队凝聚有助于知识分享。许多研究皆表明知识分享能够促进创新能力和创新绩效的提升。

Abdul 认为知识分享除了可导致企业组织的知识库增长外，也可以使

① 李锐，田晓明，孙建群. 自我牺牲型领导对员工知识共享的作用机制［J］. 南开管理评论，2014（5）：24-32.
② 张亚军，张金隆，张千帆，等. 威权和授权领导对员工隐性知识共享的影响研究［J］. 管理评论，2015，27（9）：130-139.
③ 梁祺，张纯. 包容型领导对员工创新行为的影响：知识共享的中介和批判性思维的调节［J］. 商业研究，2016（5）：129-136.
④ 王文平，谈正达. 有核网络型集群中知识共享深度与知识型企业的创新资源投入关系研究［J］. 管理工程学报，2008，22（3）：51-56.
⑤ 刘明霞，徐心吾. 真实型领导对员工知识共享行为的影响机制：基于道德认同的中介作用［J］. 中国软科学，2019（2）：14.
⑥ 路琳，陈晓荣. 人际和谐取向对知识共享行为的影响研究［J］. 管理评论，2011，23（1）：68-74.

企业有战略性地收集内外部知识，进而提升创新水平。① Huang、Chen 和 Stewart 的研究指出知识分享可以有效降低生产成本、加快项目完成速度、改善决策和协调能力，甚至是创新能力。② 陈劲、金鑫和张奇将企业分布式创新区分为结构、认知及协同等三要素，其研究指出分布式创新三要素通过三种知识分享机制对企业创新绩效有显著正向影响。③ 张洁和廖貅武的研究指出交互式信息提供在线参与创造通过知识分享可影响新颖性，有助新产品开发绩效提高。④

（三）情境因素

于米以知识活性作为调节作用，进行个人与集体主义倾向与知识分享意愿间的关系研究。研究结果证实：无论是个人或集体主义的倾向，都对知识分享意愿具有显著正向的影响，同时知识活性在个人与集体主义倾向和知识分享意愿之间具有调节作用。⑤ 刘丽丽、杜荣和艾时钟的研究工作中的权力距离观念和员工的集体主义观念对信息技术服务企业中知识共享的因素与员工创新行为是否有影响进行了相应探索，研究结果表明：员工的集体主义观念增强时，知识共享对创新行为的影响会增加；权力距离增大时，知识共享对创新行为的影响减弱。⑥

综上所述，通过这三种视角对知识分享的相关研究可知，个人因素视角的知识分享受到态度、主观规范、人际关系、吸收能力、内在动机、人格特性影响；组织视角的知识分享受到领导风格、组织氛围影响；最后在

---

① ABDUL N, RAZAK A N, PANGIL F, et al. Theories of Knowledge Sharing Behavior in Business Strategy [J]. Procedia Economics and Finance, 2016 (37)：545-553.
② HUANG T T, CHEN L, STEWART A R. The Moderating Effect of Knowledge Sharing on the Relationship Between Manufacturing Activities and Business Performance [J]. Knowledge Management Research & Practice, 2010, 8 (4)：285-306.
③ 陈劲, 金鑫, 张奇. 企业分布式创新知识共享机制研究 [J]. 科研管理, 2012, 33 (6)：1-7.
④ 张洁, 廖貅武. 虚拟社区中顾客参与, 知识共享与新产品开发绩效 [J]. 管理评论, 2020, 32 (4)：117-131.
⑤ 于米. 个人/集体主义倾向与知识分享意愿之间的关系研究：知识活性的调节作用 [J]. 南开管理评论, 2011, 14 (6)：149-157.
⑥ 刘丽丽, 杜荣, 艾时钟. IT 服务企业中文化对知识共享与创新行为关系的影响 [J]. 中国管理科学, 2016, 24 (4)：159-166.

情境视角中可知，知识分享受到个人、集体与权力距离影响。本研究以高新技术企业员工的创新行为作为研究主轴，且在文献回顾后可知，组织成员若愿意进行知识分享等其他交流活动，将有助于提升企业组织的创新能力。然而，知识分享是否能在心理资本与员工创新行为扮演中介角色尚未可知，因此本研究将知识分享作为中介变量，探讨知识分享在心理资本与员工创新行为的关系。

四、知识分享研究评述

综上所述，前文对知识分享的概念内涵和相关维度进行了相应讨论，对知识分享的前置因素和后续结果因素分析取得了丰富的成果，但是还存在以下不足。

（一）对影响知识分享的因素分歧较大

现有文献对知识分享的研究主要是前置因素研究，主要是研究员工知识分享的动机来源，从员工个人特征和企业提供的资源入手，对结果变量的研究主要是企业获得知识后的绩效提升，为企业的技术开发或市场开发提供了保障，但是对高新技术企业员工的创新行为的影响路径研究不多，由于是对行为进行研究，所以在知识分享的内涵上有很多分歧，有了分享知识的心理动机，能否促进员工创新行为，其影响路径上应该在后续加大挖掘力度。员工具备高知识性，但是分享行为产生有其前提，不会漫无目的地进行知识分享，这些都是我们应该关注的研究空间，而且知识分享需要有较强的心理动机，否则就没有强烈的分享意愿，还有是否有能力进行知识分享，因此从心理层面解决知识分享也应该纳入研究范围。

（二）对知识分享影响的情景边界因素目前研究较缺乏

以前的研究中较少讨论外部环境对员工知识分享的情景边界，由于现在的高新技术企业对外部环境依赖性极高，尤其是技术动态性和市场动态性都对企业员工创新行为有较强的边界作用，这些都是学者们在后续研究中应该深入展开的，应该关注哪些调节变量影响着员工知识分享的意愿、能力和产生创新行为效应，这些在以往的研究中比较缺乏，应该是后续研究的一个重要着力点，所以本研究将知识分享作为中介变量进行研究，同时也考虑影响知识分享的情景边界（技术和市场的不确定性），对该领域研究的拓展做出了一定贡献。

第五节　环境动态性

一、环境动态性的内涵

在企业战略研究中，以外部环境为主，而资源基础理论关注内外部环境的状态，尤其关注动态性环境状态。组织理论表明环境因素对高新技术企业的持续发展和生存都极其重要，会在战略和运营方面给企业带来较大影响。Thompson 是首个提出企业环境存在动态性特点的学者，环境动态的调整，是为了应对环境中的变化，而且这些变化是无法提前得知的。[①] Duncan 首先给出了"环境动态性"的定义，他提出，"复杂性"和"动态性"为环境的不确定性的主要因子。[②] 曹红军等指出，持续发展的高新技术企业势必在过程中做出动态调整，这被视为外部的环境因素。[③] "环境动态性"分别被以下学者定义为外界环境变化的速度和不确定的程度。Dess 和 Beard 提到的动态性（dynamism）是指组织成员，因受限于事态变化难以预测以及不确定性，故需要处理更加复杂的情境，承担更大的压力。[④] 环境变化的程度，会随着时间推移，增加外部环境变化的速度和不可预测性。[⑤] 王凤彬和陈建勋的研究认为环境变化的速度和不确定的程度

① THOMPSON D J. Organizations in Action ：Social Science Bases of Administrative Theory [M]. New York：McGraw-Hill. 1967.

② DUNCAN B R. The Characteristics of Organizational Environments and Perceived Environmental Uncertainty [J]. Administrative Science Quarterly，1972，17（3）：313-327.

③ 曹红军，王以华，CAOHong-jun，et al. 动态环境背景下企业动态能力培育与提升的路径：基于中国高新技术企业的实证研究 [J]. 软科学，2011，25（1）：1-7.

④ DESS G G. Dimensions of Organizational Task Environments [J]. Administrative Science Quarterly，1984，29（1）：52-73.

⑤ KEATS W B，AND HITT A M. A Causal Model of Linkages Among Environmental Dimensions，Macro Organizational Characteristics，and Performance [J]. Academy of Management Journal，1988，31（3）：570-598.

呈现正相关。① 由于环境没有固定的模式，变动程度不好把握，环境是可变动的这一结论得到学界的高度认同，这些高复杂性和难预判性的特性形成了环境的动态属性。"环境动态性"是组织外部环境因素变化的频率和幅度，也因此在动荡的创新环境中，组织团队对环境的动态适应是其生存发展的关键。

综上所述，"环境动态性"是指环境变化的程度，即随着时间推移，外部环境变化的速度及其不可预测性，且组织团队对环境的动态适应是其生存发展的关键，故本研究参酌以上研究结果，探讨"环境动态性"作为调节对内部及外部的影响及彼此之间的关系，以验证本研究的目的与假设。本研究将以往环境动态性定义的内涵及相关观点进行整理，形成表格（表 2-7）如下。

表 2-7　国内外学者对环境动态性的定义

研究者	内涵及观点
Thompson	企业环境存在动态性特点，环境动态的调整，是为了适应环境中的变化，而且这些变化是人员无法提前预知的
曹红军等	能够在不同主体之间相互交换、移动的持续发展的高新技术企业势必在过程中需做出动态调整，这视为外部的环境因素
奚雷等②	外界环境变化的速度和不确定的程度
Dess	组织成员因受限于事态变化而难以预测以及其不确定性，故想要处理更加复杂的情境，就需要承担更大的压力
Keats 和 Hitt	环境变化的程度，会随着时间推移，增加外部环境变化的速度及不可预测性

资料来源：作者根据相关文献整理而成。

二、环境动态性的维度
在梳理现有文献的基础上，现有学者基本站在"动态性"视角对"环

---

① 王凤彬，陈建勋. 动态环境下变革型领导行为对探索式技术创新和组织绩效的影响[J]. 南开管理评论，2011，14（1）：4-16.

② 奚雷，彭灿，张学伟. 外部学习与双元创新协同性的关系：环境动态性的调节作用[J]. 技术经济与管理研究，2018，8（5）：27-32.

境动态性"进行维度划分，从不同维度进行探讨。Duncan 将"环境动态性"视为环境不确定性，并认为环境不确定性将解释一个企业或组织在一定条件下的状态及其绩效表现的重要衡量指标。①

赵观兵、梅强和万武使用环境动态性的单维度来进行测量。② Jansen 等也以单维度来进行测量。也有学者提出双维度的"环境动态性"。谢洪明和陈春辉研究了组织学习、环境变动与组织绩效三者之间的关系，指出"环境动态性"的出现是由"技术动态性"以及"市场动态性"决定的。③

后续学者提出三维度的环境动态性，Tan 研究了如何判断环境的动态性，从复杂、动态和稀缺三个程度来判断环境动态性的程度。④ Cadenasso、Pickett 和 Grove 研究了高新技术企业的发展环境的优劣情况，主要从环境的"复杂程度""容量多寡""动态特征"三个维度入手，得出了"环境动态性"会受到环境要素的影响。⑤ 以环境因素和环境外部是否改变和改变的速度来判断环境动态性，同样在三个维度下，再区分为内部和外部因素对环境动态性的影响程度，也有学者从"市场需求""创新研发""行业竞争者"三个角度的变化，提出了技术、市场与竞争者为环境动态性的组成。李德强、彭灿和杨红的研究，综合了 Jansen 等的研究，将"环境动态性"明确区分为三个维度"行业技术""市场需求""市场竞争"。⑥ 陈国权和王晓辉认为导致"环境动态性"显现是因为"政府"

① ALLAMEH M S. Antecedents and Consequences of Intellectual Capital: The Role of Social Capital, Knowledge Sharing and Innovation [J]. Journal of Intellectual Capital, 2018, 19 (5): 858-874.

② 赵观兵，梅强，万武. 创业环境动态性，创业者特质与创业资源识别关系的实证研究: 以产业集群为视角 [J]. 科学学与科学技术管理, 2010, 31 (8): 90-96.

③ 彭说龙，谢洪明，陈春辉. 环境变动，组织学习与组织绩效的关系研究 [J]. 科学学与科学技术管理, 2005, 26 (11): 106-110.

④ TAN J. Regulatory Environment and Strategic Orientations in a Transitional Economy: A Study of Chinese Private Enterprise [J]. Entrepreneurship Theory and Practice, 1996, 21 (1): 31-46.

⑤ CADENASSO M, PICKEETT S, GROVE J. Dimensions of Ecosystem Complexity: Heterogeneity, Connectivity, and History [J]. Ecological Complexity, 2006, 3 (1): 1-12.

⑥ 李德强，彭灿，杨红. 网络能力对双元创新协同性的影响: 环境动态性的调节作用 [J]. 科技管理研究, 2017, 37 (10): 14-23.

"顾客""同行业组织""供应商"等企业利益既得者在决策和行为上不一致。①

综上所述,环境动态性的特性是由组织内外部环境因素变化所导致,具有不可预测性与不确定性。在维度的分类上有单维度、双维度、三维度与四维度的划分。由于高新技术企业面临的动态性大多属于技术的动态与市场的动态,另外本研究以环境动态为调节变量,因此选择以技术动态与市场动态两个维度来进行环境动态性的调节作用。

三、环境动态性的调节作用

陈收、施秀搏和吴世园探求不同类型的互补资源与创新资源的协同对企业绩效的影响及"环境动态性"的调节作用,该研究发现"环境动态性"对制造互补资源与创新资源协同对企业绩效的正向影响,以及市场互补资源与创新资源协同对企业绩效具有正向调节作用。② 吴松强等发现"环境动态性"对集群网络关系强度与产品创新绩效起到负向调节作用。③

"环境动态性"对人力互补资源与创新资源协同对企业绩效正向影响的调节作用不显著。管建世、罗瑾琏和钟晋以企业员工为研究对象,检验团队交互记忆的中介作用与团队认知冲突和"环境动态性"这两种内外部情境因素的调节作用,发现"环境动态性"对双元领导与团队创新之间的正向强化效应。④ 韩杨等以构建双元领导行为—团队双元文化—团队创新绩效的影响模型,探讨领导行为的协调作用,同时以成员自我调节导向和"环境动态性"作为调节变量,发现"环境动态性"在双元领导与团队创新绩效关系间发挥正向调节作用。⑤ 以上文献说明环境动态性对企业绩效影响作用增大。

① 陈国权,王晓辉.组织学习与组织绩效:环境动态性的调节作用 [J].研究与发展管理,2012,24(1):52-59.

② 陈收,施秀搏,吴世园.互补资源与创新资源协同对企业绩效的影响:环境动态性的调节作用 [J].系统工程,2015,33(1):61-67.

③ 吴松强,苏思骐,沈忠芹,等.产业集群网络关系特征对产品创新绩效的影响:环境不确定性的调节效应 [J].外国经济与管理,2017,39(5):46-72.

④ 管建世,罗瑾琏,钟竞.动态环境下双元领导对团队创造力影响研究:基于团队目标取向视角 [J].科学学与科学技术管理,2016,37(8):159-169.

⑤ 韩杨,罗瑾琏,钟竞.双元领导对团队创新绩效影响研究:基于惯例视角 [J].管理科学,2016,29(1):70-85.

　　奚雷、彭灿和张学伟探讨"环境动态性"对外部学习（技术学习与管理学习）、双元创新协同性（含双元创新平衡性与双元创新互补性）的影响，发现"环境动态性"在外部学习与双元创新协同性、双元创新平衡性和双元创新互补性间均起正向调节作用。

　　王启亮和虞红霞在不同程度"环境动态性"的边界背景下，进一步考察了组织声誉因素对协同创新中企业间知识分享是否有影响，研究发现，随着"环境动态性"的不确定性加大，社会责任、网络能力和交易公平对企业之间的知识分享的正向作用减弱，也就是只达到负向调节的作用。①

　　李德强等探讨网络能力与双元创新协同性之间的因果关系，以及"环境动态性"对上述关系的调节效应，发现"环境动态性"在网络能力与双元创新平衡性、互补性及协同性关系中起到正向调节的作用。

　　陈熹等探讨了创新网络结构和创新网络行为对创新企业成长的影响，以及环境不确定性在其中所发挥的调节作用，发现"环境动态性"正向调节联合规划制定和创新企业成长绩效之间的关系。② 陈国权和王晓辉以企业员工为对象，探讨企业内外环境对企业创新绩效的影响机制，发现"环境动态性"对知识管理与创新绩效之间的关系具有调节作用。

　　综上所述，"环境动态性"是指由于高新技术企业在内外部环境创新上的高度复杂性和高度不可控性，技术环境和市场环境随时都有可能产生变化，并且此类变化是无法预测的。因此本研究总结了"环境动态性"的内涵，将"环境动态性"维度进行了分类，对国内外学者关于环境动态性起到的调节作用的相关研究进行了归纳。由以上的研究结果可知，环境动态性对于一些因果关系是正向调节作用，对于另一些因果关系是负向调节作用。总体来看，"环境动态性"在创新的过程中，由于企业内外部环境的差异化，变动的不可控性，其在各个变量关系中所起到的情景边界的作用是有差异的，所以我们需要对环境动态性的内涵在探索中进行细化，使得"环境动态性"的特征对核心变量作用机制展现更清晰的路径效应。

----

① 　王启亮，虞红霞. 协同创新中组织声誉与组织间知识分享：环境动态性的调节作用研究[J]. 科学学研究，2016，34（3）：425-432.

② 　陈熹，范雅楠，云乐鑫. 创业网络，环境不确定性与创业企业成长关系研究[J]. 科学学与科学技术管理，2015，36（9）：105-116.

四、环境动态性研究评述

综上所述，前文对环境动态性概念内涵、内容结构和影响因素都做了梳理，尤其是对环境动态性的调节作用的文献进行了分析，前人在该主题上做了大量研究工作，积累了丰富的成果，为后续研究起到了极大的铺垫作用，但是还存在以下不足。

（一）环境动态性本土研究缺乏

由于该概念是外国人最早提出的，所以现有文献用的理论和问卷基本都是国外的文献资料。但由于目前中国是第二大经济体，而且很多企业已经进入世界 500 强，更多地参与到国际商业竞争中去，用国外的理论和量表是否适合我国目前的企业和员工还值得进一步商榷。

（二）概念内涵和内容结构分歧较大

由于环境动态性集中在对外部环境的动态性进行考虑，有政策动态性、技术动态性、市场动态性等内容，这和国际国内的形势有关，尤其是目前中国正在走复兴道路，各方面发展都突飞猛进，所以发展面对的是不确定性和高度风险性，因此各个行业、各个领域对环境动态性的理解和表述不一致也是可以理解的，但是"不确定性""高风险性"和"管控力度"这些基本内涵是大家一致理解和认可的，所以在后续研究中，对环境动态性中人们能够进行把握的部分还需进一步挖掘，这为后续员工创新行为研究提供了新的研究着力点。

（三）对其调节作用内在机制框架还需进一步探索

现有文献基本集中研究的是环境动态性的调节作用，但是对其具体调节作用下隐藏的内在机理还需进一步探索，同样的环境动态性中的维度技术动态性和市场动态性为什么对创新行为有影响，哪些没有影响，在同样的情景边界下，对其有中介作用的机制模型还需要进一步探索其被调节的中介作用，使得我们能把握现实情况下的具体问题症结，这样能更好地为管理部门提出更好的实践指导。

第六节　本章小结

　　本章对各变量的文献进行了梳理。对心理资本、工作投入和知识分享以及环境动态性各变量的概念内涵、维度划分以及影响因素进行了探究。对员工创新行为的影响因素在现有文献上进行了研究。通过本章各核心变量的文献综述，为本研究后续员工创新行为的影响因素研究打下坚实基础。

第三章

心理资本对员工创新行为理论模型构建

第二章对本研究的核心概念进行了文献综述。本章将构建本研究的概念模型。具体而言，首先对心理资本与员工创新行为涉及的五个理论基础进行阐述，而后对其作用机理和路径进行分析，从理论上论述心理资本与员工创新行为之间的关系，最后整体性地提出本研究的理论模型。

第一节　心理资本与员工创新行为的理论基础

一、心理资本理论

资本理论一开始是由经济学视角切入，发展出传统的古典资本理论，直到 20 世纪，逐渐演变出人力资本（human capital）、社会资本（social capital）以及心理资本（psychological capital）等三种新兴的近代资本理论观点。与心理资本有关的研究，最早由 Goldsmith 等 从特质论的视角将心理资本视为一种先天性的稳定特质。

人力资本理论指每个人的知识增长、技能提高和能力的增长都有个人经历积累的经验，也有通过后天的培训来获得提升。社会资本理论是个社会学概念，主要是用来获得外显和潜在资源的数量，核心就是要获得一切资源，这些资源与拥有彼此认识及认可的持久性网络（durable network）有关。

Ardichvili 指出作为一种影响组织绩效的新兴战略资源，心理资本理论在学术界已逐渐受到重视。① Avolio 从综合论的视角，将心理资本视为各

---

① ARDICHVILI A. Invited Reaction: Meta-Analysis of the Impact of Psychological Capital on Employee Attitudes, Behaviors, and Performance [J]. Human Resource Development Quarterly, 2011, 22 (2): 153-156.

种不同因素所组成的态度或状态，这些状态包含许多影响员工心理状态的稳定及不稳定因素。①

目前众多研究者从状态论的视角去解释心理资本，Luthans 和 Youssef 将心理资本视为个体积极的心理状态，借鉴积极心理学（positive psychology）、积极组织学派（positive organizational school）以及积极组织行为学（positive organizational behavior）等新兴领域的想法，发展出心理资本的定义，认为心理资本是指人们可以借鉴并获得成功的积极心理资源，其性质不同于人力资本以及社会资本。②

简而言之，人力资本解释了"What you know？"，社会资本解释了"Who you know？"，而心理资本解释了"Who you are？"以及"Who you are becoming？"。在员工的创新行为上，涉及思维框架的跳脱以及创造新产品的服务，这些都与个人的自我定位（Who you are？）与未来的可能性（Who you are becoming？）相关。因此，在近代资本理论中，本研究以心理资本作为预测员工创新行为的主要维度。

可将心理资本视为一种个人在日常生活中，从事各活动都容易成功的个人资源，是人们可以借鉴并获得成功的积极心理资源。心理资本赋予人们自信，使之有信心地去完成具有挑战性的工作，即使遇到困难或是不易成功的事物，也能勇往直前、努力不懈地直到任务完成为止。除此之外，也会在必要时，根据不同情境，采取不同的反应，不论是过去、现在还是未来，都能在成功的喜悦中做出积极的归因（positive attributions），当处于失败的挫折之中，也能在逆境中奋力崛起，展现出坚韧不拔的特质。

在员工创新行为进行的过程中，由于会遇到许多失败与挫折，因此不断保持信心的积极心理资源就显得格外重要。也因为心理资本的关系，在面对创新过程中的不确定性时，也较能采取相应的策略。

心理资本是由多种不同维度的变量组成的二阶变量，Luthans 等使用许多衡量标准，从较高层次结构的积极心理学文献中识别出四种主要构成

---

① AVOLIO J B, GARDNER L W, WALUMBWA O F, et al. Unlocking the Mask: A Look at the Process by Which Authentic Leaders Impact Follower Attitudes and Behaviors [J]. The Leadership Quarterly, 2004, 15 (6): 801-823.

② LUTHANS F, YOUSSEF M C. Human, Social, and Now Positive Psychological Capital Management: Investing in People for Competitive Advantage [J]. 2004, 33 (2): 143-160.

心理资本的心理资源特质，将这四种心理资源特质命名为自我效能、乐观、希望、韧性。自我效能感较高的人，会更有信心去面对挑战；乐观的人会勇于应对所遇到的困难朝着目标前进并充满希望，会表现出拥有强烈的能量去实现目标；高韧性的人擅长面对负面压力，适应不良环境。

国内学者孙鸿飞等分析归纳综合了所有国内外一级期刊中心理资本的相关维度后，总结出知识型员工心理资本应包含自我效能感、希望、乐观和回复力等四种维度。由于上述四种心理资本的特性都相当稳定，已经成为工作绩效和工作满意度稳定可靠的预测指标，故多数学者将此四项特性组合在一起作为评估心理资本的方式。

还有其他学者试着以不同的视角，将心理资本进行不同维度的划分，例如，Goldsmith 等将心理资本分为控制点（locus of control）及自尊（self-esteem）两个维度；Peterson 则用乐观、自我效能以及希望三种维度去解释心理资本。① 柯江林等收集并进行西方心理资本研究后，在此基础上加入了中国人的文化特征，将心理资本重新分类为事务型心理资本与人际型心理资本。事务型心理资本包含自信勇敢、乐观希望、奋发进取与坚韧顽强等特质；人际型心理资本包含谦虚诚恳、包容宽恕、尊敬礼让与感恩奉献等特质。相较于西方心理资本的量表，其更适合对国人进行检测。侯二秀、陈树文和长青也加入中国本土文化元素，参考国内外学者对心理资本的研究文献，针对知识员工的定义与要求等特征，建构出适合知识员工的心理资本量表，最后统计整理出任务型、关系型、学习型以及创新型四种心理资本维度：任务型心理资本包括积极情感与坚韧性等特征，关系型心理资本包括情绪智力与感恩等特征，学习型心理资本包括学习效能感与知识共享意愿等特征，创新型心理资本包括创新自我效能感与模糊容忍度等特征。维度内容与题项对知识员工更具针对性。

本研究认为侯二秀、陈树文和长青对心理资本的分类不仅符合国人民情，对于维度上的划分，也较为适合用于探讨与员工创新行为的关系，这些心理资源的特质都与员工的积极行为有显著的关系，将有助于激发员工创新的行为。

---

① PETERSON C. The Future of Optimism [J]. American Psychologist, 2000, 55（1）: 44.

二、工作要求—资源模式理论

工作要求—资源模式理论（The Job Demands-Resources Model，JD-R）将组织的工作环境的压力源分为"工作要求"（job demands）和"工作资源"（job resources）两种特征，主要探讨在组织工作环境中，员工面对组织的工作要求及工作资源时，所产生的两种不同的心理历程与可能结果。

工作要求是个体在心理上感受到来自工作的压力源或是负荷，包含身体层面、社会层面以及组织等多个层面，并且这些压力源有可能是从多方面体现出来的，例如，必须限时完成组织规定的目标事项，或是在某些有限资源的情况下完成困难的任务，以实现绩效的达成；也有可能是潜在压力，例如，组织氛围之下，员工不得不去遵守某些职场潜规则等，否则员工就会有工作压力。员工个体感知到的压力程度会随着自身资源的耗损而有不同的对应方式，当个体感知自身资源有失去或是耗尽的情况时，个体会努力再去取得资源，以预防资源耗尽。此外，员工自身的内在能量也会随着其所付出的资源（例如，时间、心力）而丧失殆尽，会导致工作倦怠（burnout）的结果。如果个体缺乏足够的资源来缓冲不断被耗损的资源时，工作倦怠的情况会更加严重。

工作资源是个体在工作环境中，获得满足个人需要的资源，这些资源可以是来自工作的负向压力源，用于抵抗工作要求带来的劳损，也可以是帮助个体促进积极的工作表现。工作资源的形式有可能是具体的，也可能是抽象的，具体的工作资源包括给予员工增加薪资、升迁机会，抽象的工作资源为员工在工作任务中找到成就感，或是能够满足自尊需求等方式，这些从工作获得的资源，可用于抗衡工作要求所带来的耗损。

根据 Vroom 期望理论（expectancy theory）的内涵，个体对于实际获得的报酬与其期望价值的比例，会影响个体达成任务的动力以及投入的程度，以期望理论的观点来看，若要激励员工投入工作，需要增强大于员工期望的结果（如奖励），并且要加强工作与实际结果之间的关联（如达成业绩发放奖金）[①]。此外，资源保存理论除了上述用于解释员工面对工作要求的后果，也可用来解释对于员工的积极影响，若是组织工作环境提供

---

① VROOM H V. Work and Motivation [M]. Hoboken：Wiley, 1964：331.

员工充足又优质的资源，就会提高员工对工作的热情与投入程度，故工作资源会成为激发员工工作投入的动力。

通过上述剖析，若组织环境仅对员工施加工作要求而吝于给予工作资源，会通过压力过程对员工造成资源耗损，降低工作投入，进而出现工作倦怠的问题；但若组织能提供员工丰富的工作资源，降低员工资源消耗，则能通过激励过程激发员工的工作投入，提高员工奉献工作的意愿。

根据 Leiter 和 Maslach 工作—个人匹配模型（work-person matching），将工作投入、工作倦怠两个相反的维度，再加上其他工作因素，整理出一个三维连续体的关系图（如图 3-1）。[①] 从图 3-1 中可看出，当工作负荷、控制感、报酬、团队、公平、价值观这些工作因素与个人越匹配，则员工的工作投入会越大；反之，当上述这些工作因素与个人越不匹配，则员工越容易产生工作倦怠。

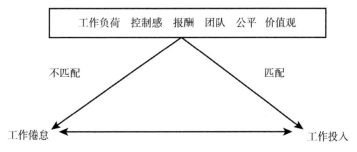

图 3-1　工作—个人匹配模型

"人才"对于高新技术企业来说，是十分重要且不可或缺的核心资产，若能给予员工足够的工作资源，让员工对组织及工作产生认同，此时其在身体、情感、认知上会更加投入工作环境中，那么员工也乐于在愉快的工作环境之下产生各种创新行为，进而提升高新技术企业的创新绩效。Bakker 对于工作要求—资源模式理论的研究，多将目光锁定在工作压力源对于员工与组织的消极影响，反而忽略了模式中的工作资源为组织和员工带来的积极影响（如图 3-2）[②]。因此本研究以工作资源的视角，运用工作要求—资源模式的理论，探讨高新技术企业中，工作投入及员工创新行为

① LEITER M, MASLACH C. Burnout and Quality in a Sped-Up World [J]. The Journal for Quality and Participation, 2001, 24 (2): 48.

② BAKKER B A, DEMEROUTI E. The Job Demands-Resources Model: State of the Art [J]. Journal of Managerial Psychology, 2007, 22 (33): 309-328.

等多种维度变项，并提供坚实的理论依据和支持。

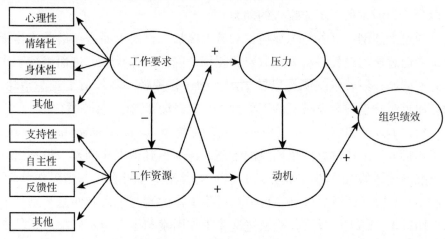

图 3-2　工作要求—资源模式图

三、知识管理理论

（一）知识管理的起源

有关知识管理的发展与起源众说纷纭，Towe 等认为 1975 年时，知识管理的基础已经建立，而作为学习型组织经典案例的美国丛林钢铁公司（Chaparral Steel Company），则是最早明确将知识实践于管理导向的组织之一。① 事实上，"知识管理"的概念已经以不同的形式，存在了 30 多年之久，各行各业的专家们一直都在以相同的方式将知识管理应用在实务及学术的实践上。Dalkir 率先创造了"知识工人"（knowledge worker）一词，虽未实际使用"知识管理"这一词汇，却已有其想法及理念。② 然而，知识管理在 20 世纪 80 年代后期才开始慢慢受到企业及管理学者的重视，例如，1986 年联合国国际劳工组织（International Labor Organization，LLO）主办的欧洲管理会议开始出现知识管理的观点；1987 年第一本相关书籍才在欧洲出版，并且"知识管理"一词，于 1989 年开始才首次在商业领域

---

① TOWE C B, PIZZICONI B V, WIIG M K. Knowledge Management: Where Did It Come From and Where Will It Go? [J]. Expert Systems with Applications, 1997, 13 (1): 1-14.

② DALKIR K. Knowledge Management in Theory and Practice [M]. Cambridge: MIT press, 2017: 60.

期刊中出现。

除了商业领域之外，知识管理也是一个涉及多个领域的学科、各方学者及企业经营者的概念，长期将这一概念应用于各种不同领域的实务上。经过各种专业的发展，最后形成的"知识管理"，各自有不同的解释和定义。现任美国生产力质量中心（American Productivity Quality Center, APQC）董事会主席 O'Dell 与已故 APQC 董事长兼知名经济学家 Grayson 认为知识管理是一种"有意识的策略"，即在正确的时间，向正确的人提供正确的知识，并以努力提高组织绩效的方式，帮助人们共享信息，并将这些信息付诸实践。[①]

（二）知识管理与企业的关系

"知识"对于现代经济发展来说，已成为企业不可或缺的经营要素。知识是由多种特性与要素相互交汇演变而成的，具有信息、成立、态度等珍贵且不易被模仿的特征。对组织来说，知识是一种对于企业经营策略有重要核心价值的集合体，若组织能拥有知识，分析并将其应用于经营管理上，例如，产品生产管理、营销策划、人力资源规划、发展研究、财务管理等方面，就能提高组织价值，屹立于市场中，保有竞争优势。在未来社会里，知识即将取代传统企业中的旧有生产要素（如土地、劳动、资本及机械设备等），唯有通过系统化的学习，才能让知识成为力量。随着 20 世纪 90 年代信息化时代的来临，"知识"逐渐成为企业重视的资源，有学者开始正视"知识"对于企业管理的重要性，Grant 通过知识的视角去探讨组织的形成，探究知识和组织管理之间的关联性，将"知识"视为组织的组成单位。[②] 随着科技进步，精密机械以及智慧科技设备的发明，在知识经济的社会趋势之下，"知识管理"的观念逐渐兴起：如何取得、持有及运用知识，成为组织创新、持续性经营的必要条件，能有效地应用知识管理，是企业迈向成功的必经之路。

美国勤业管理顾问公司（Arthur Andersen Business Consulting）根据知

---

① O'DELL C, GRAYSON J C. If Only We Knew What We Know: Identification and Transfer of Internal Best Practices [J]. California Management Review, 1998, 40 (3): 154-174.

② GRANT M R. Toward a Knowledge-Based Theory of the Firm [J]. Strategic Management Journal, 1996, 17 (S2): 109-122.

识管理的内涵列出公式。在知识管理公式中，P 表示人（people），K 表示知识（knowledge），S 表示分享（sharing），知识管理首先让人们和知识相互结合后，再以分享作为次方乘数，所以知识分享可以说是由分享起点，通过知识分享的次数越多，知识管理的加成效果也会越强。如果员工提高知识分享的意愿，乐意与组织及其他成员分享自身的知识与经验，并且具备分辨有价值的知识的能力，乐于表达对组织或部门有建设性的意见，会有助于提高员工绩效。就一个高新技术企业而言，通常是先有研发的技术或知识，再来带动产品的演进；人力资源的投入往往是高新技术企业生产成本最大宗，若在人与知识结合的基础上，进行知识分享，员工会有更多加乘能量去发展创新，员工的创新行为将会成为不可或缺的助力。

（三）知识管理的相关研究

"知识管理"（knowledge management，KM）是系统性地将知识运用在组织管理上，利用创造出来的新知识，结合组织中有形与无形的资产，成员与组织之间彼此相互配合，持续管理所有满足有效经营组织需求的策略；通过知识管理，为员工提供各种信息，激发出员工各种判断及解决问题的能力，提高工作效能，为组织带来绩效。知识管理能通过信息的提供来刺激并增进员工的理解、判断、决策等能力并解决各项工作所带来的挑战。

就以组织能力的论点去探究如何提升知识管理的效益，Cui、Griffith和 Cavusgil 认为企业需要有取得、转化和运用三种重要的知识管理流程，除了上述三种流程，在知识管理流程中，还需要再加入知识的保护，这些流程对于组织掌握的知识技术、建构，甚至于组织文化的形成，都对组织营运的持续性发展产生影响①。此外，信息技术（information technology，IT）也是有效应用知识管理的关键因素，这些信息技术能够有效管理和处理知识，可以在最短时间分辨和执行对组织有价值的知识，通过信息技术获取这些有价值的知识，撷取对组织有用的信息与经验，最后创造出有益于组织发展的知识。高新技术企业的特性是以知识资本代替其他生产要

---

① CUI A, GRIFFITH A D, CAVUSGIL T S. The Influence of Competitive Intensity and Market Dynamism on Knowledge Management Capabilities of Multinational Corporation Subsidiaries [J]. Journal of International Marketing, 2005, 13（3）: 32-53.

素，公司的战略、策略、任务等管理制度也是围绕技术或知识而设计，因此有效的知识管理会影响整个组织绩效，这也是提高企业竞争力的关键因素。知识管理能力高的组织，不仅会改善产品与员工质量，还可以提升整个组织的创造力。组织除了通过不同层级去实践知识管理的策略之外，组织成员是否愿意进行知识分享，也是组织是否能成功运作知识管理的关键因素。

四、双元创新理论

创新理论概念的兴起源自《经济发展理论》（*The Theory of Economic Development*）一书，作者熊彼得认为"创新"（innovation）与企业息息相关，并从经济学的角度切入，以"动态"和"发展"来分析资本主义经济发展的现象，并将创新与经济学相结合。熊彼得认为，创新就是要将"过去未曾出现过的新组合"引入企业的生产体系，利用现有的产品或生产要素，进行重新组合，或使用新的方法，最终建立出一种新的生产函数，发展出具有商业价值的产品。创新理论强调，在资本主义经济的发展过程中，企业需要对既有产品的生产方法、生产流程和生产技术等要素进行革新，制造出不同以往的全新产品，并且创造出来的新产品，必须有价值，以满足市场需求，最后转化为利润。

组织需要以创新为生存的手段，以适应外部环境动态的改变，但是又要维持稳定性及现有利润，所以组织势必要处理好这两种对立的关系。早期研究多强调这两种创新活动之间彼此是不可逾越的，但是近年来更强调将两者进行权衡，并行发展，达到"双元"（ambidexterity）的状态，而双元创新除了可以开发组织的新能力，又可以保持原有优势。例如，Gupta在研究组织的双元能力时，观察到"利用式"的一致性（alignment）和"探索式"的适应性（adaptability）彼此间的关系有些矛盾，研究后发现，若是组织要寻求实现某种形式的灵活性，在执行"探索"和"利用"时，要权衡组织环境的属性，以组织需求来权衡创新解决方案，在两者间保持适当的比重，这样才能有效发挥彼此的作用。① "双元"主要分为"利用

---

① GUPTA A，SMITH G K，SHALLEY E C. The Interplay Between Exploration and Exploitation [J]. Academy of Management Journal，2006，49（4）：693-706.

式"（exploitation）和"探索式"（exploration）两种形式，利用式的相关属性包括提炼、选择、生产、效率、选择、实施和执行等要素，探索式的相关属性则包括搜索、变异、冒险、实验、游戏、灵活性和发现等要素。双元的概念已应用在许多现象，然而这种概念缺乏明确的定义或是测量上的清晰性，后来在 1976 年，Duncan 于其文章"The ambidextrous organization：Designing dual structures for innovation"当中首先提出了"双元性组织"（ambidextrous organization）的概念，以具有利用性的"演化"（evolutionary）以及探索性的"革命"（revolutionary）的二元特性，来解释组织在不同时间范围内，展现出的灵活度与管理能力的双重结构特征（dual structures）。①1991 年，学者 March 首次将双元性的观点套用在组织学习之中，探讨将"探索"和"利用"两者套用在组织学习之中，March 观察到组织从事太多探索式的运作，会耗费太多实验成本，因为只有新的想法而尚未发展成新的功能或技术；相反地，若重于利用式的运作，仅仅依靠现有的技术或资源，则只能安于现状，陷入无法与时俱进的窘境，所以组织学习应着立足于探索新的可能性（the exploration of new possibilities）和利用过去的确定性（the exploitation of old certainties）两面的视角纵贯全局，在两者之间取得平衡。

双元创新（ambidexterity innovation）则是将双元理论的概念套用于创新行为的研究中，延伸出来创新行为理论。双元创新包括探索式创新（exploratory innovation）和利用式创新（exploitative innovation），探索式创新强调主动追求新的可能性，是一种较为激进的积极创新行为，探索式创新除了创造新产品以外，也寻求新方法、新市场、新客群来提供新的服务，力求超脱现已存在的知识基础；利用式创新则强调对现有知识进行整体进化加以提炼改良，是较为保守的、渐进式的消极创新行为，将已有的知识作为基础，以改进现状的方式，循序渐进地进行扩张，拓展现有产品、技术，小幅度地改变现有的营销渠道、改良产品技术，或是提供现有客群更进一步的服务等。

双元性创新被视为独特的创新策略，探索性创新是运用新技术、新产

---

① DUNCAN B R. The Ambidextrous Organization：Designing Dual Structures for Innovation [J]. The Management of Organization，1976，1（1）：167-188.

品、新方法、新市场、新客群来提供新的服务;利用式创新是增强改进,加以改良现有技术资源,或是提升现有销售管道效率的产品和服务。企业经营者的想法与领导才能很重要,无论这些经营者是创新的发现者还是发明者,都需要具有欣赏创新可能性的想法,也需具备能够克服阻碍创造新事物的心理和社会阻力的能力。在这种情况下,员工创新行为会受到这些经营者态度的影响。有研究发现,员工的创新行为会因受到主管支持以及主管角色期望而被激发,这些对于组织绩效会产生不小的效益,然而双元创新行为受到组织及个人对于创新资源的配置影响;由于组织需要想办法增加自身实力,需要以创新作为手段,推出新产品或新服务,来适应这些变化,但是又要保持现有的稳定性,才不会对组织产生立即性的亏损。组织会考虑探索新市场可能性,但并不会立即把资源全数投注在开发新产品上,舍弃现有市场,所以需要在维持原有市场获利的基础上(利用性),再把部分资源投入在创新(探索性)上,达到两者之间的协调性。而员工作为组织创新行为的载体,所有的组织创新行为,最后都会体现在员工的创新行为之上。在国家政策致力推动企业创新的情境之下,员工也"被激发"出许多创新行为,而导致员工的创新行为具有主动性、被动性与创新平衡性三种不同的视角。从创新平衡性(balancing innovation)的视角来说,不论个人创新行为是被动的防守者还是主动的前瞻者,利用式创新和探索式创新的结合,对于绩效皆会有重大的影响。

综上,组织及个人对于现有资源的"利用",与追求新技术的"探索"两者之间,需要取得适当的平衡,才可以在企业最稳健的情况下,追求最大化的组织创新,增强自身的竞争实力。探索性创新的优点在于放眼长期利益寻求积极性的探索,缺点则是耗费成本落实不易;利用性创新的优点在于可在维护现有利益的情况下循序渐进地向外扩展,缺点是容易故步自封、墨守成规。由于两者各有其优缺点,本研究选择创新平衡性的观点,来探讨员工创新行为。

五、资源基础理论

资源基础理论(resource-based theory,RBT)是在战略管理的视角下,去假设"资源"(resource)是组成企业的基础,且这些资源是由各式各样具有独特性、难以复制且不可流动性的有形和无形资源所组成。资源基础理论是指组织要赚取收益，不只需要具有足够优秀的资源，这些资源必须有独特性，才能发挥其有利于组织的效能，使企业保有持续性竞争优势。① Penrose 以经济理论的视角，探究企业的资源与企业成长二者之间的关系，认为企业内部独特的资源运用模式，会驱使整个组织发展，并提出这些资源产生的过程即为企业发展的本质②；Penrose 进一步指出，企业是由不同资源组成的，所以企业是资源的集合体，也因资源的异质性而各自产生不同的特征与不同的竞争优势。20 世纪 80 年代后，Wernerfelt 率先提出"资源基础观"（resource-based view），从资源的视角，让企业累积的资源独特性优势无法让竞争者获取，拥有主动竞争优势，掌控市场动态。然而，Wernerfelt 认为"资源"和"产品"彼此的关系就像硬币的正反两面密不可分，产品的制造需要资源的投入与运用，而拥有与获得的资源也多运用在产品上。之后，美国管理学会院士 Barney 也延续 Wernerfelt 的观点，认为企业在经营战略时，除了考虑市场的产品竞争之外，也应注重企业内部的资源，整合分配所有新资源和现有资源，以创造获取优势资源的环境。Barney 于 1991 年提出 VRIO 模型，所谓 VRIO 模型，就是价值（value）、稀缺性（rarity）、难以模仿性（inimitability）和组织（organization）模型。③ 诺贝尔经济学奖得主 Coase 则以交易成本理论（transaction cost theory）的视角去讨论企业的性质，并将交易作为分析单位，试图找出企业存在的原因，并认为资源可以作为价值的替代品。④ 后来，Prahalad 和 Hamel 提出核心能力理论（core competence theory），该理论指出，企业首先应该先拥有"核心能力"（core capability of enterprise），之后才有办法制造出"核心产品"（core product），核心能力是产品真正的价值，即企业内部资源的知识集合体，这些核心能力，是企业在长期营运过程中累计的各种知识以及相关的能力，这些知识与能力包含有形的技术性能力和看不到

① WERNERFELT B. A Resource-Based View of the Firm [J]. Strategic Management Journal, 1984, 5 (2): 171-180.

② PENROSE R. A Generalized Inverse for Matrices [J]. Mathematical Proceedings of the Cambridge Philosophical Society, 1955, 51 (3): 406-413.

③ BARNEY B J. Firm Resources and Sustained Competitive Advantage [J]. Advances in Strategic Management, 1991, 17 (1): 3-10.

④ COASE R. The Problem of Social Cost [J]. Journal of Law & Economics, 2013 (3): 1-44.

的管理流程等战略能力等。① 直到 1991 年，Grant 首先提出资源基础的理论后，引发相关学者们陆续关注投入研究，后来才发展成"资源基础"理论②。以往在探讨企业战略的相关研究中，多以企业外部环境为主要研究类型，而资源基础理论更关切企业内部资源和内部环境的相互整合，更重视企业内部环境与对应的资源组合形成的竞争优势。Newbert 将资源基础理论的观点区分为动态能力与静态 VRIO 模型。③ 说明如下。

1. 动态能力

动态能力（dynamic capability）是企业为了提升其对外部环境的适应力，将自身内部资源进行统合整理而建立出一种具有动态性质的特殊能力，动态能力由管理过程、企业资产与生成路径三种要素组成；在面对外部环境的变化多端时，如何提高自身价值，增强自身的竞争实力，并将所持有的资源价值最大化，这些动态能力的提升，都是企业应该考虑的关键问题。

2. 静态 VRIO 模型

VRIO 模型是 Barney 调整 VRIN 模型而来。④ Barney 经过整理构建后，把资源基础理论进行系统化，将企业资源通过整合配置后发展出与众不同的重要资源。Barney 阐述了这种企业资源内容，并将其划分为组织资本资源、人力资本资源以及物质资本资源三种，并明确指出，企业资源是依据 VRIN 模型特性而构成，VRIN 包括：价值性（valuable），即有价值的资源；稀缺性（rare），指稀缺的资源；不能完全模仿性（imperfectly imitable），是指不能被仿制的资源；不可替代性（non-substitutable），指无法被任何形式所取代的资源。企业获取这四种资源，即可获得竞争优势。Barney 依据企业仰赖资源的独特性，可用于内部环境的特性，调整了 VRIN 模型，保留价值性、

---

① PRAHALAD K C, Hamel G. The Core Competence of the Corporation [J]. Harvard Business Review, 1990, 68 (3): 295-336.

② GRANT M R. The Resource-Based Theory of Competitive Advantage: Implications for Strategy Formulation [J]. California Management Review, 1999, 33 (3): 114-135.

③ NEWBERT L S. Empirical Research on the Resource-Based View of the Firm: an Assessment and Suggestions for Future Research [J]. Strategic Management Journal, 2007, 28 (2): 121-146.

④ BARNEY B J. Looking Inside for Competitive Advantage [J]. Academy of Management Perspectives, 1995, 9 (4): 49-61.

稀缺性和不能完全模仿性，将不可替代性（non-substitutable）转变为组织性（organizational），提出了VRIO分析模型。

根据《国家重点支持的高新技术领域》认定标准，高新技术企业是知识与技术密集结合的实体，以知识累积分享和技术的研发作为企业核心价值。高新技术企业有别于传统企业，需要投入大量资源，以取得专利技术等核心能力，再以核心能力作为与市场竞争的资源或筹码，以获取利润，因此对于高新技术企业来说，资源的获得与运用方式，将决定企业的生存发展，尤其是掌握特定资源对于高新技术企业未来持续性发展来说，是不可或缺的能力。

以资源基础理论观点来看待企业经营战略，重点关注企业内部的领域，企业应把外在环境的变化转化为内部条件去建立竞争优势，努力取得VRIN或VRIO种类型态的资源，作为企业持续发展的关键要素。这对于高新技术企业尤为重要，因为高新技术企业是将知识与技术作为核心资源而组成的企业，面对现代技术发展高度不稳定的环境，高新技术企业若能取得特有的专利技术，掌握某些重要且不可复制和不可替代的资源，就能成功构建竞争优势，立足于市场环境之中。

第二节　前期研究状况和下一步需要探讨的问题

一、现有文献多集中于员工创新行为对组织绩效的影响研究

当前国内外现有文献对创新行为的研究大多数是在个体、团体和组织这三个层次展开研究。个体层次、团队层次和企业层次三个层次的影响因素和相互效应综合影响企业的整体创新效果。组织层面主要集中在能够进行组织激励来促进创新因素。比如，研究构建创新组织的社会、组织文化，构建创新的组织氛围等。这部分研究案例讨论较多。团体层面研究主要集中在当前国际国内新出现的研究团队、项目研究团体和各个项目组因联合开发而临时组成的项目小组等，这类研究开始很多都研究组织形态，后来独立开展研究团体的功能型，后多数开展了关于创新团队的研究，这类研究集中于团队的人员背景组成、研发的投入、创新的KPI等考核。这

部分研究多数集中在网络关系分析和案例分析。个体层次的研究主要集中在对创新行为的概念讨论、作用机制、影响因素及相关变量的测量等，从当前的研究状况来看，大部分还是集中在创新行为影响企业绩效或者创新绩效等因素，如赵斌等指出员工创新行为是提升企业创新行为、革新企业竞争环境的重要基础。但对员工个体如何影响创新行为的前置影响研究还不是很多。故"怎样提升员工创新行为"引起了学界学者和实践界企业管理层的高度关注，慢慢形成了创新研究领域的关注热点。

从研究影响的因素来看，研究中把这部分影响因素分为内在因素和外在因素。外在因素如企业是否有创新文化气氛、领导是否支持、外在创新环境是否宽松。内在影响因素如创新动机、自我效能感、自我感知能力、人际关系等。这部分国外的研究较多，国内的研究相对来说较少，有一些专家学者开展了相应的研究，但是使用的量表大多是国外的，国内量表的开发人员不多，同时使用本土开发的量表进行相关定量研究的不多。而且多数提出的变量验证方法还比较单一，像进行多个变量或较为复杂的定量研究，比如，构建双重中介、链式中介、调节作用和被调节的中介等影响机制模型研究还不多，还需要进一步拓展研究内容。

综上所述，本书围绕一个核心问题：心理资本如何影响员工创新行为。作为解释的对象——员工创新行为，一直都是理论与实践关注的重要对象，如何真正驱动员工创新行为，这是中国企业管理者关注的焦点，寻求影响变量，揭示其作用过程机理，无疑具有重要的研究价值。

二、心理资本视角展开研究将是后续研究的热点

面对当前国际国内技术迭代周期缩短，发达国家的技术垄断和贸易战等恶劣环境，国内高新技术企业不得已必须提升技术创新、管理创新和市场开发等任务，但是创新有其自身的发展规律，不能一蹴而就，不是喊创新口号就能掌握前沿技术，必须通过员工不断追求、克服困难地进行研究和市场调查，把创新规律找出来，提升企业所有员工的创新意识，最大限度激发员工的创新行为，这就不得不增大企业各个岗位的工作压力，但是物极必反，员工压力增大到极限后就会崩溃。要高度重视高新技术企业员工的心理问题引起了国内外专家学者的高度重视，目前在经济、管理、教育等领域都被作为研究热点。随着心理资本研究的拓展，更多的企业实践

者和众多领域学者把握心理资本的影响机制，将在企业和社会各个组织单元内广泛应用。尤其是当前国家之间的竞争早已不是物质财富的竞争，而是高科技人才的竞争，企业之间的竞争亦是如此。但是高科技企业员工随着技术的集聚发展和全球化多元价值思潮的冲击，每个员工都越发关注自己的价值和需求，心态不稳定显得越来越浮躁，因为作为个体的员工的需求是多种多样和内隐的，管理人员很难第一时间发现和满足员工的想法和要求，这样员工离职、怠工或者当"老鼠屎"的情况就会出现，企业发展和管理难度增加。企业中部分有创新能力的员工越来越颓废，不思进取，企业要求的创新进度或者创新强度较大，这样就都走入了死胡同。所以高新技术企业管理层们急需了解员工的工作性质、内在心理需求、工作满意度等，进一步建立起一个和谐、团结、奋进的创新团体，这都需要企业创造适合员工心理需求的工作环境和平台，提供员工对企业的认可度，激发员工无限创新的潜力，提升员工创新能力，进一步增强企业核心竞争力。

三、工作投入和知识分享对员工创新行为的作用引起关注

工作投入是组织行为学中的重要概念，是研究员工行为的重要变量。高新技术企业的工作压力较大，创新要求高，尤其是在当前国际国内研发和创新产品迭代加快的现状下，高科技企业的核心竞争力就体现在高新技术企业员工的创新能力上，这就使得员工不得不投入大量的时间和精力来做好本职工作，使得工作投入作为一个创新行为的前置因素提上了研究议程。高科技企业员工工作投入较大，这个在社会上已经形成了普遍共识，要做出好的成绩，加大工作投入成为一个必备选项。员工主动加班加点和全身心投入工作也是企业发展迅速的密码之一，研发人员夜以继日研发，销售人员不辞辛苦在条件艰苦的地区努力开拓市场，后勤服务人员也把服务工作做到尽善尽美，每个员工都在自己的岗位上投入了大量的智力、心力和情感。员工从企业获得了丰厚的绩效汇报，企业也从员工的奉献中获得成长，而且顶住了美国一波又一波的制裁和打压。所以员工工作投入是促进员工创新行为的前置重要因素，是我们研究中难以回避和不可遗漏的重要变量，员工具备良好的心理资本，不在工作中投入精力和倾注情感，是不可能激发出源源不断的创新行为的，企业也就不可能结出累累的创新硕果。

　　知识分享是知识管理理论的重要内容，高新技术企业具有高度的知识性，高知识性是其固有属性。由于我国在高新技术研发和市场开拓这两方面是后发国家，目前在某些领域有了"弯道超车"的技术储备和人才储备，但是在某些核心技术领域还受制于人，这就对我们现有高新技术企业员工在核心技术和市场拓展领域提出了挑战。国外的先进知识学不到，国外的市场对我们关上大门，这就需要我们的高新技术企业员工在知识分享上做出新的努力，利用我们目前的科技知识储备和人才储备，同时从不同领域和视角进行知识分享，对知识获取保持高度的开放性和吸收性。

　　知识分享属于知识管理的理论范畴，由于研究对象是高新技术企业员工，这部分个体的共同属性就是都属于知识员工，而且基本是主体，这也是高新技术企业的主要特征之一，那么我们研究他们的创新行为的时候，就不能回避他们是知识员工的重要特征。有知识对企业核心竞争力培养有很好的促进作用，但是没有掌握好知识员工的管理方法，也是极大的人才浪费。没有一个创新行为不是来源于员工是否具备创新的基础知识，那么如何调动员工能更好地为企业发展贡献出自己的知识，就是员工能否有知识分享的意愿和能力。也就是说，一个才高八斗的人能否被激发出创新行为还要看其自身是否有知识分享的能力和意愿，否则将达不到创新的预期效果。尤其是当前国际上以美国为首的西方国家为了打压中国高科技公司，对我国实行技术封锁，为我们从国外获得先进知识造成了困难，那么我们这个时候利用我们企业自身的员工知识优势就显得尤其重要，首要任务就是做好吸收外来先进知识，同时尽可能人尽其才地发挥员工的知识优势来打破国外西方势力的知识封锁，进一步提高员工的知识分享意愿。工作投入和知识分享在促进员工创新行为时是否在员工具备良好心理资源的基础上二者同时起着促进作用？通过上文梳理，工作投入和知识分享分别是心理资本与员工创新行为的影响路径的相关影响因素，将工作投入与知识分享纳入心理资本背景下，就如何提升心理资本与员工创新行为这一项课题要做出更完整的理论解释。从以上的路径分析来看，无论是心理资本，还是工作投入和知识分享，单独或二者相互对员工创新行为作用机理都引起了学者的高度关注，并展开了前赴后继的不懈探索，做出了相应的成绩，得到了有意义的结果。

第三节　心理资本对员工创新行为影响的作用机理

　　根据心理资本理论与资源基础理论，从本质上来看，心理资本是公司人力资源素质的基础，即员工创新行为的实现依赖高新技术企业中人力资源、心理素质的有效运用。而心理素质的水平体现了高新技术企业人力资源素质的总和，也为创新的过程中所面对的困难与挫折提出了最好的创新养分和战胜困难的动力。我们可以理解员工的心理资本能够影响高新企业的员工创新行为。心理资本正向影响员工创新行为是学者和实践者高度认可的结论，由于心理资本是积极组织心理学的重要内容，对结果因素都具有高度的正向影响，但是员工创新行为是不确定的，影响其提升的制约因素有很多，所以心理资本对员工创新行为虽然有正向影响，但是在具体情境边界下，是否有其他中介变量的传导机制，还需要进一步对心理资本如何影响员工创新行为的路径进行分析。高新技术企业的特性源于技术与知识的密集，因此，企业的竞争优势来自员工的创新行为所带来的新技术与新知识而形成竞争的壁垒。但员工创新行为的能力来自心理素质、知识与技能，乃至于各项资源的有效组合，单一的技术、知识与技能都不足以成就一个公司的创新。Luthans 和 Youssef 提出心理资本的概念，表明了企业的心理资本比人力资本与社会资本更加重要。资源基础理论也提出了企业要有独特的资源，才能创造竞争优势，而强大的心理资本就是公司独特的资源之一。此外，企业对环境的适应力，也是另一个独特的资源，关系到企业的生存与永续。由此可知，员工的创新行为不由单一的资源所决定，而是取决于员工的心理素质、动态响应能力，这些都是高新技术企业的珍贵资源。企业管理流程强调投入（input）—过程（process）—产出（outcome）的路径，因此企业势必要有人力资本、社会资本和员工心理资本等的投入，通过中间过程的机制作用，最后才能有创新的产出。因此，本研究以企业投入产出的原理来构建心理资本对员工创新行为的作用机理。就高新技术企业员工而言，心理资本因人、因事、因环境等会呈现出不同的内容，本研究选取了包含很多维度的因素，最后整合为任务型心理资本、学习型心理资本、关系型心理资本、创新型心理资本。任务型心理资本揭示了工作任务的本身，关系型心理资本攸关个人与团队合作的心理素质，创新型心理资本指的是愿意跳脱既有的框架，不断尝试新事物的能力，学习型心理资本是学习能力代表个人知识能力的加和，这四个心理资本强调了工作本身的任务、团队合作的关系、知识的获取以及创新心态的调整，这些心理资本的涵盖面是非常全的，并且是由员工与伙伴共同提供。然而，即便心理资本扮演如此重大的角色，但其本身并不能单独产生员工创新行为，因此需要搭配作用机制的中介作用激活才得以展现，而且一定要放到特定的环境下来考察，发现其特殊的情景效应。双元创新理论包含探索式和利用式两种创新，探索式创新强调超越现有的知识基础，寻找新产品、新方法、新市场、新用户来提供新的服务，这是一种主动追求的积极创新行为，而利用式创新强调对现有的产品、方法以保守渐进的方式来进行改良，这属于较为消极的创新行为。无论是探索式的创新还是利用式的创新，都离不开人力资源素质的提升与资源的整合。因此，高新技术企业的人力心理资本与公司的员工创新行为必然形成高度的依赖关系。在工作要求—资源模式理论中，工作投入来自员工在工作环境中能够取得个人需要的资源，报酬、公平的对待与契合的价值观。换言之，工作投入是公司提供给个人完成任务时总体资源的程度，因此工作资源会激发员工工作投入的动力。在创新的过程中，员工若能体会公司给予的工作支持，进而表现在工作的投入当中，势必能够创造更好的绩效。知识对于企业经营而言，已成为不可或缺的经营要素，特别在高新技术企业中，知识对于管理的重要性尤其重要。根据知识管理理论，知识必须通过分享才能发挥重要作用。因此本研究将工作投入与知识分享引入本研究，认为工作投入和知识分享在心理资本与员工创新行为中会起到良好的中介作用。

一、心理资本与工作投入关系的相关研究

（一）主要观点

Bakker 等认为工作投入是一种工作的动机，是指员工愿意将自身的经验、知识持续地表现在工作上。心理资本与工作投入皆属于积极心理学，可以相互激发与增长，包括任务型心理资本、学习型心理资本、关系型心理资本、创新型心理资本都有助于工作投入的提升。任务型心理资本是一

种面对艰难的工作勇于承担的内心能量，这个能量有助于员工全力投入工作，以创造更好的绩效；学习型心理资本会将自己得到的经验与技能分享给其他同事，通过同事的正面反馈亦能激发员工工作投入的力道；关系型心理资本具有良好的情绪管理能力，并且愿意协助别人，常怀感恩之心，这也能够造就他们在工作中如鱼得水、全心投入；创新型心理资本是指员工愿意运用新思维、新方法，拥有这类心理资本的员工，是很愿意接受挑战的，因此其工作投入的程度也可见一斑。基于上述的分析，我们可以得知心理资本是公司的稀缺资源，在员工的工作投入中扮演着不可或缺的角色。

（二）主要不足

以往研究验证了心理资本对工作投入具有显著的正向影响作用，而且也有少量研究讨论了心理资本的不同维度对工作投入的影响效应。但是，现有研究还存在以下不足：一是心理资本的概念基本使用的都是国外的量表，很多研究是十多年前的量表，当前的员工与以前的员工在心理层面发生了翻天覆地的变化，本次研究用国内量表进行实证研究，这也是本研究用国内量表的重要原因。二是目前对于心理资本与工作投入之间关系的研究较缺乏，更多的是工作投入与心理动机等关系的研究，需要加强心理资本与工作投入的研究，尽快揭开心理资本与员工工作投入之间的内在机理。三是现有研究的实证研究的样本来源地区单一或者研究企业选取单一，没有普遍性和代表性。四是对心理资本的四个维度与工作投入的三个维度的实证检验和分析目前还没有进行深入的挖掘，有待进一步加大研究力度。

二、工作投入与员工创新行为的关系

（一）主要观点

根据工作要求—资源模式理论，工作资源包括给予员工增加薪资、升迁，让员工在工作中得到成就感与自尊的需求，并减少其在工作中的倦怠感。Bakker 等认为工作投入是员工善用自身的资源，愿意在工作中尽心尽力。就一个员工而言，其自身的资源包含身体资源、情感资源与认知资源，身体的投入是指员工愿意花费许多时间与精力，并全心全意地完成工作，而情感的投入是指员工内心充满热情、精神，且对工作感到兴奋且愿意持续投入工作之中，最后的认知投入则是将自身的注意力、重心与精力全神贯注。由此可知，愿意花时间、有热情、全神贯注都是促成员工创新行为的重要特质。

（二）主要不足

从现有研究来看，对工作投入与员工创新行为的研究还不多。现有研究主要有以下不足：一是工作投入的构成研究有多个视角，有积极和消极的投入，目前有对消极投入一面进行研究，对积极投入情感、身体和认知的研究还很少。二是工作投入的三个维度与员工创新行为的两个维度的实证不多。三是前期研究重点在工作投入的前置因素研究，就是怎样能提升员工工作投入的主动性和效果，对工作投入的结果变量研究主要集中在企业绩效、创新绩效等方面，对员工的行为研究较少，尤其是从个人视角来研究的成果更少。

三、心理资本与知识分享的关系

（一）主要观点

根据心理资本理论，较高的心理素质在面对挫折与挑战时能够展现出坚定的意志来解决问题，因此高新技术企业的内部员工心理素质与企业的知识与绩效有所关联，任务型心理资本对于达成任务的目标具有积极性的影响，因此有助于团队知识的累积与贡献；学习型心理资本具有正向积极学习的心态，故对于知识的获取具有较强大的动力；关系型心理资本具有愿意协助别人的内在潜力，知识分享是企业组织和个人的知识从个人知识向群体知识转化的重要环节，这种转化需要较强的系统运作才能实现，知识分享过程中个人的心理状态就显得尤为重要，怎样能有效地做好知识分享的前期设计，怎样实现知识分享过程的转化，这都和员工在知识分享过程中的分享心理有密切关系。所以心理资本是知识分享的前提，积极的心理资本状态能极大地促进知识分享效果。因此心理资本对知识分享具有重要影响作用。创新型心理资本对于自我效能的感受较为重视，进而激发个体对于知识获取的主动性，因此心理资本能够促进企业员工之间知识分享的实现。

（二）主要不足

现有研究对心理资本与知识分享的关系进行了相应的研究，直接或间接地检验了二者的关系，取得了一定研究成果，但是还存在以下不足：一是心理资本使用的是国外量表，用本土开发的量表来对知识分享进行验证的不多。二是对心理资本的各个维度与知识分享的三个维度进行深入研究的还不多，尤其是各维度实证研究的深入分析较少。

四、知识分享与员工创新行为的关系

（一）主要观点

知识创新是当前知识经济时代高新技术企业获取核心竞争力持续发展的重要前提。根据知识管理理论，若企业能够妥善运用企业内部人力资源的专业知识，并通过彼此之间的交流分享，将有助于激发出新思维与解决新问题，进一步提升员工创新行为，并为组织带来绩效。向阳和曹勇进一步用实证方法检验出知识共享因素和知识治理因素对员工创新行为具有影响作用。① "创新"是组织增加市场优势与提升竞争力的重要利器之一，也是当代组织追求组织绩效的重要手段。因此企业应鼓励组织员工进行创新行为，让员工能够产生对组织有用的想法，然后将这些想法分享给其他的组织成员，并且努力实现这些好的想法。员工在高新技术企业承担了一定的岗位职责，说明其有了初步知识分享的能力和意愿，能发挥员工的一技之长和个人优势。有的成为研发骨干，有的成为整合资源的能手，有的成为开拓市场的运筹帷幄之人，都是最大限度地开发了员工的知识分享能力和意愿，通过各种因素来提高员工知识分享能力，这些都需要企业管理层做好员工心理层面的推进工作，即企业在做好企业知识管理的基础上，管控好员工知识分享的心理因素，即开发好"分享动机—知识分享—产生

---

① 向阳，曹勇．知识治理，知识共享与员工创新行为：基于认知视角的研究［J］.中国管理科学，2012，（S2）：600-607.

行为"管理路径。这也是本研究从研究理论来挖掘"心理资本—知识分享—员工创新行为"要遵循的逻辑构建路径，并揭示其作用机理。

（二）主要不足

现有研究中有对知识分享与员工创新行为的研究，并且取得了一定丰硕成果，为后续研究打下坚实基础，但还存在以下不足：一是知识分享的维度目前虽然有很多视角，但从知识分享意愿和能力开展对员工创新行为的研究还较缺乏。二是知识分享如何促进员工创新行为从知识管理理论角度的深入分析还不够。三是以前选取的样本的地区和行业领域，如服务行业和制造业等行业，对高知识性的要求预测不足，知识分享的前提是员工有知识分享的储备，面对知识密集型企业进行知识分享的研究更有针对性、代表性。

五、工作投入和知识分享两个变量对员工创新行为的影响关系

（一）主要观点

从组织行为学理论上来看，工作投入也是研究企业员工行为的重要内容，尤其是研究员工个体组织行为的时候，对工作投入是从多角度来进行分析和探讨的。这也是"投入动机—工作投入—产生行为"的一个考察逻辑主线，也是本研究探究从"心理资本—工作投入—员工创新行为"的底层逻辑，考察工作投入对员工创新行为的黑箱，揭露其作用机制。高新技术企业工作具有一定的特殊性，由于技术是新研发的，产品是新开发的，市场是新拓展的，具有大量的新知识，是前沿知识聚集体。这就需要对员工的知识性特征做进一步挖掘，就是员工要进行内外知识分享，提升自己知识分享的意愿和能力，本研究将重点关注这些前置因素如何提升员工创新行为。

对工作投入和知识分享两个变量的讨论可以看出心理资本、工作投入和知识分享是个体层次的变量，所以本研究从员工层次开展研究，从头到尾以员工的视角开展研究，关注个体在高新技术企业的心理状况、工作状况和知识分享状况，关注员工心理资本、工作投入和知识分享三者同时影响员工创新行为其内在的作用机理是怎样的。

在前面从现实状况分别讨论了工作投入和知识分享影响员工创新行为的内在逻辑，本研究将进一步挖掘其影响机制，就是我们高新技术企业员工的创新行为区别于其他企业，有其企业的特殊性，也有员工的特殊性，这里强调了高强度工作投入和员工的知识性，那么这二者之间是否具有共同作用于员工心理资本和员工创新行为的影响机制，也就是企业做好了员工心理资本层面工作后，员工拥有良好积极的心理资本，也有强烈的工作投入热情，加上员工具备很强的知识分享意愿和能力，是否能极大促进员工创新行为。

当前也有少量研究对此做了部分研究，其结论有心理资本能正向影响工作投入，工作投入对知识分享有正向影响作用，知识分享对员工创新行为产生正向作用。本研究将进一步研究"心理资本—工作投入—知识分享—员工创新行为"链式中介效应。通过对以上内容进行深入研究，本研究将完整展示工作投入和知识分享在心理资本和创新行为之间的作用机理。

（二）主要不足

现有研究中开展了工作投入和知识分享在员工创新行为的中介作用研究，取得了一定成果，但是目前还存在以下不足：一是目前还没有深入讨论工作投入和知识分享的双重中介作用，只有单中介验证。二是工作投入和知识分享的链式中介研究目前在现有研究中也很缺乏，工作投入力度加大，促进知识分享的能力和意愿，二者在心理资本和员工创新行为中的链式中介效应也应该纳入后续研究范围。三是工作投入和知识分享的各自维度在实证中还没有进行深入讨论和剖析，这些为后续研究拓展了研究视野。

六、环境动态性的调节效应关系

（一）主要观点

高新技术企业员工分布岗位不同，都承担着企业发展的不同创新角色，研发岗位承担着对新技术的研发，市场营销岗位承担新产品市场拓展的责任，HR 岗位承担整合优化人力资源的任务，高新技术企业第一生命线就是创新，只有创新才能激发企业活力，才能在市场竞争者立于不败之地。这些岗位在不同时间、不同地方都有不同的创新行为产生，这其中有对现有技术、管理等的原有创新做改进的利用式创新，也有对不同创新的源头创新，即探索性创新。这些创新不仅把握了创新目前的创新轨迹，同时还对创新的下步潜力做了一定开发和准备。

从高新技术企业来说，一个创新的实现就是从新技术的应用到产品市场的开拓，再到产品的后续服务工作，涉及企业方方面面的员工创新行为。高新技术企业就是技术创新和市场创新的高度集成体，涉及企业各个层级的管理工作，要想做好这一架车的整体管理，必然要受到外部环境的影响。

外部技术层面对企业创新的影响会直接影响到员工的创新效果，但是目前针对环境波动对技术层面和对员工创新行为的直接影响还鲜有研究，缺乏员工在面对技术环境影响时在工作层面是否影响创新行为的研究，造成了技术环境下是否影响员工心理层面在组织行为框架下（创新动机、工作投入、知识分享等）的创新行为的情景效应没有展开研究。在以往的国内外文献资料中，如管建世、罗瑾琏和钟晋研究了情境边界与个体两个因素对员工创新行为的作用机制。

把环境动态性（技术动态性、市场动态性）引入将其作为影响员工创新行为的研究还很少。同时在对技术环境影响研究员工创新行为边界不充分的情况下，对应用新技术的产品实现商业化的市场情景边界也没有展开研究，造成了高新技术企业员工在技术和市场两个不确定因素的情景边界下对促进创新行为缺乏可操作性解释。所以，在何种情景下，员工在心理资本、工作投入和知识分享对创新行为起到促进作用成了理论和管理实践上亟须研究的重要课题。本研究对其进行了深入挖掘，进一步验证了在当前国际国内不同情景边界下环境动态性如何影响员工创新行为。

（二）主要不足

现有研究中就该主题研究做出了大量成果，但是还存在以下不足：一是目前环境动态性的研究进行实证检验基本是使用国外的量表，还需要国内同行对此大力展开研究，弥补本土量表研究不足的缺憾。二是环境动态性的内涵分歧较大，还需要对环境动态性的内涵和内容结构等表述进一步研究，减少各研究领域的理解分歧。三是环境动态性对员工创新行为的研究不多，尤其是技术动态性和市场动态性对员工创新行为的维度实证结果深入剖析的不多，还需要进一步加深对二者影响的研究。四是环境动态性对员工创新行为的影响机制模型还需进一步拓展，现有研究中有较多讨论环境动态性对因变量的调节作用，但是研究自变量、中介变量和因变量之间的被调节的中介效应的研究还比较缺乏，后续应加大此方向的研究力度。

第四节　心理资本对员工创新行为概念模型

本研究从员工创新行为的视角出发，在梳理相关文献后，根据心理资本理论、工作要求—资源模式理论、知识管理理论、双元创新理论和资源基础理论，通过分析心理资本对员工创新行为的作用机制，探寻提升高新技术企业员工创新行为的核心因素，建构二者的作用机制模型。

心理资本被视为提升新创企业绩效的重要途径，探究心理资本对提高员工创新行为的影响路径具有重要的理论意义与实务价值。先前的研究多以心理资本预测及实证对员工创新行为的直接影响，关于心理资本和员工创新行为的相关影响因素的中介变量、调节变量以及各变量维度间关系的整合研究相对较少。因此，本研究引入相关变量维度，进行整合研究，阐明在高新技术企业中，员工的心理资本与员工创新行为间的作用路径和影响机制具有显著的研究价值。

在变量维度方面，根据文献综述分析，本研究将员工创新行为分为两个维度，即利用式创新行为维度和探索式创新行为维度，将心理资本分为任务型、关系型、学习型和创新型四个维度，将工作投入分为身体投入、情感投入和认知投入三个维度，将知识分享分为意愿和能力两个维度。

在直接效应方面，主要是考察员工心理资本和高新技术企业员工创新行为二者的直接效应，因此在模型建构中，将心理资本作为模型的自变量，员工创新行为作为模型的因变量，分析心理资本对员工创新行为的直接影响。

在中介效应方面，本研究讨论了工作投入和知识分享两个维度，提出了工作投入和知识分享的双重中介路径作用，在讨论两个变量的各自中介过程后，进一步探讨了工作投入和知识分享之间的影响关系，得出了工作投入和知识分享在心理资本与员工创新行为之间的链式中介作用。

在调节效应方面，本研究引入环境动态性调节变量，探讨环境动态性（技术动态性和市场动态性）与工作投入、知识分享与员工创新行为之间的调节作用，并分析调节的中介效应，探讨环境动态性对工作投入、知识分享中介效应的调节作用。

根据相关理论和以往研究，本研究构建了一个由自变量心理资本，中介变量（知识分享和工作投入）和环境动态性同员工创新行为这五个重要变量整合的理论框架，同时在心理资本理论基础上，突出了心理资本对员工创新行为的重要直接效应，在环境动态性理论基础上，显示了技术动态性和市场动态性的情景边界效应。五个核心变量之间直接效应、间接效应和调节效应的实证结论为研究员工创新行为提供了新的研究视角，拓展了研究视野，丰富了员工创新行为的研究成果，为高新技术企业员工管理实践工作提供了理论指导。

本研究构建了高新技术企业员工创新行为作用机制的理论模型，该模型框架图如图3-3所示。

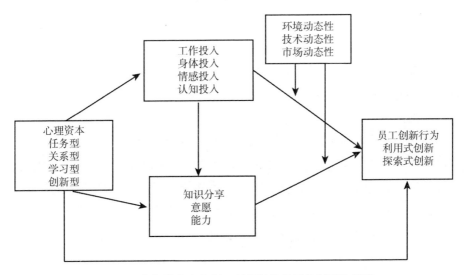

图3-3 高新技术企业员工创新行为作用机制理论模型

第五节　本章小结

本章主要借鉴了心理资本等基础理论，对当前研究现状进行了探讨，同时对核心变量进行了深入分析，理顺了其影响作用机理，建构了理论模型。

首先，本研究将心理资本理论、工作要求—资源模式理论、知识管理理论、双元创新理论以及资源基础理论作为研究理论之基础。心理资本是员工创新行为产生的前提和动机，因此本研究将心理资本理论视为本研究理论的重要一环。工作要求—资源模式理论主要探讨在组织的工作环境中，员工面对组织的工作要求及工作资源时所产生的心理历程。知识对于经济发展来说，已成为高新技术企业不可或缺的关键要素，因此知识管理理论成为知识分享重要理论的依据。双元创新则是将双元理论运用于创新行为的概念中，探索性创新放眼长期利益，利用性创新在既有的基础上进行改进，维护现有利益。资源基础理论除了资源整合之外，还提升环境的适应力，将自身内部资源进行统一整合而培养出一种具有动态性质的特殊能力，这个能力会攸关员工如何响应环境动态的问题。

其次，本研究重点对前期研究状况和下步需要研究的问题进行了深入探讨，根据现有文献汇总分析，得出了现有研究多集中于员工创新行为对组织创新影响的研究，目前对员工创新行为的前置影响因素研究不足，同时对引入心理资本、工作投入、知识分享和环境动态性等研究变量的重要性进行深入探讨。

再次，结合相关理论和实际现状，对心理资本和工作投入、工作投入对员工创新行为、心理资本对知识分享、知识分享对员工创新行为以及工作投入和知识分享的中介和链式中介的作用机理进行了一定程度的讨论。

最后，利用以上相关基础理论，分析从心理资本到员工创新行为的形成作用机理，并建构了心理资本对员工创新行为的理论模型。

第四章

研究假设的提出

通过第二章对文献的回顾，探讨了员工创新行为、心理资本、工作投入、知识分享与环境动态性的概念内涵、维度划分与国内外的研究。第三章从心理资本理论、工作要求—资源模式理论、知识管理理论、双元创新理论和资源基础理论各种理论阐释了变量间的作用路径和机理，并以此作为建构本书概念模型的基础。本章将在前两章的基础上对于研究架构中的关系进一步提出详细的假设分析，内容包括心理资本与员工创新行为主效应作用、工作投入的中介作用、知识分享的中介作用、工作投入与知识分享在心理资本与员工创新行为的链式中介作用、环境动态性的调节作用、被调节的中介作用。

第一节　心理资本与员工创新行为主效应假设

在讨论清楚心理资本对员工创新行为的影响机制后，本部分对概念模型中的自变量心理资本及其四个维度和因变量员工创新行为的具体作用关系进一步挖掘，并在深入分析的基础上提出主效应假设。

一、心理资本与员工创新行为

根据上文对心理资本的文献探讨以及现实高新技术企业员工心理资本状况的工作实际可知，心理资本是员工创新行为的重要影响因素，积极心理学和积极组织行为学提供了良好的理论支持。有良好的心理资本状态能促进企业员工创新行为的展开，所以目前很多企业专门成立了相应的心理干预机构，目的是了解员工的心理需求，积极疏导影响员工心理层面的障碍。

美国心理学家Luthans借鉴了积极组织学派和积极心理学中心理资本

的概念，认为心理资本是正向的心理活动，同时会激发出员工最佳的工作状态，会提高员工的工作热情，员工也可以通过积极的心理资本来获得成功。在知识经济和创新驱动战略发展的背景下，员工是公司中最重要的资本。在组织行为的资本理论中，Jensen 和 Luthans 认为心理资本不同于人力资本以及社会资本①，人力资本强调员工的经验与知识，社会资本强调人际关系的联结。Digan 等认为心理资本是指个体在工作中表现出来的积极状态，是超越人力资本以及社会资本的核心心理要素。② 钱晓烨等指出，相较于其他活动，心理资本对创新活动的影响更为重要，毕竟创新活动或创新行为往往面临难度大、高风险及挑战性高的局面。③ Luthans 和 Youssef 的研究从不同角度剖析了心理资本的定义和维度，为后期进行心理资本的实证研究积累了丰富的研究成果。目前，心理资本的研究大致可分为三个类别：第一类是"特质论"。代表人物是 Goldsmith、Cole 和 Hosen，这类研究主要是把个人的心理资本看作个体先天具有的耐久性和稳定性的人格特质。第二类是"综合论"，代表人物是 Avolio，这类研究是把个体心理资本看作一种包含了稳定心理、不稳定心理和多因素影响心理的综合体。第三类是"状态论"。代表人物是 Goldsmith 和 Tettegah，状态论认为心理资本是一种心理状态。本研究采用的是第二个研究类别综合论，并选用与创新行为有关的因素来探究哪一类的心理资本对创新行为最有预测能力。Ziyae 等调查伊朗德黑兰的农业银行分支机构，以此来探讨员工心理资本对信息创新技术的影响，发现心理资本能正向影响创新水平。④ Wojtczuk-Turek 和 Turek 探讨人力资源部门的心理资本对创新行为的影响，发现心

① JENSEN M S, LUTHANS F. Relationship Between Entrepreneurs' Psychological Capital and Their Authentic Leadership [J]. Journal of Managerial Issues, 2006, 18 (2): 254-273.

② DIGAN P S, SAHI K G, MANTOK S, et al. Women's Perceived Empowerment in Entrepreneurial Efforts: The Role of Bricolage and Psychological Capital [J]. Journal of Small Business Management, 2018, 57 (1): 206-229.

③ 钱晓烨, 杨百寅, 迟巍. 心理资本与区域创新活动: 来自我国地级市的实证研究 [J]. 中国软科学, 2014 (2): 179-192.

④ ZIYAE B, MOBARAKI H M, SAEEDIYOUN M. The Effect of Psychological Capital on Innovation in Information Technology [J]. Journal of Global Entrepreneurship Research, 2015, 5 (1): 1-12.

理资本能正向而且显著影响创新行为。[1]

我国理论界最早是从 2007 年开始研究心理资本的，当时研究的主要内容有两方面：一是对国外关于心理资本研究现状进行文献评析，对现有文献进行梳理并提出研究趋势。二是心理资本的要素及结构分析，对心理资本、员工态度和创新行为等变量的实证研究近些年才逐渐出现，代表人物是孙鸿飞等。这类研究是把个体心理资本看作一种个体的自然状态，具有天然性。如韩翼和杨百寅探讨心理资本、真实型领导对员工创新行为的作用机制，发现心理资本、真实型领导与员工创新行为间具有显著正相关关系。[2] 由此可知，心理资本与领导类型都与员工创新行为有关联。在心理资本对创新行为的影响研究中，发现心理资本对创新行为具有显著正向影响。

基于以上心理资本对创新行为作用的归纳与总结，提出假设如下：

H1：心理资本正向影响员工创新行为。

二、心理资本四个维度与员工创新行为

心理资本作为一种赋能资源，使员工能够有效专注执行与所有和工作相关的关键任务。尽管相关学者对心理资本进行相关维度的划分，但调研结果显示，多数衡量心理资本的标准，在我国文化背景之下，可能会有适用性的问题。此外，本研究的对象属于知识型员工，知识型员工是运用信息知识等相关技能进行创新型性工作的人，知识型员工对组织创新的意义重大，除了需要有专业知识、创新能力及相关素质以外，也必须具备较强的创新动机以及有持续的热情投入，并且要有能够承受从创新任务中带来的工作压力或是能够承受失败风险等的心理能力。侯二秀、陈树文和长青根据知识型员工的内涵及传统学者对心理资本定义的相关调研，经过访谈、预试等质与量的研究后，重新归纳与梳理了符合知识型员工心理资本的界定及测量方法，并划分知识型员工心理资本的四种维度（任务型心理资本、学习型心理资本、关系型心理资本、创新型心理资本），对学习绩

---

[1] WOJTCZUK-TUREK A，TUREK D. Innovative Behaviour in the Workplace［J］. European Journal of Innovation Management，2015，18（3）：397-419.

[2] 韩翼，杨百寅. 真实型领导、心理资本与员工创新行为：领导成员交换的调节作用［J］. 管理世界，2011（12）：78-86.

效及创新绩效存在的关系进行了全面的剖析。本研究经过对先前研究的分类与归纳整理后，以任务型心理资本、关系型心理资本、学习型心理资本、创新型心理资本四个维度测量心理资本。任务型心理资本的员工对于工作具有积极情感，遇到挫折时也无所畏惧，对于面对未知的创新行为是有意愿投入的。关系型心理资本的员工具有情绪智力（emotional intelligence），情绪智力被认为是提高员工创新绩效的先决条件，能够促成员工的创新行为。学习型心理资本是灵活运用知识技能的学习效能，并且具有知识共享意愿的特质，学习型心理资本高的员工有助于推进创新行为。创新型心理资本的员工愿意用新的方式去执行工作任务，勇于尝试新技术与新思路，会主动依据工作情境的变化而调整做事情的方式，或是找寻新的方法去完成任务。知识型员工心理资本具有积极心理能力，与知识员工的创新绩效有关，而创新绩效可以反映创新行为的结果。

综上所述，本研究提出如下假设：

H1a：任务型心理资本正向影响员工创新行为。

H1b：关系型心理资本正向影响员工创新行为。

H1c：学习型心理资本正向影响员工创新行为。

H1d：创新型心理资本正向影响员工创新行为。

第二节　工作投入和知识分享的中介作用和链式中介作用假设

在讨论清楚工作投入和知识分享对员工创新行为的影响机制后，本部分对概念模型中的中介变量工作投入和知识分享及其各自维度和因变量员工创新行为的双重中介作用和二者链式中介关系进一步挖掘，并在深入分析的基础上提出中介效应和链式中介效应假设。

一、工作投入的中介作用

本部分对概念模型中的中介变量工作投入及其各自维度和因变量员工创新行为的中介作用进一步挖掘，并在深入分析的基础上提出中介效应假设。

（一）心理资本与工作投入

根据工作要求—资源模式理论，个人资源可以分为内在资源和外在资源。心理资本属于内在资源，属于员工的积极心理能力，对于工作在表现上具有不同的助力作用。工作投入属于外在资源，是靠员工的心理资本来驱动的，尤其是对强度高且不确定性强的创新类的工作投入，如果没有积极的心理资本是不可能达到的，尤其是高新技术企业员工，研究核心技术和为前沿技术服务提供保障的岗位，都需要强大的心理资本作为支撑，否则高投入的后续不足，容易导致事倍功半或者创新工作胎死腹中。所以积极的心理资本对工作投入很重要。

通过对相关文献调研后发现，员工心理资本与工作投入之间存在积极的作用。比如，Alessandri 等的研究表明，组织成员在工作中的投入程度是由员工的心理资本决定的，员工的心理资本越高，对于工作投入的现象越明显，工作绩效也越高。工作要求—资源模式理论与资源保存理论显示，从组织环境接收到工作资源激励的员工，会更有热忱投入工作，进而取得更多的绩效成果，这些由心理资源产生的一连串的过程，会积极影响组织行为的成果。[1] Kotzé 也通过实证研究提出员工的个人资源会增强工作投入的重要性，故心理资本对工作投入有积极的影响效果存在。而在个人的资源中，心理资本就是个人资源中的重要一环，员工的个人资源会增强工作投入[2]。由此可知，心理资本对工作投入具有正向的作用。

有学者对心理资本和工作投入两个变量之间的关系做了较为详细的研究。Paek 等研究提出心理资本能够对工作投入产生较大影响，工作投入在一定程度上介导了心理资本对工作满意度和情感组织承诺的影响，且员工也愿意投注资源在任务中，能够使自己产生更深层次的投入行为，有利于

---

① ALESSANDRI G, CONSIGLIO C, LUTHANS F, et al. Testing a Dynamic Model of the Impact of Psychological Capital on Work Engagement and Job Performance [J]. Career Development International, 2018, 23 (3): 33-47.

② KOTZé M. The Influence of Psychological Capital, Self-Leadership, and Mindfulness on Work Engagement [J]. South African Journal of Psychology, 2017, 48 (2): 279-292.

进行相关组织行为。① Li 的研究结果指出,与知识工作者相关的心理资本具有相信自己的能力,从而建立自己的工作动力,使他们在完成任务时表现出更大的活力,并通过实证研究证实两者之间确实具有显著的关联性。② 具体来说,具有较高心理资本的员工会更加投入工作,更有可能表现出工作满意度和对组织的情感投入。

侯二秀、陈树文和长青细致地研究了心理资本的定义与内涵,对先前相关研究进行详细的文献回顾后,再通过访谈、文字编码、预试以及相关调研等方式,对知识员工心理资本做了重新定义,提出知识员工心理资本除了拥有传统积极情感、坚韧性等特质外,还具备情绪智力、知识、创新等效能;这对于从事知识产业的员工来说,有助于提升其面对创新工作中遇到挫折的能力,对于工作要求的对抗性,也会因为丰富的心理资源而减缓耗损,这对于工作投入来说,具有很大的帮助。

根据对心理资本与工作投入相关研究的汇总与梳理,综上所述,本研究提出如下假设:

H2:心理资本正向影响工作投入。

对于心理资本的组成结构有哪些要素,心理资本的维度与概念是一个渐进式的过程,以往研究使用次数较多的研究,主要是 Luthans 的概念,分为自我效能、希望、乐观、坚韧性四种维度。通过文献调研后发现,在众多学者对心理资本维度划分中,能否预测高新技术企业员工的心理资本与工作投入间的作用,取决于对维度的分类是否适当。国内学者柯江林等根据西方学者对心理资本的定义,增加了中国文化人际型特征的元素,开发了本土心理资本问卷测量量表,内容为人际型与事务型心理资本两个维度,对于解释国人心理资本更具有效力,对于周边绩效的解释力也更强,研究结果表明心理能力较强的员工容易对工作投入且愿意主动学习,有助于营造良好的组织氛围,促进组织的创新与发展。

侯二秀、陈树文和长青收集归纳学者 Luthans 和 Youssef 及柯江林等对

---

① PAEK S, SCHUCKERT M, KIM T T, et al. Why is Hospitality Employees' Psychological Capital Important? The Effects of Psychological Capital on Work Engagement and Employee Morale [J]. International Journal of Hospitality Management, 2015 (50): 9-26.

② LI Y. Leadership Styles and Knowledge Workers' Work Engagement: Psychological Capital as a Mediator [J]. Current Psychology, 2019, 38 (1): 1152-1161.

心理资本的界定，对维度变项的分类方式进一步进行了探讨，依据扎根理论及归纳法，归纳整理出符合中国企业知识员工的特征，以及应具备的心理素质，进一步精炼后，提出四种心理资本类型（任务型、关系型、学习型、创新型）。任务型心理资本是员工面对新工作，或是在艰难的工作中，能够保持平静、活力以及勇于承担的心理素质，因此当员工积蓄了这些能量，会使得员工在达成任务上有更好的资源基础，有助于全力投入工作，创造更好的绩效。具有关系型心理资本的员工具有良好的人际沟通能力，在工作场所中，能够观察到自己以及他人的情绪，也能够与各种不同性格的人愉快相处。此外，关系型心理资本的员工也懂得感恩，认为自己拥有的成就归功于他人的协助，对于曾帮助过自己的人或组织会想办法以不同方式给予回报，具有关系型心理资本的员工由于与公司同事相处愉快，也会有较强的工作投入。学习型心理资本的人会自发去学习以及提升自己的水平，并且相信自己能够将所学的知识转换成属于自己的技能，也愿意将自己所学的技能与经验分享给组织及其他同事，因此也会正向影响工作上的付出与投入。创新型心理资本的员工乐意在工作中使用新方法，或是尝试用新的思维去执行任务目标。此外，他们认为工作任务中有许多不确定性，能够依据不同的工作情境，去调整或是改变原有的做事方法，能够打破固有的思维去实现任务目标。现有研究表明，心理资本越高的知识型员工，也越容易具有创新能力和创新绩效，并能够持久地投入于创新工作中。本研究在深入进行探讨之后，基于高新技术企业的产业，以及其员工的工作属性，选取侯二秀、陈树文和长青针对知识型员工特征所分类的四种心理资本维度进行探讨。

综上所述，本研究认为，知识员工心理资本具备相对应的心理资本，能够对工作投入起到促进作用。

基于此，本研究提出的假设如下：

H2a：任务型心理资本正向影响工作投入。

H2b：关系型心理资本正向影响工作投入。

H2c：学习型心理资本正向影响工作投入。

H2d：创新型心理资本正向影响工作投入。

（二）工作投入与员工创新行为

工作投入是影响员工行为的重要的前置因素，员工如果没有高强度的工作投入，浅尝辄止，或者半途而废都不可能完成企业交办的创新工作，也不可能有积极的创新行为出现，从现实情况来看，每项成绩都是在大量员工的积极工作下取得的，汗水浇灌的鲜花才能硕果累累。在工作投入对创新行为的影响研究中发现，工作投入对创新行为具有显著积极影响。如顾远东和彭纪生以社会认知理论为基础，探讨在成就动机、工作卷入为中介的情形下，自我效能感对员工创新行为有一定影响作用。研究结论表明，创新自我效能感不仅能正向影响员工创新行为，且通过成就动机、工作卷入的中介效果作用下，能显著影响员工创新行为。

Kwon 和 Kim 整合了 34 份文献，以探讨员工投入与创新行为之间的关系，发现员工的工作投入能通过因应策略（coping strategy）来表现出创新行为，即表明员工工作投入与因应能力能共同促进创新行为。① 从文献调研结果发现，工作投入的意义不仅只探讨员工执行任务时的身体状态，在这个过程中心理层面也会受到持续的影响，工作投入不仅影响个人层面，也会影响到组织层面，若员工能认同组织文化及其价值观，在两者相辅相成的情况下，员工肯定能产生良好工作投入的影响，在这种情况下，必定能提升创造力，进而产生创新行为。

国外有诸多相关研究在印证知识型员工的工作投入对于其创新行为的积极影响，例如，Jena 和 Memon 调查印度 IT 产业员工在创新工作场所中，对于创新行为的影响如何。研究结果发现，工作投入能有效预测工作场所的创新行为。② Van 等调查荷兰 IT 产业员工，以创新工作行为为中介，探讨工作投入对工作表现的影响如何。研究结果显示员工的创新工作行为不仅在工作投入与工作表现之间具有中介效果，且工作投入显著积极影响创

① KWON K, KIM T. An Integrative Literature Review of Employee Engagement and Innovative Behavior: Revisiting the JD-R Model [J]. Human Resource Management Review, 2019, 30 (2): 100704.

② JENA K L, MEMON Z N. Does Workplace Flexibility Usher Innovation? A Moderated Mediation Model on the Enablers of Innovative Workplace Behavior [J]. Global Journal of Flexible Systems Management, 2017, 18 (4): 5-17.

新工作行为。①

Jason 和 Geetha 也对印度 IT 产业员工进行调查，以工作投入探讨员工促进定向（promotion focus）与预防定向（prevention focus）对创新工作行为的影响，发现工作投入除了具有中介效果，而且能有效影响创新工作的行为。②

对高科技企业的知识员工来说，个人工作投入的整体强度水平对于创新行为效果的影响是显著的，在执行创新任务时，个人创造力基本上源自投入行为，在工作任务中花费大量心力或是情感，会带来不同程度的个人创造力，个人积极或消极的创新行为的发生，最终会影响组织整体系统的效能，这对于高新技术企业的经营者来说，具有十分重大的意义。

Kahn 认为工作投入是个体通过使用自身的资源，以影响投资工作的结果，因此他提出了三种资源种类，分别为身体、认知、情感。具体而言，一般工作投入的状况，是个人同时将身体、情感和认知的资源投入工作任务当中。组织成员将身体投入工作是最常见的状态，并且这种状态表现与组织或其他成员的期望是一致的。对于情感上的投入，是作为工作角色的员工与其他员工建立和维系工作关系的行为表现。对于认知上的投入，更进一步重视了精神与认知上的行为，因为越是认知投入的员工，会更加重视自己的工作角色，并且会思考自己在工作中扮演的角色在组织中是否做出重大贡献以及有助于个人的成长。正是这三种不同投入状态的结合，促使员工在工作时提高了主动性、专注力以及投入的程度，促使员工产生愿意投入创新行为的动机。

我国学者赵轩维、夏恩君和李森以网络众包（crowdsourcing）竞赛平台参与者作为研究对象，研究影响参与者创造力的因素，并进一步分析工作投入对创造力的影响。③ 研究结果发现参与者的工作投入整体水平强度

① VAN ZYL E L, OORT V A, RISPENS S, et al. Work Engagement and Task Performance Within a Global Dutch ICT-Consulting Firm: The Mediating Role of Innovative Work Behaviors [J]. Current Psychology, 2021, 40 (1): 4012 - 4023.

② JASON V, GEETHA N S. The Role of Leader-Member Exchange and Promotion Focus on Innovative Work Behavior: Mediational Effect of Work Engagement [J]. Anthropologist, 2021, 40 (3): 28-35.

③ 赵轩维，夏恩君，李森. 网络众包参与者创造力影响因素研究 [J]. 科研管理，2019，40 (7)：192-205.

会直接影响个人创造力，并且情感投入和认知投入都对个人创造力有显著正向影响。有趣的是，身体投入反而对于个人创造力是显著负向影响。这表明，若网络众包的开发者或其他知识组织体系经营者，想要激发其成员的创造力或创新行为，仅关注个人身体投入（如时间、精力）是不够的，更重要的是必须激发个人更多的情感和认知投入，才有助于创新行为。因此，根据研究发现，个人在工作时投入的强度水平和程度与心理资本和创新行为之间存在着相当的关联，而个人在身体、情感和认知上对于工作的投入在这些过程中发挥着强烈的作用。

综上，本研究经过研究分析工作投入和员工创新行为之间的相互关系后，探讨了工作投入的主要类型（如身体投入、情感投入和认知投入）对员工创新行为的影响，最后得出员工表现出创新行为离不开对工作的投入程度。

综上所述，并提出如下假设：

H3：工作投入正向影响员工创新行为。

H3a：身体投入正向影响员工创新行为。

H3b：情感投入正向影响员工创新行为。

H3c：认知投入正向影响员工创新行为。

（三）工作投入的中介作用

探讨中介效应作用的目的，在于了解中介变量对于自变量与因变量产生关联的因素，以及变量之间作用的机制，特别在心理资本四个维度的差异，其在对员工创新行为的影响过程中，心理资本通过其工作投入的程度对创新行为的影响产生的作用程度。个人心理资本对工作投入存在显著积极影响。

Karatepe 和 Karadas 以工作要求—资源模式为基础理论，通过研究工作投入的过程，探究心理资本对员工的工作、职业生涯和生活满意度的影响。① 结果表明，心理资本较高的员工，也有较高的工作投入的动力和水平，对其工作、职业生涯和生活满意度也更高。

---

① KARATEPE M O, KARADAS G. Do Psychological Capital and Work Engagement Foster Frontline Employees' Satisfaction？［J］. International Journal of Contemporary Hospitality Management, 2015, 27（6）: 1254-1278.

工作资源高的组织环境，可能会激发员工的积极情绪，这些情绪与心理资本有关；而心理资本可以促进员工的工作投入，并且提高对工作任务、职业生涯发展和生活的满意程度，促进有益于组织的行为，在属于知识产业的高新技术企业中，员工的创新行为对于该类型组织更是具有重大的关键影响。从工作要求—资源模式理论的视角来看，不当督导属于组织环境中的工作要求来源，它会降低员工对工作投入的积极程度，进而降低创新行为水平；而员工受到团队信任，在组织环境中受到工作资源的激励，可以减缓不当督导对工作投入产生的负面影响，也会影响员工创新行为的情形。员工的工作投入程度，对创新行为也具有重大意义。

Jena 和 Memon 发现员工创新行为的产生，会随着员工投入的程度以及员工对组织的建议表达而增加，并且在员工对组织信任度很高的情况下，员工的创新行为也会因为工作投入和建言程度的提高而增强。

Montani 等以正念（mindfulness）为基础，调查不同产业类别的员工，其工作量对工作投入以及创新行为的影响，研究结果发现，依据工作要求—资源模型中工作要求的部分，当员工的正念处于高点，加上组织给予适度的工作量时，员工通过工作投入影响创新行为的效果最好，而这些恰到好处的工作量，满足了积极工作要求的心理条件，促使员工愿意投入工作，让工作量的影响转移到创新行为上，进而提高创新行为的表现。[①] 在以工作投入为中介的研究上，大都以心理层次（如内在动机）为自变量，通过工作投入（过程）影响结果变量。

综上，根据文献研究，指出心理资本除了直接影响员工创新行为外，还可以通过工作投入的中介作用产生影响。

综上所述，本研究提出如下假设：

H4：工作投入在心理资本与员工创新行为关系间起中介作用。

二、知识分享的中介作用

本部分对概念模型中的中介变量知识分享及其维度与因变量员工创新行为的中介作用关系进一步挖掘，并在深入分析的基础上提出中介效应

---

① MONTANI F, VANDENBERGHE C, KHEDHAOURIA A, et al. Examining the Inverted U-Shaped Relationship Between Workload and Innovative Work Behavior: The Role of Work Engagement and Mindfulness [J]. Human Relations, 2019, 73 (3): 59-93.

假设。

(一)心理资本与知识分享

对于高新技术企业员工的心理特性来说,在完成组织要求的相关任务的同时,对于自我实现、自我成长、自我学习以及未来发展,会有持续的心理需求;这些于精神上发展出来的心理素质,包含与完成任务目标相关的任务型心理资本,与周边人际关系及情绪智力相关的关系型心理资本,学习效能及知识分享相关的学习型心理资本,具有创新积极心态的创新型心理资本。

这些心理素质增强时,员工对于他所了解的工作技能与知识,都会因为自信的提高而不吝于分享其所学。特别是知识型员工的重要任务,包括创造知识,将知识进行应用,并将有益于组织的知识奉献出来。即员工的心理资本与知识分享两者间具有正向关联性。

学者 Wu 和 Lee 对知识分享进行跨层次的分析,结果发现不当督导(abusive supervision)对知识分享产生负向关联性,结果还表明不当督导会降低心理资本,进而对知识分享产生负向影响,而团队信任被认为是具有跨层级影响的变量,会减轻不当督导对于心理资本的负向关系。从该研究可知,心理资本与知识分享存在正向的关系。①

Wu 和 Lee 认为知识分享的行为通常会在团队间进行,并且会因为领导者的授权行为(empowerment)而影响成员的心理资本。Wu 和 Lee 基于社会交换论以及从积极组织行为的视角,探究领导者充分授权团队成员对心理资本以及知识分享的影响机制。研究发现,在团队中若是领导充分授权,会增多团队成员的知识分享行为,并且会通过心理资本,影响授权与知识分享之间的关系。②

因此,企业领导应提供给员工更好的工作环境,使之产生积极心理资源(如心理资本),这些积极心理资源会为组织带来积极的成果,而良好

---

① WU W, LEE Y. Do Employees Share Knowledge When Encountering Abusive Supervision?[J]. Journal of Managerial Psychology, 2016, 31 (1):154-168.

② WU W, LEE Y. Empowering Group Leaders Encourages Knowledge Sharing:Integrating the Social Exchange Theory and Positive Organizational Behavior Perspective [J]. Journal of Knowledge Management, 2017, 21 (2):474-491.

的工作环境可以帮助员工有更好的心理资本水平，使之更有能力进行知识共享来回报工作团队，进而对组织产生积极的影响。综合上述，知识型员工拥有了积极的心理资源及人格特质，会更加乐意进行知识分享，将带给组织更多有价值的知识，本研究认为，知识员工的心理资本能够对知识分享起到促进作用。

综上所述，本研究所提出的假设如下：

H5：心理资本正向影响知识分享。

H5a：任务型心理资本正向影响知识分享。

H5b：关系型心理资本正向影响知识分享。

H5c：学习型心理资本正向影响知识分享。

H5d：创新型心理资本正向影响知识分享。

（二）知识分享与员工创新行为

根据高新技术企业倚重知识资源的程度来说，其组织成员须具备能够辨别有价值的知识的技能，并在执行任务时有效应用知识等专业能力，如果这些知识型员工在组织及团队中，乐于分享对于组织任务有价值的知识，将会激发出更多创新行为，为组织带来更多无形的知识资产。由此可知，在知识分享对创新行为影响的研究中，知识分享、知识分享意愿以及知识分享能力，对于员工的创新行为有显著正向作用。

Seyyedeh、Daneshgar 和 Aurum 认为知识分享的动机可分为三种因素，第一种是受到情境的影响因素，指知识分享与接收者双方关系质量及社会文化；第二种是组织因素，指企业管理者的态度与组织信息技术水平；第三种是相关知识性质。此外，Zhang、Cavusgil 和 Roath 指出知识分享会产生正向且积极的外部效应，使组织除了能够获取知识外，亦对组织绩效产生积极影响。①

向阳和曹勇针对新兴产业员工，对知识治理和共享对员工创新行为是否有影响作用进行研究，结果发现只有知识治理对知识共享具有显著积极影响，并且知识共享也积极影响员工的创新行为。Presbitero、Roxas 和

---

① ZHANG C，CAVUSGIL T S，ROATH S A. Manufacturer Governance of Foreign Distributor Relationships：Do Relational Norms Enhance Competitiveness in the Export Market？ ［J］. Journal of International Business Studies，2003，34（6）：550-566.

Chadee 认为组织成员间，由分享过去的经验，将这些经验传承下去，到进行新的运用，将有助于知识创新。①

根据组织学习理论，组织成员间通过互相学习交流来获得知识，有益于组织提高创新绩效。经由互相分享交换知识，可以激发出更多新灵感，进一步促进创新行为。因此，组织通过有效的知识管理，可以促进员工知识分享程度，也更能激发出员工创新行为。

知识分享就是分享自身知识的程度，而知识分享的意愿也会影响到相关创新绩效。王士红、徐彪和彭纪生探讨员工对组织不同氛围的感知对创新行为的影响，结果指出，知识分享意愿会受到创新与友好关系的组织氛围感知而产生积极影响，并且会提高员工创新行为。②

然而，对于知识分享，除了要有分享意愿，有效获取知识以及辨别知识的价值的知识分享能力也是十分重要的。Presbitero、Roxas 和 Chadee 基于企业创新，讨论了知识分享能力对知识组织持续创新（sustaining innovation）影响的作用机制，研究结果表明，知识分享能力会通过学习的影响而提高组织持续创新的程度。

综上所述，本研究提出以下假设：

H6：知识分享正向影响员工创新行为。

H6a：知识分享意愿正向影响员工创新行为。

H6b：知识分享能力正向影响员工创新行为。

（三）知识分享的中介作用

中介效应需对变量间两种关系进行分析，其一是被前置变量所预测，其二是对结果变量的影响。本研究探索知识分享在心理资本与员工创新行为关系内部的中介作用机制，员工创新行为会受到心理资本强度的影响而产生作用。通过对以往文献研究可知，员工创新行为分别被心理资本及知识分享影响，且心理资本与知识分享具有显著积极关系。此外，知识分享

---

① PRESBITERO A, ROXAS B, CHADEE D. Sustaining Innovation of Information Technology Service Providers: Focus on the Role of Organisational Collectivism [J]. International Journal of Physical Distribution & Logistics Management, 2017, 47 (2/3): 156-174.

② 王士红，徐彪，彭纪生. 组织氛围感知对员工创新行为的影响：基于知识共享意愿的中介效应 [J]. 科研管理, 2013, 34 (5): 130-135.

与工作投入的属性类似，都属于过程变量，因此本研究也将知识分享作为中介变量，探讨知识分享与心理资本与员工创新行为之关系。

王雁飞、王丽璇和朱瑜有效预测心理资本对于员工创新行为的积极关系。① 阎亮和白少君从心理资本、人力资本和社会资本三方视角，探究员工创新行为的影响机制，研究发现，心理资本、人力资本和社会资本对员工创新行为具有显著影响，并且在组织的创新氛围中，会增强这些变量之间的关系。知识分享的目的是要增加创意的流动性，因此要关注知识型员工的心理资本、知识共享行为以及创新绩效之间的关系。② 有研究表明，知识型员工的知识分享行为会随着心理资本强度的增大而增加，并且有助于提升创新绩效。

心理资本高的组织成员，认为将知识共享出去能够对组织产生有意义的贡献，可能会表现出更多知识分享意愿。

李鲜苗和徐振亭研究了领导心理资本如何跨层次影响员工的知识共享，通过实证发现领导心理资本对员工知识分享有显著正向影响作用，领导心理资本在员工心理资本和员工知识共享中起到中介效应作用，领导成员交换关系在领导心理资本和员工心理资本中起着跨层次调节的作用。③ 有许多学者证明知识共享与创新行为有积极的关系。

刘丽丽等的研究结果表明，IT 服务企业研究员工的集体主义观念增强时，知识共享相应地与创新行为之间的关系也跟着增强。说明知识分享与创新行为之间有很强的关联性，组织成员若愿意进行知识分享及其他交流活动，将有助于企业提升组织的创新能力。

综上所述，本研究提出以下假设：

H7：知识分享在心理资本与员工创新行为关系间起中介作用。

三、工作投入与知识分享的链式中介作用

在讨论清楚工作投入和知识分享对员工创新行为的影响机理后，本部

① 王雁飞，王丽璇，朱瑜. 基于资源保存理论视角的心理资本与员工创新行为关系研究 [J]. 商业经济与管理，2019，39（3）：40-49.

② 阎亮，白少君. 高绩效工作系统与员工创新行为：个人感知视角的影响机制 [J]. 科技进步与对策，2016，33（20）：134-139.

③ 李鲜苗，徐振亭. 领导心理资本对员工知识共享的跨层次影响研究 [J]. 软科学，2018，32（1）：92-94.

分对概念模型中的中介变量工作投入和知识分享及其各自维度和因变量员工创新行为的链式中介关系进一步挖掘，并在深入分析的基础上提出链式中介效应假设。

（一）工作投入与知识分享

通过前述文献分析与假设，工作投入和知识分享分别在心理资本与员工创新行为之间呈现中介效果，同时也有学者的研究指出，工作投入和知识分享两者之间也是关系密切的。Khan 和 Malik 以领导—员工交换关系（Leader- employee exchange，LEX）探讨通过工作投入对员工角色外行为（组织公民行为、知识分享行为和创新工作行为）的影响，研究结果指出，工作投入不仅能够积极员工角色外行为，同时还中介了领导—员工交换关系和组织公民行为、知识分享行为和创新工作行为之间的关系。[①]

Steinheider 和 Verdorfer 利用网络调查美国不同企业的员工，对组织成员的组织气候、心理归属感对工作投入的潜在影响作用进行了探讨，以社会道德气候（socio-moral climate，SMC）为基础，对心理拥有感（psychological ownership）、工作投入、知识分享进行相关研究，研究结果发现，心理拥有感与社会道德气候之间有积极关系，并且工作投入也能显著正向影响知识分享。[②] 这意味着，组织成员的工作投入，不仅能够积极影响员工的表现，也能通过员工对组织工作环境的良好感知，产生对于组织有益的行为。

高工作投入仅仅是员工产生创新行为的基础条件，知识分享才是促进员工创新行为的关键环节。Ali 等考察了工作不安全感（job insecurity）对工作投入、工作倦怠和知识共享等知识隐藏策略的看法及影响，研究结果发现工作投入会显著影响知识共享行为，也会受到工作不安全感的作用，

---

① KHAN N M, MALIK F M. My Leader's Group is My Group: Leader-Member Exchange and Employees' Behaviours [J]. European Business Review, 2017, 29 (1): 551-571.

② STEINHEIDER B, VERDORFER P A. Climate Change? Exploring the Role of Organisational Climate for Psychological Ownership. In Theoretical Orientations and Practical Applications of Psychological Ownership [M]. Berlin: Springer, 2017: 275-293.

并且与员工的知识隐藏行为显著相关。①

通过研究发现，工作投入对于知识分享存在积极影响，其中在身体认真投入工作情境时，会穷尽心思，在工作上花费大量时间与精力，全心全意地去完成工作。在情感投入工作时，对于自身的工作充满骄傲，抱有热情，充满干劲。在认知投入工作时，会很关注工作，把自身全部注意力放在完成任务上，并把兴趣点也放在工作上。这些不同的投入方式，不仅让员工更认同自己的工作，对工作产生更大的热忱，并且会试着找出更多新方法让自己能够更有效率地完成工作，也愿意分享自身的经验与工作技巧，将会带给组织更多有价值的知识。

综上所述，根据工作投入及其维度，与对知识分享相关研究分析和文献调研，提出如下假设：

H8：工作投入正向影响知识分享。

H8a：身体投入正向影响知识分享。

H8b：情感投入正向影响知识分享。

H8c：认知投入正向影响知识分享。

（二）工作投入与知识分享的链式中介作用

基于工作要求—资源模式理论，工作资源有助于让员工对工作产生热情，对于工作投入会具有增强作用；而心理资本作为一种重要的战略资源，有助于推动组织成员之间的交流，交流期间进行的互动行为，对于员工知识分享行为具有积极的影响性。徐劲松和陈松以群体层面的工作资源为出发点，探究群体心理资本，对个人层级的工作投入及知识分享行为发生的作用。② 结果指出，群体心理资本积极影响个人工作投入以及知识共享的行为，并且群体心理资本会通过群体信任，对个体工作投入之间产生积极作用，而员工的工作投入程度，会随着团队信任强度的增强而增加知识分享。高心理资本的员工，对工作充满热忱，总能专注于工作，能够与

① ALI M, ALI I, ALBORT-MORANT G, et al. How Do Job Insecurity and Perceived Well-being Affect Expatriate Employees' Willingness to Share or Hide Knowledge? [J]. International Entrepreneurship and Management Journal, 2021, 17 (2): 1-26.

② 徐劲松，陈松. 群体资源对个体知识共享的跨层次影响：心理资本的视角 [J]. 科研管理, 2018, 39 (3): 101-109.

各种性格的人相处，也能将所学到的知识转换成工作技能，并且能够将自身技术经验分享给其他人，也乐于在工作上尝试使用新思维与新方法，这些积极主动的正向特质，让员工能够有良好的工作投入，并且能够具备知识分享的能力以及意愿，在这样的情形之下，员工之间将会产生更多的创新行为。

高强度工作投入和知识性员工是高新技术企业员工的基本特征，一个能在企业进行大量身体、情感和认知投入的员工，更能融入企业的发展，这样特征的员工也能促进企业整合知识资源，高新技术需要知识不断地与外界交流，闭门造车不能提升创新绩效。

全身心投入工作的人很容易识别创新机会和开拓新市场。积极投入工作也是一个参与知识生产和交流的途径，工作投入得越多，对企业的核心知识、技术信息相应就掌握得更多，工作投入本身也是一种工作能力的表现，说明在企业承担的任务和职责较多较重。有了职责就有了工作压力，需要员工进一步在创新过程中进行深层次的反思，或者优化决策行为，这些对提升员工创新行为产生了潜移默化的积极作用。员工首先要积极投入工作，将拥有的知识在内部进行分享，对工作职责内容中发现的创新机会进行识别和利用，这就意味着员工在产品的市场开发与外部知识和信息的获取上走到了企业需求的前面，无形中产生的创新行为为企业赢得了先发优势。

员工在不断工作投入中不断搜索、不断进行内外知识的分享和交流，通过知识分享中产生新知识来辨识市场中稍纵即逝的创新机会，为企业的技术创新提供了知识保障，为产品拓展了广阔的市场，进一步提高了企业的创新绩效。所以工作投入可以提升知识分享能力和意愿，进而促进员工创新行为的提升。工作投入和知识分享可以被视为心理资本和员工创新行为之间的递推式媒介，即工作投入和知识分享二者之间有链式中介作用。

综上所述，本研究提出以下假设：

H9：工作投入与知识分享在心理资本与员工创新行为之间起链式中介作用。

第三节 环境动态性的调节作用和
被调节的中介作用假设

调节效应是对于一种关系的描述,研究者需要取得相当的数据,才能分析变量间的调节关系。理论上,调节变量的存在与其产生的效应并不容易被察觉,但是可以从自变量对所观察的结果变量(因变量)的影响去做推论。

员工在进行创新的过程中,具备积极向上的心理资本,努力地投入创新工作中来,需要源源不断地从外界获取新的知识和信息,这个过程中员工对外界的信息高度敏感,对外界环境动态性十分看重。对高新技术企业员工来说,外在环境动态性基本来源于两个,一个是外界的知识信息是否比自己掌握得更为先进,自己的技术知识是否落后,另外一个就是目前自己的技术是否有市场需求。

由于技术本身不能做出是否先进的判断,只能由市场来判断,顾客的需求使得技术不断更迭和变化。要保持先进的技术知识和信息,企业员工只能在技术和市场不确定的情况下,加快知识更迭,这个过程就是知识分享的关键环节,在分享过程中吸取和创造更多的知识资源,带动企业加强技术管理,激发员工创新行为。

高新技术企业对外部环境的依赖性十分高,首先是技术迭代一定要紧跟国际前沿,同时高科技产品只有成为商品其创新价值才能真正实现,所以高新技术企业对技术动态性和市场动态性十分敏感,某种程度上技术和市场决定了高新技术企业的生死存亡。但是再先进的技术也是由高新技术企业员工开发的,市场是由他们去开拓的,所以技术动态性和市场动态性对员工来说也是十分敏感的。

基于资源基础理论的视角,"资源"是组成企业的基本元素之一,因此企业竞争优势的多少,取决于拥有的资源有多少。在创新商业化的社会里,对高新技术企业而言,创新资源属于企业不可或缺的重要战略资源。然而,在创新商业化的过程中,企业所具有的资源必须具有价值以及无法取代的独特性,这些资源可能是具有价值的核心产品或服务,也可能是新技术或新知识等核心能力。

技术资源是核心资源，市场是获取企业资源的直接来源，也是企业持续发展的关键战场。如果技术迭代使得产品没有市场，那么企业创新将成为无源之水、无本之木。Prahalad 和 Hamel 的核心能力理论指出，企业的核心产品被核心技术制造，而这些核心技术是因应外在环境的瞬息万变而发展出来的，尤其对高新技术企业的生存与发展而言，环境因素会影响企业未来营运战略的方向，而这些环境因素的变化是无法提前预知的。

环境的复杂性和动态性使得环境具有不确性，这些促使环境动态性的原因主要通过"技术"与"市场"两者体现。由于高新技术企业的外在环境时时刻刻都在变化，包括产品、技术，甚至整个市场等因素的不确定性，对持续性发展的高新技术企业来说，在经营过程中需要企业员工对外部环境因素进行动态调整。

一、环境动态性的调节作用

在讨论清楚环境动态性对员工创新行为的影响机制后，本部分对概念模型中的调节变量环境动态性及其维度（技术动态性和市场动态性）在工作投入和知识分享对员工创新行为这个因变量的调节作用进行深入探究，并在深入分析的基础上提出调节效应假设。

（一）环境动态性对工作投入与员工创新行为的调节作用

高新技术企业所面临的外部与内部的环境动态性，已随着市场将创新商业化而逐渐产生改变，高新技术企业的环境动态属性，由技术与市场的变化而决定，面对不断变动的市场环境，企业也需要发展的技术，因应市场的需求，才能有持续性的竞争优势。因此企业中的员工个体是否具有强烈的创新行为对于企业绩效或者创新绩效十分重要，而应变能力较强的组织能够及时察觉，并利用环境动态性去提高自身的实力，使组织有良好的发展。

本研究引入环境动态性这一变量，探究其对工作投入与员工创新行为的影响，比如，高新技术企业员工的工作投入程度对其创新行为的效果，能够因为环境动态性的变化从而对创新绩效的提升有所帮助。

曹科岩从团队视角出发，探讨在高新技术企业知识团队中，环境动态性对双园领导与团队绩效等变项之间的关系，结果发现，环境动态性正向调节双元领导与创新绩效。① 对企业来说，随着外部环境动态性的变化，组织内部中的各种与环境动态的相关要素越丰富。

在技术和市场时时产生变动的环境之下，具有强烈的不可预测性，组织需要迅速察觉并有效应对这些变化，这促使创新需求的诞生，敢于挑战现有的技术或是制度进行突破。然而，这取决于员工是否愿意将自身投入工作中，若有心完成任务目标，那么全心全意地投入在工作中的员工，将能够迅速发现存在的问题并进行改善，完成创新行为。

若员工在环境动态变化的过程中，有许多无助感，则有可能降低工作投入对员工创新行为的影响作用。本研究基于上述相关研究，认为在高环境动态之下，员工的工作投入与员工创新行为的关系会有所变化。

综上所述，故提出如下假设：

H10：环境动态性调节工作投入对员工创新行为的关系。

H10a：技术动态性调节工作投入对员工创新行为的关系。例如，技术动态性增加，工作投入对员工创新行为的影响关系会增加。

H10b：市场动态性调节工作投入对员工创新行为的关系。例如，市场动态性增加，工作投入对员工创新行为的影响关系会降低。

（二）环境动态性对知识分享与员工创新行为的调节作用

从有关环境动态性对知识分享和员工创新行为的已有研究来看，总体将环境动态性对于知识分享和员工创新行为的影响概括为：激发企业员工提供知识分享的意愿，提升员工知识分享能力以促进员工带来更多创新行为，提升高新技术企业整体的持续竞争力。

技术不确定性促使企业员工要加快自身知识的更新和获取，知识分享能力在技术不确定性增强的同时会给员工带来知识缺乏感，员工有竞争意识，加快知识分享意愿，自身知识分享能力不足时，自己为了能追赶技术缺口和占领前沿技术员工会自发提升心理资本，建立更多获取知识的渠道，同时也会加快把获取的知识在企业内部或团体内部分享及时消化。

---

① 曹科岩. 团队心理安全感对成员创新行为影响的跨层次研究：知识分享的中介作用 [J]. 心理科学，2015，38（4）：200-206.

市场动态性是顾客群体的不确定性和不可测性，在高强度市场动态性下，顾客的需求多元化增加，对企业产品异质性的需求增加，这样挤掉了自己产品的原有市场，会被其他企业产品及时填充，原有顾客群体变化很大，原有的顾客市场知识已经落伍，跟不上企业发展的需要，这个时候企业会鼓励企业员工积极投入工作，搜索和获取更多新的知识来进行技术改革以应对顾客丢失的市场变化。反之如果市场固定，那样员工就不用更多地进行知识分享。所以市场动态性对员工的知识分享和创新行为有调节作用。

张文勤和刘云认为在动态环境之下，企业从事研发活动会影响团队成员的知识分享行为。① 王启亮和虞红霞的研究结果发现，协同创新中组织随着环境动态性程度的增加，网络能力等因素会减弱其对组织间知识分享的正向作用。

环境动态性产生的影响，一方面会带给企业新冲击，带来新挑战；另一方面也因为环境的变化而出现新机遇。对高新技术企业来说，组织成员在执行任务的过程中，必须不断运用自身的专业知识才成能创造出新产品、新技术，甚至新的制度等成果。因此环境动态性对知识与创新都会产生相当的作用。

陈国权和王晓辉探讨企业内外环境对企业创新绩效的影响机制，发现环境动态性对知识管理与员工创新绩效之间的关系有调节作用。罗瑾琏、胡文安和钟竞检验企业员工团队交互记忆的中介作用与团队认知冲突和环境动态性这两种内外部情境因素的调节作用，发现环境动态性对双元领导与团队创新之间的正向关系具有显著的强化效应。②

奚雷、彭灿和张学伟以企业员工为研究对象，探讨环境动态性对外部学习（技术学习与管理学习）、双元创新协同性的影响，结果发现环境动态性在外部学习与双元创新协同性上起正向调节作用。由于知识分享行为需要通过学习行为产生，因此可以推论环境动态性会影响知识分享与员工创新行为。通过环境动态性对知识分享与员工创新行为关系的文献汇总与

① 张文勤，刘云.研发主管目标取向对团队反思与知识分享行为的影响［J］.科研管理，2014，35（9）：154-160.
② 罗瑾琏，胡文安，钟竞.双元领导对新员工社会化适应与创新的双路径影响研究［J］.科学学与科学技术管理，2016，37（12）：161-173.

分析可得 H11：环境动态性调节知识分享对员工创新行为的关系。

综上所述，本研究提出如下假设：

H11a：技术动态性调节知识分享对员工创新行为的关系。例如，技术动态性增加，知识分享对员工创新行为的关系会降低。

H11b：市场动态性调节知识分享对员工创新行为的关系。例如，市场动态性增加，知识分享对员工创新行为的关系会增加。

二、环境动态性被调节的中介作用

在讨论清楚环境动态性对员工创新行为的影响机制后，本部分对概念模型中的调节变量环境动态性及其各自维度（技术动态性和市场动态性）在心理资本与在高投入、知识分享和因变量员工创新行为的中介作用是否具有被调节效应进一步挖掘，并在深入分析的基础上提出环境动态性及其两个维度被调节的中介效应假设。

（一）环境动态性对工作投入与员工创新行为的被调节的中介作用

工作投入能够使组织成员提高自身的工作绩效来帮助组织应对环境的动态变化，通过员工将身体、情感、认知都投入在工作任务上，促进了员工创新行为的产生。具有任务型、关系型、学习型和创新型心理资本的员工，因自身所拥有的心理资源，让员工在面临环境变化时以及接受有挑战的工作任务时具有较强的自信心，也为组织提供了更多的创新绩效。

企业员工在面对环境不确定性和变动性的时候，必须投入更多的精力和情感来应对技术动态性和市场动态性的挑战，要想更多地创新绩效，只能在更多的工作投入过程中获取更多的外部资源，这就要求员工能密切关注内部和外部的环境状况，这一系列都需要员工的身体、情感和认知投入，企业面对技术动态性也会临时成立应对工作组或研发小组来攻克新出现的技术问题，员工要成为新的攻克可能的人员就必须多方投入才能有资格入选，或者所在部门工作分层级地派发相应研发或者拓展任务。员工就会主动调整自我的心理状态，积极开发自我心理资本来应对后面高强度的工作投入。

所以技术动态性也会在心理资本、工作投入和员工创新行为之间产生相应作用。从市场动态性的层面来看，由于顾客需求改变，导致企业效益不佳，员工作为企业的一分子，肯定要迫使自己主动与企业同呼吸、共命运，通过新技术的开发、新市场的拓展，为顾客提供优质的服务和售后保障，避免顾客获取竞争对手的替代产品。

在高新技术企业中，拥有高心理资本的知识型员工，对于工作投入程度也会随之增加，进而促进创新行为的产生。对先前研究文献进行分析可得出，在较高环境动态性的情况下，动态环境会影响到心理特质，并且可以通过提升员工的工作投入，影响员工创新行为，为组织带来更高的创新绩效水平。

故本研究认为工作投入对员工创新行为是有作用的，而且其影响作用会由于环境动态性的高低变化而有所不同。对于员工心理资本通过工作投入对创新行为的路径作用，有可能被环境动态性调节。当环境动态性水平程度上升时，员工拥有的心理资本可能帮助其自身促使工作投入的提高，也可能促进员工创新行为的发生，这在高新技术企业中对员工创新行为的促进和企业创新绩效的增加具有关键性，有助于推动更高的绩效水平。

环境动态性水平较低时，工作投入会受到一定程度的影响，使得理应发挥较好水平的创新行为，可能会不如预期提升的程度。综上，本研究推论如下：环境动态性的水平会影响"心理资本—工作投入—员工创新行为"的调节内在影响路径。

综上所述，本研究提出如下假设：

H12：环境动态性调节心理资本通过工作投入对员工创新行为的间接关系。

H12a：技术动态性调节心理资本通过工作投入对员工创新行为的间接关系。例如，当技术动态性增加时，心理资本通过工作投入对员工创新行为的间接关系会增加。

H12b：市场动态性调节心理资本通过工作投入对员工创新行为的间接关系。例如，当市场动态性增加时，心理资本通过工作投入对员工创新行为的间接关系会减少。

（二）环境动态性对知识分享与员工创新行为的被调节的中介作用

本研究将知识分享分为两个维度（知识分享的意愿和能力），让高新技术企业员工感知到组织外在环境中的变化，能够让员工对于有价值的知识更迅速地判别及学习，更有助于员工察觉新的技术及市场，有助于企业整体对于创新商业化市场的敏感性，从而促进创新绩效，增加企业的市场竞争力并提升收益。

在技术和市场动态性的情景下，员工在积极心理资本的激发下，要主动提升知识分享的能力和意愿，这个过程中还应该及时关注技术的动向和市场的信息，不断搜索和获得新的情报，更大范围跟踪产品信息和技术市场需求信息，更早使自己的产品满足顾客的差异化需求，开拓新的市场。技术动态性具有排他性和周期性，员工热爱企业的心理动机，会使他与企业同呼吸、共命运，谁掌握先进技术知识，谁就能掌握创新机会和适合市场产品的先机，就能获取企业内外部的大量资源，在技术层面与同行竞争对手相比较保持领先。

在市场开拓上新技术知识及时与顾客进行信息沟通，技术了解顾客需求，推出适合顾客多元化需求的产品，这里的前提是员工主动的积极心理资本，排除困难主动与顾客进行知识分享，把顾客的反馈及时分享到企业内部，企业内部及时进行研判和分析，这里对员工提出了在知识分享上的要求，企业员工具备了积极的心理资本，就是要有主动在企业内部和外部进行知识分享的意愿。获取了外界知识后，要有知识分享的能力，这两方面缺一不可，否则错失了技术不确定性带来的技术，知识掌握不了或者转化不了企业需求的技术知识，与顾客知识分享后的反馈知识对企业产品的改进或推出新技术产品满足不了顾客的异质性需求。

只有员工在积极心理资本的推动下，主动把获取的大量技术和市场不确定性状态下掌握的新知识投入知识分享的过程中，才能不断有分享知识的能力和意愿，投入更多获得知识积累，才能在企业统一安排进度中提升自己的创新行为。高新技术企业员工通过不同的心理资本类型，包括任务型、关系型、学习型和创新型心理资本等积极心理资源，提升知识分享能力及意愿，是产生员工创新行为的重要前提。

在环境动态的情形下，员工的知识分享能力与意愿，将会是创新行为的重要先导条件，外在环境的变化，让员工的认知模式受到影响，学习、整理转化成自身的工作技能，再将之分享给其他成员或贡献给整个组织，激发出新的知识，有助于创新行为的产生。当环境动态性水平不同时，虽然心理资本也能促进员工知识分享，但效果如何有待进一步验证，可能会造成原本应发挥的创新行为失去效用，达不到预期的期望程度。

因此，本研究得出以下结论：环境动态性的高低水平会显著影响"心理资本—知识分享—员工创新行为"的作用路径。

综上所述，本研究假设如下：

H13：环境动态性调节心理资本通过知识分享对员工创新行为的间接关系。

H13a：技术动态性调节心理资本通过知识分享对员工创新行为的间接关系。例如，当技术动态性增加时，心理资本通过知识分享对员工创新行为的间接关系会降低。

H13b：市场动态性调节心理资本通过知识分享对员工创新行为的间接关系。例如，当市场动态性增加时，心理资本通过知识分享对员工创新行为的间接关系会增加。

第四节 研究假设汇总

本章以心理资本理论变量为切入点，加入工作投入、知识分享两个中介变量对员工创新行为的影响，并以环境动态性作为调节变量，根据文献回顾与逻辑推理，建构研究假设，汇总如下，见表4-1所示：

表4-1 研究假设汇总

主要内容	编号	研究假设
心理资本与员工创新行为	H1	心理资本正向影响员工创新行为
	H1a	任务型心理资本正向影响员工创新行为
	H1b	关系型心理资本正向影响员工创新行为
	H1c	学习型心理资本正向影响员工创新行为
	H1d	创新型心理资本正向影响员工创新行为
工作投入的中介作用	H2	心理资本正向影响工作投入
	H2a	任务型心理资本正向影响工作投入

续表

主要内容	编号	研究假设
工作投入的中介作用	H2b	关系型心理资本正向影响工作投入
	H2c	学习型心理资本正向影响工作投入
	H2d	创新型心理资本正向影响工作投入
	H3	工作投入正向影响员工创新行为
	H3a	身体投入正向影响员工创新行为
	H3b	情感投入正向影响员工创新行为
	H3c	认知投入正向影响员工创新行为
	H4	工作投入在心理资本与员工创新行为关系间起中介作用
知识分享的中介作用	H5	心理资本正向影响知识分享
	H5a	任务型心理资本正向影响知识分享
	H5b	关系型心理资本正向影响知识分享
	H5c	学习型心理资本正向影响知识分享
	H5d	创新型心理资本正向影响知识分享
	H6	知识分享正向影响员工创新行为
	H6a	知识分享意愿正向影响员工创新行为
	H6b	知识分享能力正向影响员工创新行为
	H7	知识分享在心理资本与员工创新行为起中介作用
工作投入与知识分享的链式中介作用	H8	工作投入正向影响知识分享
	H8a	身体投入正向影响知识分享
	H8b	情感投入正向影响知识分享
	H8c	认知投入正向影响知识分享
	H9	工作投入与知识分享在心理资本与员工创新行为间起链式中介作用

续表

主要内容	编号	研究假设
环境动态性的调节作用	H10	环境动态性调节工作投入对员工创新行为的关系
	H10a	技术动态性调节工作投入对员工创新行为的关系
	H10b	市场动态性调节工作投入对员工创新行为的关系
	H11	环境动态性调节知识分享对员工创新行为的关系
	H11a	技术动态性调节知识分享对员工创新行为的关系
	H11b	市场动态性调节知识分享对员工创新行为的关系
环境动态性对工作投入与员工创新行为的被调节的中介作用	H12	环境动态性调节心理资本通过工作投入对员工创新行为的间接关系
	H12a	技术动态性调节心理资本通过工作投入对员工创新行为的间接关系
	H12b	市场动态性调节心理资本通过工作投入对员工创新行为的间接关系
	H13	环境动态性调节心理资本通过知识分享对员工创新行为的间接关系
	H13a	技术动态性调节心理资本通过知识分享对员工创新行为的间接关系
	H13b	市场动态性调节心理资本通过知识分享对员工创新行为的间接关系

资料来源：本研究设计。

第五节　本章小结

如表4-1研究假设汇总所示，本章共提出13组共41项的研究假设。主要探讨了心理资本各维度对员工创新行为、工作投入、知识分享具有促进作用；工作投入和知识分享的中介效应；环境动态性和调节效应和被调节的中介效应。

高新技术企业员工创新行为影响机制的研究假设示意图，如图 4-1 所示。

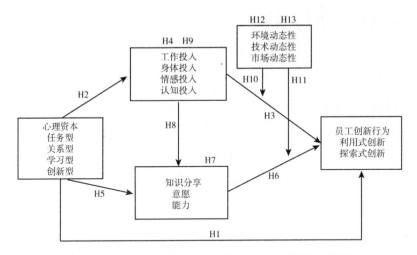

图 4-1　高新技术企业员工创新行为影响机制的研究假设

第五章

研究设计与方法

本研究在上述员工创新行为、心理资本、工作投入、知识分享、环境动态性等推导理论、研究框架、研究假设等基础层面上进行相关的实证研究，并对提出的研究假设进行验证。本章通过研究框架，确立相关研究变量与变量之间的关系，并设计量表和选取研究对象进行调研，运用适当的数据分析方法来验证研究假设。本研究先选取部分样本，进行研究问卷的预调研分析，检验量表的的信度与效度，以确保进行正式调研问卷的可靠程度。

第一节　调查问卷方法

调查问卷方法（questionnaire method）是在管理学中进行定量研究时经常用到的调查分析方法。该方法主要是以调查问卷的形式向调研的研究对象取得与研究内容相关的信息。采用问卷调查法的优点有三个层面：第一个层面，通过电子问卷增强收集数据的时效性，本研究运用问卷星与电子邮件等渠道进行调研，电子问卷的调查数据方便量化统计分析中使用，可有效节省问卷建档的时间，提升问卷数据录入的效率。第二个层面，可以提高调研数据的有效性，通过问卷可以直接贴近研究对象的真实想法，是取得第一手数据最直接的方式，提高调研数据的信度与效度。第三个层面，采用问卷调查方法，调研数据上的可行性较高，以及所需负担的调研成本较一般研究可以承担的金额少。

一、研究对象

本研究调研的高新技术企业是国家重点支持的高新技术领域的企业，之所以选择高新技术企业，是因为高新技术企业是知识与技术密集的企业，其持续发展和企业员工的创新行为高度关联。在问卷调查区域的划分上，为在调查过程中使调查对象具有广泛性和代表性，本研究选取了东北区域、西南区域、京津冀区域、珠三角区域、长三角区域和其他区域，对全国共分为六大区域的高新技术企业员工展开问卷调查。在调查员工的岗位方面，本研究依据高新技术企业常有的岗位，选取包括研发人员、客服人员、营销人员、企划人员、行政人员、生产人员、财务人员、人力资源人员等各个岗位的员工进行问卷调查，在企业员工中扩大调查对象的范围，使得本次调研具有时效性，同时具有广泛性。本次研究在正式问卷调查开始之前进行了预调研，在调研的六大区域中，每区随机选取 25 位高新技术企业员工进行预调研，为后续正式问卷的修正和编制工作打下了坚实的基础。

二、问卷结构

本研究的调查问卷分为卷首语、调研对象基本信息和变量测量三个部分。首先是卷首语部分，该部分主要是向调研对象介绍调研目的、内容与问卷作答方式，达到保证调查问卷的真实有效。其次是调查对象的基本信息。本次调查问卷选取的对象是高新技术企业员工，对个人基础资料进行调查，具体资料有性别、年龄、受教育程度。收集的高新技术企业的基本信息有以下资料：高新技术企业目前的企业的员工人数、担任的职位、经营生存时长（指企业从建立到破产清算的全部经营过程）和所属区域等基本信息。最后是对本研究选取的五个核心变量的维度测量。这部分主要探究调研对象对心理资本、工作投入、知识分享、员工创新行为、环境动态性等具体测量题项，从而实现本研究的调查目的。

三、问卷设计

问卷设计的质量会影响分析结果的推论。基于严谨的概念推导需要先对文献进行广泛的搜索与阅读，针对理论模型、研究假设确定问卷内容，通过预调研的初稿问卷须纳入相关领域的初步问卷，本研究采用的是包含国内与国外相关学者对心理资本、工作投入、知识分享、员工创新行为、环境动态性开发的成熟量表，并引用经典理论作为支撑的基础，并通过梳理、总结和归纳得出核心变量量表构成各自题项，通过预调研的检测，进一步完善预调研调查问卷初稿，保证调查问卷设计的合理性和适用性。

第二节　变量测量

一、员工创新行为的测量

国外研究创新行为多数以主动性和自愿性为出发点，我国因集体主义文化及社会距离等因素，较容易出现被动性与非自愿性。有关员工创新行为的量表开发，国外学者提出的较为常见的为两个层面，一是探索性创新主要针对进入新产品市场领域，二是利用式创新主要改善了现有产品市场领域。而我国有关员工创新行为量表的开发，学者张钰、李瑶和刘益针对206家中国企业进行实证研究，提出利用式创新，其主要针对现有技术进行微幅度修改或简易调整，着重于现状与市场的连结，进而稳定执行的绩效；探索式创新主要针对更新的技术进行知识的创新或产品的创新，运用实验与创新的变革，达成绩效的成长。① 利用式创新主要针对短期效应，当前收入的增加；探索式创新主要针对长期效应，未来收益的增加。本研究在员工创新行为维度的概念在 Lubatkin 等、Hortinha 等研究的基础上，将维度划分为利用式员工创新行为和探索式员工创新行为 2 个维度共 12 个题项②，测量员工创新行为③。具体题项如表 5-1 所示。

---

① 张钰，李瑶，刘益. 社会资本对企业创新行为的影响：基于利用式创新和探索式创新的实证研究 [J]. 预测，2013，32（2）：7-11.

② LUBATKIN H M, SIMSEK Z, LING Y, et al. Ambidexterity and Performance in Small-to Medium-Sized Firms: The Pivotal Role of Top Management Team Behavioral Integration [J]. Journal of Management, 2006, 32 (5): 646-672.

③ HORTINHA P, LAGES C, LAGES F L. The Trade-Off Between Customer and Technology Orientations: Impact on Innovation Capabilities and Export Performance [J]. Journal of International Marketing, 2011, 19 (3): 36-58.

表 5-1 员工创新行为题项

变量	维度	代号	题项	来源
员工创新行为	利用式	EIBUT01	我将提高产品质量和降低成本	Lubatkin 等、Hortinha 等
		EIBUT02	我会不断提高产品和服务的可靠性	
		EIBUT03	我会提高操作的自动化水平	
		EIBUT04	我会不断调查现有客户的满意度	
		EIBUT05	我会提升产品质量保持现有客户的满意	
		EIBUT06	我会深入地了解现有的客户群	
	探索式	EIBEX01	我会跳出思维定式来寻找新的技术理念	
		EIBEX02	我会增强新技术的搜索能力	
		EIBEX03	我会为公司创造新的产品或服务	
		EIBEX04	我会寻求新的方法来满足客户的需求	
		EIBEX05	我会对现有产品进行细分研发	
		EIBEX06	我会积极瞄准新客户群体	

资料来源：本研究设计。

二、心理资本的测量

心理资本对员工创新行为影响研究视角可以是以企业层面为基点。在比较成熟的心理资本理论的基础上，梳理和归纳现有文献，进行有关企业研究开发的量表，国外较为常用心理资本维度划分，以效能、希望、韧性、乐观四个维度为主，如 Digan 等以中小型企业的 369 名女企业家为研究对象。而我国学者侯二秀、陈树文和长青因应国内文化内涵的差异，针对企业员工心理资本进行维度的建构，提出：任务型心理资本主要探讨员工的积极情感（工作中乐观向上的心理状态）与坚韧性（工作中面对逆境的适应能力）；关系型心理资本主要探讨员工的情绪智力（工作中管理自己和他人情绪的能力）与感恩（工作中对其他人协助的反馈）；学习型心理资本主要探讨员工的学习效能感（工作中的学习过程能转化为自身的知识与信念）；创新型心理资本主要探讨员工创新自我效能感（通过创新性的工作内容获取成果的信念）与模糊容忍度（工作中面对不确定因素的容忍程度）。此量表经过质性访谈与量化实证的检验，各个维度的克隆巴赫系数介于 0.795~0.890，具有可信程度。因此本研究对心理资本采用侯二秀、陈树文和长青提出的任务型心理资本、关系型心理资本、学习型心理资本和创新型心理资本 4 个维度共 20 个题项，测量心理资本。本研究对心理资本的具体题项如表 5-2 所示。

表 5-2　心理资本题项

变量	维度	代号	题项	来源
心理资本	任务型	PSCIN01	我在工作中总能保持精力充沛	侯二秀、陈树文和长青
		PSCIN02	我总是期待未来的工作有好事发生	
		PSCIN03	我不怕有难度的新工作	
		PSCIN04	我能平静地对待高难度工作	
		PSCIN05	我希望自己有独立承担某项工作的机会	
	关系型	PSCRE01	我知道为什么我的情绪发生变化	
		PSCRE02	我能领会别人传递给我的非语言信息	
		PSCRE03	我能很好地理解他人的情绪	
		PSCRE04	我感谢那些能够给我指出问题的同事	
		PSCRE05	我会记住给我提供帮助和支持的人	
	学习型	PSCLE01	我相信自己能够将所学到的知识转化为技能	
		PSCLE02	我相信自己能够掌握组织其他成员提供的知识	
		PSCLE03	我会自发地学习和提高工作技能水平	
		PSCLE04	我主动学习同事的经验和专业知识	
		PSCLE05	我乐意与同事分享我的经验	

变量	维度	代号	题项	来源
心理资本	创新型	PSCTA01	我能用全新的方法实现我设定的目标	侯二秀、陈树文和长青
		PSCTA02	我乐意在工作中尝试新的方法和思路	
		PSCTA03	我能主动调整，改变原有的工作方法	
		PSCTA04	我能在工作中同时处理多项工作	
		PSCTA05	我在工作中能打破固有思维和工作方式	

资料来源：本研究设计。

三、工作投入的测量

工作投入最早由 Kahn 提出，认为工作投入是自我控制能力到达一定程度的工作状态，着重于三方面，包含心理意义、心理安全与心理资源。而有关工作投入的量表开发，Maslach、Schaufeli 和 Leiter 提出工作投入与工作倦怠是一体两面的，将其划分为三个维度，包含活力、卷入、效能。Schaufeli 和 Bakker 提出工作投入作为持续且普遍的积极情感认知和工作激活状态，并划分出三个维度，包含活力、奉献和专注。Bakker 和 Leiter 依据工作状态将工作投入划分为活力、投身、沉浸与自满四个维度。[①] Rich 等针对企业员工作投入进行维度的建构，采用 Kahn 的工作投入概念，将维度划分为身体投入、情感投入、认知投入。而我国学者赵轩维、夏恩君和李森也依据行为状态将工作投入划分为生理、情感和认知三个维度。周文霞和齐干依据个体的本质的工作态度强调主动投入与情感投入两个部分。本研究对工作投入采用 Rich 等提出的身体投入、情感投入和认知投入3 个维度共 18 个题项，测量工作投入。本研究对工作投入的具体题项如表5-3 所示。

---

① BAKKER B A, LEITER P M. Where to Go From Here：Integration and Future Research on Work Engagement [M]. New York：Psychology Press ：Work Engagement：A Handbook of Essential Theory and Research, 2010：181-196.

表5-3　工作投入题项

变量	维度	代号	题项	来源
工作投入	身体投入	WOEBO01	我对待工作很认真	Rich 等
		WOEBO02	我尽最大的努力做好本职工作	
		WOEBO03	我在工作上投入了很多精力	
		WOEBO04	我穷尽心思地做好工作	
		WOEBO05	我尽我所能去完成我的工作	
		WOEBO06	我在工作上花费了大量时间	
	情感投入	WOEEM01	我对工作充满热情	
		WOEEM02	我工作时感到精力充沛	
		WOEEM03	我对我的工作感兴趣	
		WOEEM04	我为我的工作感到骄傲	
		WOEEM05	我对我的工作有信心	
		WOEEM06	我对我的工作感到兴奋	
	认知投入	WOECO01	我会把注意力集中在工作上	
		WOECO02	我会很关注我的工作	
		WOECO03	我会把兴趣点放在工作上	
		WOECO04	我会在工作的时候全神贯注	
		WOECO05	我会投入全部身心在工作中	
		WOECO06	我会在工作中投入更多关注度	

资料来源：本研究设计。

四、知识分享的测量

知识分享一般可分为显性与隐性两个层面，显性的知识分享着重于主动与他人分享，而隐性的知识分享则为咨询他人使其分享给自己。Rode 对知识分享维度的建构，将维度划分为名声、利益互惠、乐于助人与自我效能四个维度。① Schepers 等针对合作研发中成员的知识分享的动机和行为进行了研究②，将维度划分为知识分享意愿和知识分享能力。而我国学者田立法针对企业内的知识型且教育水平在大专及以上学历的员工共 291 人进行调查，并以态度和行为两方面为主轴，提出知识分享意愿与知识分享能力两个维度。③ 张振刚等结合中国企业实际情况，针对知名高校的MBA、EMBA 和高管培训班的学生进行实证研究，提出知识分享的两个维度分别为知识分享意愿与知识分享能力。本研究知识分享采用 Schepers 等的知识分享意愿和知识分享能力 2 个维度共 10 个题项。本研究测量知识分享的具体题项如表 5-4 所示。

表 5-4　知识分享题项

变量	维度	代号	题项	来源
知识分享	意愿	KNSIN01	我乐意与他人分享自己的知识与经验	Schepers 等、张振刚等
		KNSIN02	我参与讨论时尽可能提供自己的意见	
		KNSIN03	我会尽可能地解答同事提出的问题	
		KNSIN04	我会尽量给同事提供所需要的资料与文件	
		KNSIN05	我认为与他人分享知识是很有成就感的事情	
	能力	KNSAB01	我能快速地找到执行工作所需要的知识	
		KNSAB02	我对新观点和新事物会采取接纳的态度	
		KNSAB03	我会以他人理解的方式表达我的意见	

---

① RODE H. To Share or Not to Share：the Effects of Extrinsic and Intrinsic Motivations on Knowledge-Sharing in Enterprise Social Media Platforms［J］. Journal of Information Technology，2016，31（2）：152-165.

② SCHEPERS J，DE VRIES J，WEELE V A，et al. Exploring the Motivational and Behavioral Foundations of External Technology Experts' Knowledge Sharing in Collaborative R&D Projects：the Contingency Role of Project Formalization［J］. Journal of Product Innovation Management，2019，36（4）：467-489.

③ 田立法. 高承诺工作系统驱动知识共享：信任关系的中介作用及性别的调节作用［J］. 管理评论，2015，27（6）：148.

续表

变量	维度	代号	题项	来源
知识分享	能力	KNSAB04	我有能力分辨对于工作有价值的知识	Schepers等、张振刚等
		KNSAB05	我可以快速地找到执行工作所需要的特殊技巧	

资料来源：本研究设计。

五、环境动态性的测量

Dess 提出对环境动态性的测量维度可以分为以下维度：客户喜好、科技变化、经营策略、竞争差异、产品差异、服务品质等。环境动态性目前较为成熟的量表有三个类型，比如，Miller 和 Friesen 提出的测量环境动态性维度可以分为以下维度：研发、源于客户、市场变化、行业对手、发展机遇等①。我国学者李正卫、彭说龙、谢洪明和陈春辉提出的测量"环境动态性"可分为两个维度，包含"技术"及"市场"。Jaworski 和 Kohli 提出测量环境动态性的要素为环境变化率、不可预测性等。② 唐国华和孟丁建构了测量环境动态性的量表。③ 本研究采用彭说龙，谢洪明和陈春辉、唐国华和孟丁的量表，将环境动态性分为"技术动态性"及"市场动态性"2 个维度共 7 个题项。具体题项如表 5-5 所示。

表 5-5　环境动态性题项

变量	维度	代号	题项	来源
环境动态性	技术动态性	EDYTD01	企业所在领域产品或服务更新很快	彭说龙，谢洪明和陈春辉、唐国华和孟丁
		EDYTD02	企业所在领域技术进步很快	
		EDYTD03	企业的技术人员流动性越来越高	

① MILLER D. FRIESEN H P. Strategy-Making and Environment：the Third Link ［J］. Strategic Management Journal, 1983, 4（3）：221-235.
② JAWORSKI J B, KOHLI K. A. Market Orientation：Antecedents and Consequences ［J］. Journal of Marketing, 1993, 57（3）：53-70.
③ 唐国华, 孟丁. 环境不确定性对开放式技术创新战略的影响［J］. 科研管理, 2015, 36（5）：21-28.

续表

变量	维度	代号	题项	来源
环境动态性	市场动态性	EDYMD01	企业所在领域竞争者行为很难预测	彭说龙,谢洪明和陈春辉、唐国华和孟丁
		EDYMD02	企业的顾客需求变化情况难预测	
		EDYMD03	企业的营销策略改变频率越来越快	
		EDYMD04	企业所在的行业高层管理经常更换	

资料来源:本研究设计。

六、控制变量

企业规模与创新技术扩散具有关键的作用;资金的投入也会影响企业绩效的提升;企业截至目前的生存时长、员工人数与企业成长及面临竞争时的反应息息相关,同时会影响到员工创新行为的能量。所以本研究根据前面几章的内容中心理资本对员工创新行为的作用机理研究,将本研究的控制变量确定为以下几个变量,即所选取调研对象高新技术企业的员工人数、生存时长、企业的资产及所属区域,以此探讨心理资本对员工创新行为的中介作用以及环境动态性对其他变量的作用边界差异性,研究高新技术企业员工的心理资本对员工创新行为的作用机理。所选研究对象的生存时长分为以下几类:"3 年以下""4 至 5 年""6 至 8 年""9 年以上"。选取的高新技术企业的企业资产为以下几类:"100 万以下""101 万至 500 万""501 万以上"。高新技术企业的员工人数分为以下几类:"50 人以下""51 至 100 人""101 至 200 人""200 人以上"。选取调研企业为如下 6 个区域:"东北区域""西南区域""京津冀区域""珠三角区域""长三角区域""其他区域"。

第三节 数据分析方法

一、信度分析

信度是研究中对量表的稳定性和内部一致性的检验指标。信度是针对同一个或相似的母体重复测量所得的结果的一致性程度，就每一变项所包含的项目，进行内部一致性分析，以检测员工创新行为、心理资本、工作投入、知识分享、环境动态性等变量一致性程度。在当前已有的研究文献中，使用克隆巴赫系数来检验和判断调查问卷的信度指标是否合格，此为检验标准。

二、效度分析

效度类型可按要素分成：建构效度、内容效度、聚合效度以及判别效度。效度是对员工创新行为、心理资本、工作投入、知识分享、环境动态性等变量的测量结果的有效性和真实性的判定。通常检测建构效度的方法是通过对调查问卷数据运用 SPSS 26.0 软件进行因子分析，来进行检测验证变量的建构效度。在对内容效度的判断上，通常是对量表以及各个题项的贴切性和代表性的验证。在对收敛效度的检验上，大多数是用变量的各个题项的因子载荷量来检验，判别指标通常为组合信度（Composite relia-bility，CR）和平均变异数抽取量（Average variance extracted，AVE）。本研究采用 Hair 等提出的标准：因子负荷量大于 0.50；组合信度大于 0.60；平均方差萃取量大于 0.50[①]。且本研究运用严谨的 AVE 法进行区别效度检视，Fornell 和 Larcker 建议每个构面 AVE 均方根需要大于各成对变量的相关系数，则显示维度间具有区别效度[②]。

三、描述性统计分析

在定量研究中，描述性统计分为两部分，第一部分针对研究对象的基本情况，第二部分针对各个变量与各维度中的平均值、标准差，以此了解各变量的集中程度并进行描述。本研究将以平均值及标准差来描述员工创新行为、心理资本、工作投入、知识分享、环境动态性等变量，以了解样本在这些相关变量中的一般反应。

---

① HAIR F J，BLACK C W，ANDERSON E R，et al. Multivariate Data Analysis [M]. Prentice hall：Upper Saddle River，1998：5.

② FORNELL C，LARCKER F D. Evaluating Structural Equation Models with Unobservable Variables and Measurement Error [J]. Journal of Marketing Research，1981，24（4）：39-50.

四、多元回归分析

多元回归分析是以多个自变量来预测一个因变量的统计分析方法，其中自变量与因变量都必须是连续变量。在本研究中，首先构建回归方程进行回归检验，分析回归检验结果，以此来分析各变量之间的因果关系。在具体研究中，如果有控制变量，必须将控制变量通过 SPSS 26.0 软件进行虚拟变量方法处理。在对回归模型进行回归检验时，要看是否显著，同时要根据分析结果中的 t 检验和 F 检验，而且 P 值应小于 0.05（表示 t 检验的回归系数 B 显著）。F 检验要分析调整后的 R 值和 F 值。本研究将以员工创新行为为因变量，心理资本为自变量，工作投入、知识分享为中介变量，去预测是否有中介效果。

五、Bootstrap 分析

Bootstrap 分析是一种基于抽样技术的统计推断方法，它可以在没有完整分布信息的情况下，通过模拟计算来估计统计量的抽样分布，从而提供可靠的统计结果。自助法是针对原始样本采用抽出放回的重复抽样统计方法。当产生一次的抽样样本，便自行估计一次 a*b 的乘积。中介效果最常用的检验法为 Baron 和 Kenny 的因果路径法，假如模型中的 a 和 b 的路径具有统计显著性，而直接效果 c' 又接近于 0，则 Me 表示在 X 和 Y 之间具有中介效果[1]。Hayes 建议这个过程至少重复 1000 次，最好是 5000 次。倘若我们重复 1000 次，那么间接效果（a*b）会有 1000 次的估计值，这 1000 次间接效果会形成自己的抽样分配，因此可以产生间接效果的标准误及置信区间[2]。自助法可以产生具有统计检验力间接效果的置信区间，特别是偏误修正自助法（bias corrected bootstrap）。

六、结构方程模型（SEM）

SEM 的分析研究中最为重要的概念是必须先了解何谓潜在变项（latent

---

① BARON M R, KENNY A D. The Moderator-Mediator Variable Distinction in Social Psychological Research: Conceptual, Strategic, and Statistical Considerations [J]. Journal of Personality and Social Psychology, 1986, 51 (6): 1173.

② HAYES F A. Beyond Baron and Kenny: Statistical Mediation Analysis in the New Millennium [J]. Communication Monographs, 2009, 76 (4): 408-420.

variable），例如，心理资本、员工创新行为这些因素皆是无法直接量测的，所以须由能够量测的问题来进行间接测量，即为观察变量（observed variable），因此分析的关键是因子之间相关性（SEM 软件中一般是绘制双向箭头的弧形），而非讨论因果关系（SEM 软件中一般是绘制单向箭头），这种分析就是验证性因子分析（confirmatory factor analysis，简称 CFA）。验证性因子分析（CFA）主要是确认几个观察变量（一般三个以上）能否可测量潜在变量。因此，CFA 的功用是决定一组观察变量能否代表某个特定构面的统计分析技术。结构模型的组成至少须由两个以上的测量模型，Fornell 和 Larcker 提出若测量模型的拟合度不尽理想，可能导致研究结论的偏误，如构面间的关系、构面间关系的强度，甚至导致推论方向的错误。因此结构方程模型分析的前提，是拥有良好的测量模型。唯有测量模型能精准地反应研究构面，方才能进行 SEM 分析。

一般而言，单独测量题目的信度以标准化因子负荷量的平方为建议的准则，大于 0.5 表示具有指标信度，也就是构面对每一个题目的解释能力都超过 50%，如果使用标准化因子负荷量作为符合题目信度的标准，只要大于 0.7 则具有题目信度。整体构面的平均方差抽取量和聚合信度可经由 Fornell 和 Larcker 提供的公式做计算，CR 大于 0.6 表示具有不错的内部一致性，而 AVE 大于 0.5 表示具有良好的收敛效度，解释为构面对所有题目的平均解释能力大于 50%。Chin 提出模型中如果有二阶模型时，有两个问题须注意且列入考虑。首先是模型的目的：有无较一般化或较整体性因子存在的可能性，进而可解释一阶因子之间所有的共同因子的存在；再者是二阶模型因子能否完全解释一阶因子间的关系，并需要注意其与概念模型中其他因子的相关性①。

结构方程模式包含测量模式和结构模式。本研究的测量模式包含非标准化因子负荷量、标准误、Z 值、p 值、标准化因子负荷量、多元相关平方、组合信度、收敛效度等，测量模式考虑了各个衡量指标对于构面解释的适当性；而结构模式能够具体地指出各构面间的关系，可以用来检验本研究架构的各个假设。结构方程模式的目的在于考验潜在变项（latent var-

---

① CHIN W W. Commentary: Issues and Opinion on Structural Equation Modeling [J]. Management Information Systems Quarterly, 1998, 22 (1): 7-16.

iables）与外显变项（manifest variable）之间的关系。本研究的结构模式是一个自变量（心理资本）、两个中介变量（工作投入、知识分享）、一个因变量（员工创新行为）、一个调节变量（环境动态性），判断因果关系模式拟合度的评估指标，具体情况如下。

卡方值（χ^2）：卡方值越小，表示模式的拟合度越好。

自由度（df）：自由度越大，表示模式的拟合度越好。

卡方值/自由度（χ^2/df）：介于 1~3 之间，表示模式的拟合度较好。

拟合优度指标（GFI）：GFI >= 0.9，表示模式拟合度越佳。

调整后的拟合优度指标（AGFI）：AGFI >= 0.9，表示模式拟合度越佳。

模式比较配适指针（CFI）：CFI>=0.9，表示模式拟合度越佳。

近似误差均方根（RMSEA）：RMSEA<=0.08，表示模式拟合度越佳。

标准化残差均方根（SRMR）：SRMR<=0.08，表示模式拟合度越佳。

塔克-刘易斯指标（TLI/NNFI）：TLI >= 0.9，表示模式拟合度越佳。

七、共同方法偏误检验（CMB）

共同方法偏误（Common Method Bias，CMB）主要来自测量工具的误差，测量误差影响了衡量构面之间关系结论的效度。测量误差可分为随机误差与系统误差，这两种误差都会导致具有偏误的估计结果。

随机误差会随着抽样的不同，随机产生不可避免的误差。增加样本数是降低随机误差的其中一种方式，但随机误差是永远存在的。而系统误差是发生于测量时被外界因素的影响，而使得的原先测量变量间的关系受到影响。因此，系统误差可以测量，也可以校正。

系统误差比随机误差对研究的影响更严重，系统误差一个主要的来源便是共同方法偏误，而且多数的研究者也认为在行为科学的研究上，共同方法偏误是一个潜在的问题。CMB 的存在可能会导致构面间的相关性膨胀或低估。因此，若量化研究中受到 CMB 的影响，应设法加以排除。

另外，验证性因子分析（CFA）是评估 CMB 严重性的方法，运用单因子验证式因子分析与多因子验证式因子分析评估其卡方值增加是否达到显著水平。假如潜在变量之间存在显著的共同方法偏误，使用单因子验证式因子分析拟合度应该与多因子验证式因子分析差异不显著。这个做法是先执行单因子验证式因子分析，再执行模式较复杂的因子验证式因子分析，假设检验为单因子 CFA 与多因子 CFA 拟合度相同。执行两模型后，检查简单模型与复杂模型相差的自由度与卡方值是否显著，如果没有显著差异则表示 CMB 存在，反之，若有显著差异则表示虽有 CMB 存在，但影响不大。

八、Process 宏

统计中介和调节分析在整个行为科学中都很普遍。这些方法越来越多地被整合进"中介的调节"或"调节的中介"，以分析形式进行整合，但近年来模型研究越来越复杂，可能同时具有多个中介与调节变量，因此，目前只要模型同时具有中介变量及调节变量，一律贯以"调节的中介（moderated mediation）"统称，不再加以区分。Hayes 和 Preacher 称为条件式过程建模（conditional process modeling）。在实证文献中并不难找到许多中介和调节效果分析的例子，并且有许多论文和著作中的章节强调中介和调节分析的价值，在某些特定学科的研究人员对中介和调节特别感兴趣①。然而，并没有很多人在同一篇文章讨论中将这两者结合，即使有这类的研究，分析过程仍是阶段式的分析。对于中介与调节分析相结合缺乏关注的部分原因主要是缺乏适当的软件进行分析。一般的统计软件都没有实现中介和调节分析的能力，可能要通过编写程序进行各种变量的转换。本研究使用 Hayes 开发的 Process 插件来解决中介与调节变量混合的模型计算和分析。本研究有一个自变量 PSC 及两个中介变量（KNS 及 WOE），因变量为 EIB，两个调节变量分别为 EDYTD 与 EDYMD，分别调节了中介变量到因变量之间的斜率（两个变量之间的变化率）。因此，对照 Process 插件，选择 MODEL 16 正好符合研究模型的需求，模型进行了 5000 次的 Bootstrap 分析，估计置信区间，不论是调节或调节的中介，只要置信区间不包含 0，就表示调节或调节的中介的效果成立。

---

① HAYES A F, PREACHER K J. Conditional Process Modeling: Using Structural Equation Modeling to Examine Contingent Causal Processes [M]. Washington, DC: IAP Information Age Publishing, 2013: 219-266.

九、稳健性检验

稳健性检验就是提供单一研究中已经存在的多重分析，也就是基于多个合理的模型设定进行估计。通过探讨基准模型估计效应的稳健性，提供了保证建构模型稳健的额外证据。如果稳健性检验模型发现相同或者相似的点估计具有较小的标准误差，即使多重稳健性检验的不确定性可能增加，就基准模型估计的效应大小而言，不确定性也会减少。无论哪种情况，稳健性检验都可以增加推论的有效性。对于一个研究问题，不是所有的前置稳健性检验都与之有关。相反每个项目都需要进行不同的检验，因为稳健性检验的相关程度取决于特定的模型种类、预期推断和数据结构。我们根据现有文献总结了较常规的稳健性检验，主要从 5 个方法来做数据回归进行稳健性检验。第一个是模型变异检验。在模型变异检验中，研究者以离散的方式改变他们的基准模型设定的某个方面。第二个是随机置换。从大量看似合理的备选模型中随机选择稳健性检验模型。在模型中将原有的自变量用与其相似的变量来更换，在实际操作中也有用虚拟变量来替换自变量的方法。第三个是结构置换检验。穷尽一个小空间中所有可能的替代模型，或者以结构化的方式选择少数几个模型，它们能够代表一个更大的备选模型空间中的整体部分。经常使用的结构置换稳健性检验建立在"刀切法"的方法之上，该方法一次删除一个或者一组分析单元，考察估计值在多大程度上依赖这些单元或者组。第四个是极限检验。探讨哪种模型设定会使基准模型不稳健，这种模型可能代表了模型的误设。这个方法探讨的是需要在多大程度上改变模型的设定才能使基准模型估计变得不稳健。第五个是安慰剂检验。现实生活中，这种方法广泛应用于实验性研究，安慰剂对照研究是检验药物治疗的一种方法。其中一组被试接受待评估的治疗，一个控制组接受安慰剂治疗，安慰剂治疗被特意设计为不产生实际效果。

第四节 预调研和因子分析

定量研究中的预调研就是为了确保研究中使用的量表具有适用性和有

效性，一般在正式大规模调研之前，都会在小范围开展预调研工作，为后续大规模的正式调研问卷的量表开发提供重要的依据。2020 年 6 月，以企业所属区域分为东北区域、京津冀区域、长三角区域、珠三角区域、西南区域、其他区域，共六大区域，每个区域随机选取 25 份的新创企业人员，作为预调研的调查对象。

在预调研中，准备了预调研调查问卷共 150 份，返回 130 份，其中无效问卷有 10 份，共有合格的可用于分析的预试问卷 120 份，有效回收率为 80%（如表 5-6）。本研究制定下列量表心理资本、知识分享、工作投入、环境动态性以及员工创新行为进行信度和效度检验。

表 5-6 预试样本分布情形

区域	份数	百分比（%）	有效百分比（%）	累计百分比（%）
东北部区域	18	15.00	15.00	15.00
京津冀区域	23	19.20	19.20	34.20
长三角区域	25	20.80	20.80	55.00
珠三角区域	17	14.20	14.20	69.20
西南区域	19	15.80	15.80	85.00
其他区域	18	15.00	15.00	100.00
总计	120	100.00	100.00	100.00

资料来源：本研究设计。

本研究的预试分析分为 3 个部分依序进行，首先，以项目分析了解各题项的适配度情形，目的是了解本研究使用的量表内各题项的鉴别度，将预试所获得的数据进行项目分析，以问卷各题项分数与量表总分的相关系数（r）及决断值（CR）来筛选题项。Hair 等指出决断值是求高分组与低分组在题项上均值的差异性显著，数值越高代表题项的鉴别度越好。Hair 等说明各题项分数与量表总分的相关系数也应要求在 0.50 以上。因此本研究选题标准为决断值（CR）差异达显著和该题与总分的相关（r）大于 0.50。再者，利用因素分析进行效度检验，了解各变量的因素结构，根据项目分析结果，将保留下来的题项，进一步采用探索性因素分析检验量表的因子结构。

采用KMO（应不低于0.50）和Bartlett球体检验结果显著性进行分析。且以最大方差法（varimax）正交转轴，因子负荷量（factor loading）大于0.50，作为量表因子题项的取舍依据。最后，进行信度分析来检验预试题项的好坏，最常拿来做信度分析的值是克隆巴赫系数又可称为内部一致性的测量。内部一致性克隆巴赫系数检验最好大于0.70。

一、项目分析

（一）员工创新行为量表的项目分析

由表5-7可知，题项分数与量表总分的相关系数（r）介于0.623~0.831，决断值（CR）介于7.826~12.355（p<0.001），所有题项均符合标准值予以保留。

表5-7　员工创新行为的项目分析

题项	该题与总分的相关（r）	决断值（CR）	删除该题后量表之α系数	克隆巴赫系数值	项目的个数	删除/保留
EIBUT01	0.623	7.826	0.929			保留
EIBUT02	0.793	8.412	0.922			保留
EIBUT03	0.660	8.489	0.927			保留
EIBUT04	0.685	8.204	0.927			保留
EIBUT05	0.831	12.355	0.920	0.931	12	保留
EIBUT06	0.741	10.284	0.924			保留
EIBEX01	0.640	9.548	0.928			保留
EIBEX02	0.675	9.019	0.927			保留
EIBEX03	0.730	11.004	0.925			保留

续表

题项	该题与总分的相关（r）	决断值（CR）	删除该题后量表之α系数	克隆巴赫系数值	项目的个数	删除/保留
EIBEX04	0.691	8.515	0.926			保留
EIBEX05	0.640	8.973	0.928	0.931	12	保留
EIBEX06	0.712	8.856	0.925			保留

注：所有决断值（CR）的显著性皆符合标准（p<0.001）。

（二）心理资本量表的项目分析

由表5-8可知，题项分数与量表总分的相关系数（r）介于0.458~0.740之间，决断值（CR）介于4.608~8.841之间（p<0.001），除"PSCRE02：我能领会别人传递给我的非语言信息"及"PSCIN04：我能在工作中同时处理多项工作"外，其余所有题项均符合标准予以保留。

表5-8　心理资本的项目分析

题项	该题与总分的相关（r）	决断值（CR）	删除该题后量表之α系数	克隆巴赫系数值	项目的个数	删除/保留
PSCTA01	0.633	6.708	0.924			保留
PSCTA02	0.627	6.375	0.924			保留
PSCTA03	0.654	7.569	0.924			保留
PSCTA04	0.631	6.379	0.924			保留
PSCTA05	0.658	8.395	0.924	0.928	20	保留
PSCRE01	0.501	5.014	0.927			保留
PSCRE02	0.491	6.234	0.927			删除
PSCRE03	0.522	6.506	0.927			保留
PSCRE04	0.611	6.968	0.925			保留

题项	该题与总分的相关（r）	决断值（CR）	删除该题后量表之 α 系数	克隆巴赫系数值	项目的个数	删除/保留
PSCRE05	0.564	4.661	0.926			保留
PSCLE01	0.657	5.398	0.924			保留
PSCLE02	0.542	5.269	0.926			保留
PSCLE03	0.740	6.381	0.922			保留
PSCLE04	0.657	7.576	0.924	0.928	20	保留
PSCLE05	0.632	6.990	0.924			保留
PSCIN01	0.658	8.048	0.924			保留
PSCIN02	0.613	5.824	0.925			保留
PSCIN03	0.732	8.841	0.922			保留
PSCIN04	0.458	4.608	0.928			删除
PSCIN05	0.521	5.777	0.926			保留

注：所有决断值（CR）的显著性皆符合标准（p<0.001）。

（三）知识分享量表的项目分析

由表5-9可知，题项分数与量表总分的相关系数（r）介于0.494~0.680，决断值（CR）介于4.685~10.089（p<0.001），除"KNSAB01：我能快速地找到执行工作所需要的知识"外，其余所有题项均符合标准予以保留。

表5-9 知识分享的项目分析

题项	该题与总分的相关（r）	决断值（CR）	删除该题后量表之 α 系数	克隆巴赫系数值	项目的个数	删除/保留
KNSIN01	0.618	6.982	0.869	0.881	10	保留

题项	该题与总分的相关（r）	决断值（CR）	删除该题后量表之α系数	克隆巴赫系数值	项目的个数	删除/保留
KNSIN02	0.593	7.492	0.871			保留
KNSIN03	0.663	6.602	0.866			保留
KNSIN04	0.678	5.826	0.865			保留
KNSIN05	0.634	10.089	0.868			保留
KNSAB01	0.494	4.685	0.878	0.881	10	保留
KNSAB02	0.579	5.738	0.872			删除
KNSAB03	0.680	7.714	0.865			保留
KNSAB04	0.509	5.206	0.877			保留
KNSAB05	0.656	8.937	0.866			保留

注：所有决断值（CR）的显著性皆符合标准（p<0.001）。

（四）工作投入量表的项目分析

由表5-10可知，题项分数与量表总分的相关系数（r）介于0.587~0.747之间，决断值（CR）介于5.370~9.005之间（p<0.001），所有题项均符合标准值予以保留。

表5-10　工作投入的项目分析

题项	该题与总分的相关（r）	决断值（CR）	删除该题后量表之α系数	克隆巴赫系数值	项目的个数	删除/保留
WOEBO01	0.654	5.370	0.942			保留
WOEBO02	0.682	5.909	0.942			保留
WOEBO03	0.747	6.630	0.941	0.945	18	保留
WOEBO04	0.678	8.329	0.942			保留

题项	该题与总分的相关（r）	决断值（CR）	删除该题后量表之 α 系数	克隆巴赫系数 值	项目的个数	删除/保留
WOEBO05	0.719	6.929	0.941			保留
WOEBO06	0.587	5.437	0.944			保留
WOEEM01	0.673	7.040	0.942			保留
WOEEM02	0.722	8.369	0.941			保留
WOEEM03	0.745	8.556	0.940			保留
WOEEM04	0.675	8.022	0.942			保留
WOEEM05	0.701	8.527	0.941			保留
WOEEM06	0.671	8.912	0.942	0.945	18	保留
WOECO01	0.596	5.791	0.943			保留
WOECO02	0.617	6.208	0.943			保留
WOECO03	0.717	8.648	0.941			保留
WOECO04	0.644	5.935	0.942			保留
WOECO05	0.679	7.653	0.942			保留
WOECO06	0.739	9.005	0.940			保留

注：所有决断值（CR）的显著性皆符合标准（p<0.001）。

（五）环境动态性量表的项目分析

由表5-11可知，题项分数与量表总分的相关系数（r）介于0.511~0.663，决断值（CR）介于5.190~9.850（p<0.001），删除该题后量表之α系数介于0.806~0.831之间，所有题项均符合标准值予以保留。

表 5-11 环境动态性的项目分析

题项	该题与总分的相关（r）	决断值（CR）	删除该题后量表之 α 系数	克隆巴赫系数值	项目的个数	删除/保留
EDYTD01	0.546	6.813	0.824			保留
EDYTD02	0.620	5.190	0.814			保留
EDYTD03	0.585	8.588	0.819			保留
EDYMD01	0.625	9.850	0.812	0.839	7	保留
EDYMD02	0.663	9.485	0.806			保留
EDYMD03	0.613	8.113	0.814			保留
EDYMD04	0.511	8.931	0.831			保留

注：所有决断值（CR）的显著性皆符合标准（$p < 0.001$）。

二、因子分析

1. 员工创新行为因素分析

如表所示（表 5-12），员工创新行为量表的 Bartlett 球体度检验和 KMO 样本适切性量数分析结果如下：员工创新行为量表的 KMO 样本适切性量数的系数为 0.930（明显高于 0.70），Bartlett 球体度检验近似卡方为 867.392，显著性水平为 0.000（低于 0.05），符合标准。因此根据 KMO 和 Bartlett 检验结果，员工创新行为的量表适合进行因子分析。

表 5-12 员工创新行为量表的 KMO 和 Bartlett 检验结果

KMO 样本适切性量数		0.930
Bartlett 球体度检验	近似卡方	867.392
	自由度	66
	显著性	0.000

资料来源：本研究设计。

从表 5-13 员工创新行为因素分析表可知，有题项符合标准值予以保留。问卷通过因子分析的考验，最终获得2个因子，本研究进一步命名为员工创新行为—利用式创新（EIBUT）及员工创新行为—探索式创新（EIBEX），而员工创新行为（EIB）的总解释方差量为64.094%。

表5-13 员工创新行为量表的因子分析结果

题 项	因子名称	
	员工创新行为—利用式创新（EIBUT）	员工创新行为—探索式创新（EIBEX）
	1	2
EIBUT05	0.895	
EIBUT02	0.861	
EIBUT06	0.824	
EIBUT04	0.801	
EIBUT01	0.742	
EIBUT03	0.734	
EIBEX03		0.836
EIBEX06		0.797
EIBEX04		0.769
EIBEX01		0.766
EIBEX02		0.759
EIBEX05		0.746
总解释方差量%	64.094	

资料来源：本研究设计。

2. 心理资本因子分析

表 5-14　心理资本 KMO 和 Bartlett 检验结果

KMO 样本适切性量数		0.927
Bartlett 球体度检验	近似卡方	1025.881
	自由度	153
	显著性	0.000

资料来源：本研究设计。

如表所示（表 5-14），心理资本量表的 Bartlett 球体度检验和 KMO 样本适切性量数分析结果如下：心理资本量表的 KMO 样本适切性量数的系数为 0.972（明显高于 0.70），Bartlett 球体度检验近似卡方为 1025.881，显著性水平为 0.000（低于 0.05），符合标准。因此根据 KMO 和 Bartlett 检验结果，心理资本的量表适合进行因子分析。

从表 5-15 心理资本因子分析表可知，所有题项符合标准值予以保留。问卷通过因子分析之考验，最终获得 4 个因子，本研究进一步命名为心理资本—任务型（PSCTA）、心理资本—关系型（PSCRE）、心理资本—学习型（PSCLE）及心理资本—创新型（PSCIN），而心理资本（PSC）的总解释方差量为 62.600%。

表 5-15　心理资本量表的因子分析结果

题项	因子名称			
	心理资本—任务型（PSCTA）	心理资本—关系型（PSCRE）	心理资本—学习型（PSCLE）	心理资本—创新型（PSCIN）
	1	2	3	4
PSCTA03	0.801			
PSCTA04	0.776			
PSCTA01	0.758			

续表

题项	因子名称			
	心理资本—任务型	心理资本—关系型	心理资本—学习型	心理资本—创新型
	（PSCTA）	（PSCRE）	（PSCLE）	（PSCIN）
	1	2	3	4
PSCTA05	0.754			
PSCTA02	0.693			
PSCRE04		0.762		
PSCRE05		0.754		
PSCRE01		0.752		
PSCRE03		0.683		
PSCLE03			0.819	
PSCLE04			0.801	
PSCLE01			0.749	
PSCLE05			0.747	
PSCLE02			0.677	
PSCIN03				0.830
PSCIN01				0.827
PSCIN02				0.771
PSCIN05				0.740
总解释方差量%	62.600			

资料来源：本研究设计。

3. 知识分享因子分析

如表所示（表5-16），知识分享量表的 Bartlett 球体度检验和 KMO 样本适切性量数分析结果如下：知识分享量表的 KMO 样本适切性量数的系数为 0.902（明显高于 0.70），Bartlett 球体度检验近似卡方为 420.695，显著性水平为 0.000（低于 0.05），符合标准。因此根据 KMO 和 Bartlett 检验结果，知识分享的量表适合进行因子分析。

表 5-16 知识分享量表的 KMO 和 Bartlett 检验结果

KMO 样本适切性量数		0.902
Bartlett 球体度检验	近似卡方	420.695
	自由度	36
	显著性	0.000

资料来源：本研究设计。

从表 5-17 知识分享因子分析表可知，所有题项符合标准值予以保留。问卷通过因子分析的考验，最终获得 2 个因子，本研究进一步命名为知识分享意愿（KNSIN）及知识分享能力（KNSAB），而知识分享（KNS）的总解释方差量为 61.052%。

表 5-17 知识分享量表的因子分析结果

题项	因子名称	
	知识分享意愿 （KNSIN）	知识分享能力 （KNSAB）
	1	2
KNSIN01	0.821	
KNSIN03	0.808	
KNSIN05	0.784	
KNSIN04	0.770	
KNSIN02	0.704	
KNSAB03		0.814

续表

题项	因子名称	
	知识分享意愿 （KNSIN）	知识分享能力 （KNSAB）
	1	2
KNSAB05		0.783
KNSAB04		0.745
KNSAB02		0.689
总解释方差量（%）	61.052	

资料来源：本研究设计。

4. 工作投入因素分析

如表所示（表 5-18），工作投入量表的 Bartlett 球体度检验和 KMO 样本适切性量数分析结果如下：工作投入量表的 KMO 样本适切性量数的系数为 0.931（明显高于 0.70），Bartlett 球体度检验近似卡方为 1324.809，显著性水平为 0.000（低于 0.05），符合标准。因此根据 KMO 和 Bartlett 检验结果，工作投入的量表适合进行因子分析。

表 5-18　工作投入量表的 KMO 和 Bartlett 检验结果

KMO 样本适切性量数		0.931
Bartlett 球体度检验	近似卡方	1324.809
	自由度	153
	显著性	0.000

资料来源：本研究设计。

从表 5-19 工作投入因素分析表可知，所有题项符合标准值予以保留。问卷通过因子分析的考验，最终获得 3 个因子，本研究进一步命名为工作投入—身体投入（WOEBO）、工作投入—情感投入（WOEEM）、工作投入—认知投入（WOECO），而工作投入（WOE）的总解释方差量为 63.471%。

表 5-19　工作投入量表的因子分析结果

题项	因子名称		
	工作投入—身体投入（WOEBO）	工作投入—情感投入（WOEEM）	工作投入—认知投入（WOECO）
	1	2	3
WOEBO03	0.858		
WOEBO05	0.819		
WOEBO02	0.797		
WOEBO01	0.768		
WOEBO04	0.706		
WOEBO06	0.688		
WOEEM03		0.814	
WOEEM06		0.812	
WOEEM04		0.806	
WOEEM02		0.799	
WOEEM01		0.766	
WOEEM05		0.737	
WOECO06			0.776
WOECO05			0.772
WOECO04			0.747
WOECO03			0.746
WOECO02			0.739

续表

题项	因子名称		
	工作投入—身体投入	工作投入—情感投入	工作投入—认知投入
	（WOEBO）	（WOEEM）	（WOECO）
	1	2	3
WOECO01			0.703
总解释方差量%	63.471		

资料来源：本研究设计。

5. 环境动态性因素分析

如表所示（表5-20），环境动态性量表的Bartlett球体度检验和KMO样本适切性量数分析结果如下：环境动态性量表的KMO样本适切性量数的系数为0.705（明显高于0.70），Bartlett球体度检验近似卡方为375.267，显著性水平为0.000（低于0.05），符合标准。因此根据KMO和Bartlett检验结果，环境动态性的量表适合进行因子分析。

表5-20 环境动态性量表的KMO和Bartlett检验结果

KMO样本适切性量数		0.705
Bartlett球体度检验	近似卡方	375.267
	自由度	21
	显著性	0.000

资料来源：本研究设计。

从表5-21环境动态性因素分析表可知，所有题项符合标准值予以保留。问卷通过因子分析之考验，最终获得2个因子，本研究进一步命名为技术动态性（EDYTD）、市场动态性（EDYMD），而环境动态性（EDY）的总解释方差量为68.169%。

表 5-21　环境动态性量表的因子分析结果

题项	因子名称	
	技术动态性	市场动态性
	（EDYTD）	（EDYMD）
	1	2
EDYTD02	0.927	
EDYTD01	0.850	
EDYTD03	0.619	
EDYMD02		0.884
EDYMD01		0.810
EDYMD03		0.702
EDYMD04		0.684
总解释方差量%	68.169	

资料来源：本研究设计。

三、信度分析

1. 员工创新行为之信度分析

由员工创新行为信度分析（依据项目分析及因子分析结果，均未删除题项）保留所有题项进行分析。表 5-22 结果可知，各因子克隆巴赫系数值介于 0.870 至 0.895 之间，总量表信度为 0.931，均符合标准，显示该问卷具有可信度。

表 5-22　员工创新行为之信度分析表

因子名称	克隆巴赫系数
员工创新行为—利用式创新（EIBUT）	0.895
员工创新行为—探索式创新（EIBEX）	0.870

因子名称	克隆巴赫系数
员工创新行为（EIB）	0.931

资料来源：本研究设计。

2. 心理资本之信度分析

由心理资本信度分析（依据项目分析删除题项"PSCRE02：我能领会别人传递给我的非语言信息"及"PSCIN04：我能在工作中同时处理多项工作"，因子分析未删除题项），对保留题项进行分析。表5-23结果可知，各因子克隆巴赫系数值介于0.715至0.816之间，总量表信度为0.927，均符合标准。

表5-23　心理资本之信度分析表

因子名称	克隆巴赫系数
心理资本—任务型（PSCTA）	0.812
心理资本—关系型（PSCRE）	0.715
心理资本—学习型（PSCLE）	0.816
心理资本—创新型（PSCIN）	0.802
心理资本（PSC）	0.927

资料来源：本研究设计。

3. 知识分享之信度分析

由知识分享信度分析（依据项目分析删除题项"KNSAB01：我能快速地找到执行工作所需要的知识"，因子分析未删除题项），对保留所有题项进行分析。表5-24结果可知，各因子克隆巴赫系数值分别为0.836及0.753，总量表信度为0.878，均符合标准，显示该问卷具有可信度。

表5-24　知识分享之信度分析表

因子名称	科隆巴赫系数
知识分享意愿（KNSIN）	0.836

因子名称	科隆巴赫系数
知识分享能力（KNSAB）	0.753
知识分享（KNS）	0.878

资料来源：本研究设计。

4. 工作投入之信度分析

由工作投入信度分析（依据项目分析及因子分析结果，均未删除题项），对保留题项进行分析。表5-25结果可知，各因子克隆巴赫系数值介于0.842至0.879之间，总量表信度为0.945，均符合标准，显示该问卷具有可信度。

表5-25　工作投入之信度分析表

因子名称	科隆巴赫系数
工作投入—身体投入（WOEBO）	0.859
工作投入—情感投入（WOEEM）	0.879
工作投入—认知投入（WOECO）	0.842
工作投入（WOE）	0.945

资料来源：本研究设计。

5. 环境动态性之信度分析

由环境动态性信度分析（依据项目分析及因子分析结果，均未删除题项），保留所有题项进行分析。表5-26结果可知，各因子克隆巴赫系数值分别为0.701及0.770，总量表信度为0.839，符合标准，显示该问卷具有可信度。

表5-26　环境动态性之信度分析表

因子名称	科隆巴赫系数
技术动态性（EDYTD）	0.701
市场动态性（EDYMD）	0.770

因子名称	科隆巴赫系数
环境动态性（EDY）	0.839

资料来源：本研究设计。

第五节 本章小结

上一章提出了心理资本对员工创新行为影响作用的直接效应、中介效应以及调节效应的假设模型。为后续针对假设模型进行检验，本章从调查问卷的设计、研究对象、问卷结构、变量测量、数据分析方法及预调研的数据分析等方面进行详细说明。通过这些分析步骤进行相关内容的安排，进而为后续的正式问卷回收之后数据分析和模型验证提供依据。

第六章

实证分析与结果讨论

本章在前几章梳理文献，回顾基础理论，在文献探讨基础上提出各核心变量之间的研究假设，并在此基础上建构了概念模型。在问卷调查过程中，先进行了预调研，并在预调研数据结果分析的基础上，对五个核心变量的关系进行分析和探讨，并进一步进行了检查和验证。在对核心变量进行描述性分析基础上，并对变量关系进行了共同方法偏误检验，接下来进行了变量之间的相关分析和路径分析，进而对员工创新行为、心理资本、知识分享、工作投入、环境动态性的整合模型进行 SEM 检验与分析。

第一节 描述性统计的结果

本研究选取的调查对象是高新技术企业员工，为保证调查的效果，调查中被调查的每一个高新技术企业员工仅可填写一份问卷。按照预调研的分析结果，对某些变量进行题项的删减，对调查问卷做进一步调整，最后形成正式问卷。

在调查中，本研究采用委托机构发放、导师关系、MBA/EMBA 学生、网络电子问卷（问卷星和微信）等途径进行数据的收集。正式调查问卷发放时间为 2020 年 7 月和 8 月，共计花费 2 个月时间。以企业所属区域分为东北区域、京津冀区域、长三角区域、珠三角区域、西南区域、其他区域，共六大区域。每区随机选取 160 位新高新技术企业员工成为正式调研对象。正式调研总共准备 960 份调查问卷，回收调查问卷共计 760 份，其中除去无效调查问卷共计 124 份，最后共取得 636 份合格调查问卷，有效回收率为 83.70%，具体情况见表 6-1 所示。为保护被调查人的个人隐私和涉及的企业机密，在调查过程中，我们要求对调查问卷填写实行匿名作答并在刊首语讲明本次调研过程的保密性。

表6-1　问卷发放与回收情况

问卷来源	发放人数（人）	回收人数（人）	回收率（%）	有效问卷（%）	有效回收率（%）
网络（微信、问卷星）	386	333	86.30	295	88.60
委托机构	147	101	68.70	87	86.10
MBA 和 EMBA 课堂	138	105	76.00	56	53.30
委托老师、学生	289	221	76.50	198	89.60
合计	960	760	79.20	636	83.70

资料来源：本研究设计。

一、描述性统计分析

（一）受访者个人特征

1. 性别

不同性别的思维方式对员工创新行为的做法可能会有所不同，因此性别分析有其重要性。本研究中受访者的性别分布情况如表6-2所示，其中，男生所占的人数为287人（45.13%），女生所占的人数为349人（54.87%），由下表可知，受访者中以女生较多。

表6-2　性别分布

性别	频数（人）	占比（%）	累计占比（%）
男	287	45.13	45.13
女	349	54.87	100.00

资料来源：本研究设计。

2. 年龄

不同年龄经常会影响到个体看待事物的理解与成熟度，就企业而言，组织中成员年龄的差异可能伴随着工作经验的累积，进而影响到其行为上的认知，因此本研究将年龄纳入调研受访者的特征。本研究中受访者的年龄分布情况如表6-3所示，其中，25岁以下所占的人数为60人（9.43%），

26~30 岁所占的人数为 240 人（37.74%），31~35 岁所占的人数为 198 人（31.13%），36~40 岁所占的人数为 96 人（15.10%），41 岁以上所占的人数为 42 人（6.60%），由下表可知，以 26~30 岁居多，且以 26~35 岁之间的高新技术企业员工为本研究之主要群体。

表 6-3　年龄分布

年龄	频数（人）	占比（%）	累计占比（%）
25 岁以下	60	9.43	9.43
26~30 岁	240	37.74	47.17
31~35 岁	198	31.13	78.30
36~40 岁	96	15.10	93.40
41 岁以上	42	6.60	100.00

资料来源：本研究设计。

3. 学历层次

本研究调查对象高新技术企业员工的学历层次情况如下（表 6-4），其中，大专及以下所占的人数为 129 人（20.28%），本科学历的人数为 451 人（70.91%），硕士及以上的人数为 56 人（8.81%），由下表可知，被试者的学历层次以本科居多。这说明，在高新技术企业的员工大部分都具有本科及以上的学历。不同的学历层次会影响到个体的员工创新行为，就企业而言，组织中成员的学历差异可能影响其创新能力，因此对员工的学历层次中学历分布进行分析有其必要性。

表 6-4　学历层次分布

学历层次	频数（人）	占比（%）	累计占比（%）
大专及以下	129	20.28	20.28
本科	451	70.91	91.19
硕士及以上	56	8.81	100.00

资料来源：本研究设计。

4. 所在岗位

本研究调查对象的工作岗位分布如表6-5。不同职位对公司及组织成员间的行为和认知可能会不同。因此本研究考察了不同工作岗位的受访者。从结果中可以看出，研发所占的人数为121人（19.02%），采购所占的人数为23人（3.62%），客服所占的人数为26人（4.09%），营销所占的人数为101人（15.88%），企划所占的人数为41人（6.45%），行政所占的人数为102人（16.04%），生产所占的人数为85人（13.36%），财务所占的人数为58人（9.12%），人力资源所占的人数为42人（6.60%），其他所占的人数为37人（5.82%），以研发、行政和营销居多。

表6-5　工作岗位分布

所在岗位	频数（人）	占比（%）	累计占比（%）
研发	121	19.02	19.02
采购	23	3.62	22.64
客服	26	4.09	26.73
营销	101	15.88	42.61
企划	41	6.45	49.06
行政	102	16.04	65.09
生产	85	13.36	78.46
财务	58	9.12	87.58
人力资源	42	6.60	94.18
其他	37	5.82	100.00

资料来源：本研究设计。

（二）调查企业情况

1. 生存时长分布

高新技术企业的生存时长情况调查结果如表6-6所示。企业的生存时长分布不一样，其经营周期内所面临的内外部环境困难和挑战也不相同，本研究对企业的生存时长进行调查，以知晓高新技术企业的技术和产品生命周期。从结果中可以看出，生存时长1年以下的企业占0.94%，1~3年的企业占8.97%，4~5年的企业占15.88%，6~8年的企业占23.27%，9年以上的企业占50.94%，以9年以上的企业居多。这说明，本研究中我国高新技术企业截至目前的生存时长以9年以上时长为主。

表6-6　企业生存时长分布

企业生存时长	频数（个）	占比（%）	累计占比（%）
1年以下	6	0.94	0.94
1~3年	57	8.97	9.91
4~5年	101	15.88	25.79
6~8年	148	23.27	49.06
9年以上	324	50.94	100.00

资料来源：本研究设计。

2. 员工人数

本研究受访高新技术企业的员工人数如表6-7所示。从结果中可以看出，高新技术企业员工人数为30人以下占6.60%，员工人数为31~50人占11.16%，员工人数为51~100人占23.90%，员工人数为101~200人占22.17%，员工人数为201人以上占36.16%，以员工人数为201人以上居多，这说明，多数高新技术企业较大的规模，较能创造公司竞争优势。

表6-7　员工人数

员工人数	频数（人）	占比（%）	累计占比（%）
30人以下	42	6.60	6.60
31~50人	71	11.16	17.77
51~100人	152	23.90	41.67
101~200人	141	22.17	63.84
201人以上	230	36.16	100.00

资料来源：本研究设计。

3. 企业资产

本研究中受访企业的企业资产分布情况如表6-8所示。从结果中可以看出，企业资产为50万元及以下占4.56%，企业资产为51万~100万元占14.47%，企业资产为101万~500万元占26.72%，企业资产为501万元以上占54.25%，以企业资产为501万元以上的样本最多，表明近十年内高新技术企业的企业资产取得了较快增长，说明我国培育中小企业发展的创新战略上取得了一定成效。

表6-8　企业资产

企业资产（元）	频数（个）	占比（%）	累计占比（%）
50万以下	29	4.56	4.56
51万~100万	92	14.47	19.03
101万~500万	170	26.72	45.75
501万以上	345	54.25	100.00

资料来源：本研究设计。

4. 企业区域分布

区域分布结果如表6-9所示，本研究随机选择区域内企业开展调研，根据中国区域总体分布现状，本研究分为东北区域、京津冀区域、长三角区域、珠三角区域、西南区域和其他区域6大区域，目的是规避创新区域之间的地域差别影响研究结果。东北区域占6.76%，京津冀区域占24.22%，长三角区域占33.96%，珠三角区域占9.91%，西南区域占11.16%，其他区域占13.99%，以长三角区域居多。

表6-9　区域分布

区域	频数（个）	占比（%）	累计占比（%）
东北区域	43	6.76	6.76
京津冀区域	154	24.22	30.98
长三角区域	216	33.96	64.94
珠三角区域	63	9.91	74.85

区域	频数（个）	占比（%）	累计占比（%）
西南区域	71	11.16	86.01
其他区域	89	13.99	100.00

资料来源：本研究设计。

二、变量的描述性统计分析

本研究对五个核心变量进行描述性统计分析，自变量为心理资本，因变量为员工创新行为，中介变量为知识分享和工作投入，环境动态性为调节变量，对各核心变量的概念维度参数逐一进行描述性统计分析，每一个核心概念和维度的标准差、均值、峰度和偏度等分布情况分别对每个维度进行检验，分析结果如表6-10至表6-14所示。由结果可知，本研究中考察的五个核心变量的数据偏差符合判断标准，为后续对数据展开分析提供了保证。

1. 员工创新行为的描述性统计

从下表6-10可看出，EIBUT02问项"我会不断提高产品和服务的可靠性"的均值较高时为5.59，代表受访者对此题项较为认同，而EIBEX01问项"我会通过跳出思维定式来寻找新的技术理念"的均值较低为4.94，代表受访者对此题项的认同度较低。

表6-10　员工创新行为的描述性统计

变量	维度	题项	均值	标准差	偏度	峰度
员工创新行为	利用式	EIBUT01	5.26	1.39	-1.06	0.84
		EIBUT02	5.59	1.45	-1.43	1.70
		EIBUT03	5.15	1.50	-0.88	0.44
		EIBUT04	5.29	1.54	-0.99	0.48
		EIBUT05	5.53	1.54	-1.27	0.99
		EIBUT06	5.32	1.51	-1.02	0.61

变量	维度	题项	均值	标准差	偏度	峰度
员工创新行为	探索式	EIBEX01	4.94	1.35	−0.68	0.25
		EIBEX02	5.22	1.36	−1.02	0.91
		EIBEX03	5.03	1.51	−0.82	0.19
		EIBEX04	5.36	1.44	−1.11	1.01
		EIBEX05	5.02	1.53	−0.82	0.11
		EIBEX06	5.34	1.51	−1.08	0.66
整体员工创新行为			5.25	1.11	−1.40	1.79

资料来源：本研究设计。

2. 心理资本的描述性统计

从下表 6-11 可看出，PSCRE04 问项 "我会记住给我提供帮助和支持的人" 的均值较高为 6.08，代表受访者对此题项较为认同，而 PSCIN01 问项 "我能用全新的方法实现我设定的目标" 的均值较低为 4.95，代表受访者对此题项的认同度较低。

表 6-11　心理资本的描述性统计

变量	维度	题项	均值	标准差	偏度	峰度
心理资本	任务型	PSCTA01	5.27	1.36	−1.09	1.13
		PSCTA02	5.49	1.44	−1.22	1.27
		PSCTA03	5.16	1.39	−0.73	0.23
		PSCTA04	5.02	1.42	−0.82	0.54
		PSCTA05	5.52	1.41	−1.23	1.23
	关系型	PSCRE01	5.16	1.29	−1.13	1.47
		PSCRE02	5.19	1.35	−0.92	0.78
		PSCRE03	5.73	1.30	−1.46	2.41

变量	维度	题项	均值	标准差	偏度	峰度
心理资本		PSCRE04	6.08	1.27	−1.97	4.28
	学习型	PSCLE01	5.46	1.20	−1.44	2.94
		PSCLE02	5.30	1.26	−1.15	1.79
		PSCLE03	5.63	1.29	−1.13	1.50
		PSCLE04	5.68	1.32	−1.50	2.56
		PSCLE05	5.51	1.33	−1.18	1.56
	创新型	PSCIN01	4.95	1.30	−0.70	0.56
		PSCIN02	5.42	1.32	−1.16	1.54
		PSCIN03	5.19	1.32	−0.92	1.00
		PSCIN04	5.09	1.30	−0.81	0.60
整体心理资本			5.38	0.95	−1.71	4.39

资料来源：本研究设计。

3. 工作投入的描述性统计

从表6-12可看出，WOEBO02问项"我尽最大的努力做好本职工作"的均值较高为6.03，代表受访者对此题项较为认同，而WOEEM06问项"我对我的工作感到兴奋"的均值较低为4.87，代表受访者对此题项的认同度较低。

表6-12　工作投入的描述性统计

变量	维度	题项	均值	标准差	偏度	峰度
工作投入	身体投入	WOEBO01	5.93	1.31	−1.88	3.93
		WOEBO02	6.03	1.21	−1.98	4.82
		WOEBO03	5.64	1.23	−1.63	3.60
		WOEBO04	5.22	1.31	−1.05	1.31

变量	维度	题项	均值	标准差	偏度	峰度
工作投入	身体投入	WOEBO05	5.84	1.28	-1.68	3.26
		WOEBO06	5.31	1.37	-1.05	1.13
	情感投入	WOEEM01	5.47	1.29	-1.27	2.06
		WOEEM02	5.33	1.33	-1.03	1.16
		WOEEM03	5.33	1.44	-1.08	1.00
		WOEEM04	5.15	1.47	-0.79	0.32
		WOEEM05	5.60	1.30	-1.25	1.74
		WOEEM06	4.87	1.43	-0.69	0.23
	认知投入	WOECO01	5.55	1.17	-1.56	3.55
		WOECO02	5.67	1.24	-1.29	2.15
		WOECO03	5.05	1.34	-0.72	0.33
		WOECO04	5.71	1.24	-1.41	2.50
		WOECO05	5.36	1.38	-1.12	1.30
		WOECO06	5.40	1.30	-1.17	1.55
整体工作投入			5.47	0.97	-1.49	2.87

资料来源：本研究设计。

4. 知识分享的描述性统计

从表6-13可看出，KNSIN04问项"我会尽量提供所需要的资料与文件"的均值较高为5.64，代表受访者对此题项较为认同，而KNSAB04问项"我可以快速地找到执行工作所需要的特殊技巧"的均值较低为5.02，代表受访者对此题项的认同度较低。

表 6-13 知识分享的描述性统计

变量	维度	题项	均值	标准差	偏度	峰度
知识分享	意愿	KNSIN01	5.54	1.28	−1.20	1.79
		KNSIN02	5.41	1.23	−1.12	1.72
		KNSIN03	5.58	1.26	−1.18	1.75
		KNSIN04	5.64	1.26	−1.41	2.38
		KNSIN05	5.52	1.35	−1.13	1.42
	能力	KNSAB01	5.48	1.30	−1.32	2.24
		KNSAB02	5.33	1.30	−1.09	1.46
		KNSAB03	5.34	1.29	−1.16	1.71
		KNSAB04	5.02	1.35	−0.79	0.59
整体知识分享			5.43	0.97	−1.66	4.12

资料来源：本研究设计。

5. 环境动态性的描述性统计

从表 6-14 可看出，EDYMD01 问项"企业所在领域竞争者行为很难预测"的均值较高为 5.04，代表受访者对此题项较为认同，而 EDYTD03 问项"企业所在领域技术人员的流动性越来越高"的均值较低为 4.15，代表受访者对此题项的认同度较低。

表 6-14 环境动态性的描述性统计

变量	维度	题项	均值	标准差	偏度	峰度
环境动态性	技术	EDYTD01	4.96	1.30	−0.64	0.27
		EDYTD02	4.50	1.35	−0.51	−0.29
		EDYTD03	4.15	1.58	−0.15	−0.83
	市场	EDYMD01	5.04	1.43	−0.69	0.07
		EDYMD02	4.36	1.37	−0.47	−0.53

变量	维度	题项	均值	标准差	偏度	峰度
环境动态性	市场	EDYMD03	4.92	1.30	−0.64	0.08
		EDYMD04	4.81	1.47	−0.54	−0.28
整体环境动态性		EDY	4.68	1.04	−0.73	0.69

资料来源：本研究设计。

第二节 信度检验与因子分析

一、信度检验

五个核心变量的信度检验（表6-15）如下所示，本研究的信度分析软件使用 SPSS 26.0 进行分析，将克隆巴赫系数作为各个量表信度的判断标准，又可以称为内部一致性的测量，克隆巴赫系数检定最好大于0.7。从表中数据的分析结果表明，本研究的核心变量员工创新行为、心理资本、工作投入、知识分享以及环境动态性等变量的克隆巴赫系数都在0.7以上，因此本研究的量表信度通过检验。

表6-15 各核心变量的信度检验

核心变量	核心变量维度	维度变量题数	维度变量克隆巴赫系数	核心变量克隆巴赫系数
员工创新行为	利用式	6	0.910	0.931
	探索式	6	0.893	
心理资本	任务型	5	0.859	0.944
	关系型	4	0.803	
	学习型	5	0.871	
	创新型	4	0.855	

续表

核心变量	核心变量维度	维度变量题数	维度变量克隆巴赫系数	核心变量克隆巴赫系数
工作投入	身体投入	6	0.901	0.951
	情感投入	6	0.907	
	认知投入	6	0.893	
知识分享	意愿	5	0.878	0.901
	能力	4	0.826	
环境动态性	技术	3	0.638	0.866
	市场	4	0.802	

资料来源：本研究设计。

二、因子分析

本研究结果见表6-16所示，本研究运用SPSS 26.0对各变量进行因子分析，在测量效度的过程中，通过对各核心变量的样本数据展开了因子分析，目的是检验各个核心变量的建构效度。由下表结果可知，员工创新行为、心理资本、工作投入、知识分享以及环境动态性的KMO值均在0.7以上。此结果表明，本研究的五个核心变量量表具有良好的构建效度。

表6-16　各变量因子分析

核心变量	维度	KMO 值	Bartlett's 值	Bartlett's 显著性
员工创新行为	利用式	0.944	4857.064	0.000
	探索式			
心理资本	任务型	0.960	6589.857	0.000
	关系型			
	学习型			
	创新型			

核心变量	维度	KMO 值	Bartlett's 值	Bartlett's 显著性
工作投入	身体投入	0.960	7979.000	0.000
	情感投入			
	认知投入			
知识分享	意愿	0.927	2812.317	0.000
	能力			
环境动态性	技术	0.842	2041.898	0.000
	市场			

资料来源：本研究设计。

本研究量表引用国内外学者开发的成熟量表，因此通过验证性因子分析来检验量表的适切性，验证性因素分析是结构方程模式分析的一部分，本研究运用 AMOS 24.0 软件，针对员工创新行为、心理资本、工作投入、知识分享以及环境动态性等变量，进行因子负荷量、组合信度、平均方差抽取量等相关检验。由表 6-17 可知，因子载荷均大于 0.5，CR 值均在 0.7 以上，AVE 值均在 0.45 以上，GFI、AGFI、TIL、CFI 等值均在 0.9 以上，RMSEA、SRMR 等值均在 0.8 以下，因此本研究的变量量表建构效度良好。

表6-17　测量模型验证性因子分析一览表

核心变量	维度变量	维度变量 具体题项	具体题项 因子载荷	核心变量 CR 值	核心变量 AVE	测量模型 拟合指标
员工创新行为	利用式	EIBUT01	0.773	0.911	0.631	$x^2 = 238.287$ $d f = 53$ $x^2/d f = 4.496$ GFI = 0.935 AGFI = 0.904 RMSEA = 0.074 SRMR = 0.036 TIL = 0.952 CFI = 0.962
		EIBUT02	0.849			
		EIBUT03	0.718			
		EIBUT04	0.766			
		EIBUT05	0.858			
		EIBUT06	0.795			

核心变量	维度变量	维度变量 具体题项	具体题项 因子载荷	核心变量 CR 值	核心变 量 AVE	测量模型 拟合指标
员 工 创 新 行 为	探 索 式	EIBEX01	0.705	0.893	0.583	x^2 = 238.287 df = 53 x^2/df = 4.496 GFI = 0.935 AGFI = 0.904 RMSEA = 0.074 SRMR = 0.036 TIL = 0.952 CFI = 0.962
		EIBEX02	0.744			
		EIBEX03	0.794			
		EIBEX04	0.798			
		EIBEX05	0.742			
		EIBEX06	0.793			
心 理 资 本	任 务 型	PSCTA01	0.764	0.862	0.555	x^2 = 392.476 df = 131 x^2/df = 2.996 GFI = 0.932 AGFI = 0.911 RMSEA = 0.056 SRMR = 0.033 TIL = 0.953 CFI = 0.960
		PSCTA02	0.674			
		PSCTA03	0.759			
		PSCTA04	0.760			
		PSCTA05	0.764			
	关 系 型	PSCRE01	0.633	0.810	0.518	
		PSCRE02	0.660			
		PSCRE03	0.800			
		PSCRE04	0.771			
	学 习 型	PSCLE01	0.774	0.852	0.589	
		PSCLE02	0.720			
		PSCLE03	0.791			
		PSCLE04	0.784			
		PSCLE05	0.766			

续表

核心变量	维度变量	维度变量 具体题项	具体题项 因子载荷	核心变量 CR 值	核心变 量 AVE	测量模型 拟合指标
心理 资本	创 新 型	PSCIN01	0.806	0.875	0.584	
		PSCIN02	0.755			
		PSCIN03	0.761			
		PSCIN04	0.730			
工 作 投 入	身 体 投 入	WOEBO01	0.812	0.903	0.610	
		WOEBO02	0.803			
		WOEBO03	0.819			
		WOEBO04	0.750			
		WOEBO05	0.815			
		WOEBO06	0.676			
	情 感 投 入	WOEEM01	0.823	0.907	0.620	$x^2 = 664.845$ $df = 132$ $x^2/df = 5.037$ GFI = 0.878 AGFI = 0.842 RMSEA = 0.080 SRMR = 0.042 TIL = 0.922 CFI = 0.933
		WOEEM02	0.791			
		WOEEM03	0.825			
		WOEEM04	0.761			
		WOEEM05	0.789			
		WOEEM06	0.732			
	认 知 投 入	WOECO01	0.771	0.894	0.586	
		WOECO02	0.792			
		WOECO03	0.705			
		WOECO04	0.761			
		WOECO05	0.788			
		WOECO06	0.772			

续表

核心变量	维度变量	维度变量 具体题项	具体题项 因子载荷	核心变量 CR 值	核心变 量 AVE	测量模型 拟合指标
知识分享	意愿	KNSIN01	0.812	0.879	0.593	x^2 = 44.752 df = 26 x^2/df = 1.721 GFI = 0.984 AGFI = 0.972 RMSEA = 0.034 SRMR = 0.020 TIL = 0.991 CFI = 0.993
		KNSIN02	0.709			
		KNSIN03	0.805			
		KNSIN04	0.758			
		KNSIN05	0.763			
	能力	KNSAB01	0.734	0.827	0.545	
		KNSAB02	0.731			
		KNSAB03	0.768			
		KNSAB04	0.718			
环境动态性	技术	EDYTD01	0.621	0.651	0.384	x^2 = 22.755 df = 13 x^2/df = 1.750 GFI = 0.989 AGFI = 0.976 RMSEA = 0.034 SRMR = 0.072 TIL = 0.992 CFI = 0.995
		EDYTD02	0.670			
		EDYTD03	0.564			
	市场	EDYMD01	0.675	0.805	0.508	
		EDYMD02	0.735			
		EDYMD03	0.740			
		EDYMD04	0.699			

资料来源：本研究设计。

本研究对数据进行相关分析，得出员工创新行为（EIB）、心理资本（PSC）、工作投入（WOE）、知识分享（KNS）和环境动态性（EDY）等变量及维度的相关系数结果（见表6-18）。从结果中可以看出，利用式创新行为（EIBUT）、探索式创新行为（EIBEX）、任务型心理资本（PSCTA）、关系型心理资本（PSCRE）、学习型心理资本（PSCLE）、创新型心理资本（PSCIN）、身体投入（WOEBO）、情感投入（WOEEM）、认知投入

（WOECO）、知识分享意愿（KNSIN）、知识分享能力（KNSAB）、技术动态性（EDYTD）、市场动态性（EDYMD）之间的相关值达到显著水平。表的对角线上数字是平均方差抽取量的平方根，从数据来看平均方差抽取量平方根数字都大于其相应维度变量的相关系数，符合区别效度的判断标准，故本研究的各核心变量具有较好的区别效度。

第三节　收敛效度及区别效度的结果

一、收敛效度

本研究针对测量模型进行的验证性因素分析是结构方程模式分析的一部分，其变量缩减依据 Kline 的二阶段模型修正，结构方程模型的验证首先要对测量模型进行拟合度检验，只有测量模型的拟合度通过检验，后续才能对完整结构方程模型的拟合度进行模型报告。[1]

Hair 等和 Fornell 和 Larcker 的标准为：因子负荷量大于 0.5；合成信度大于 0.6；平均方差抽取量大于 0.5。

本研究使用 AMOS 24.0 软件对构面进行 CFA 分析，模型 15 个构面分别为：利用式、探索式、任务型、关系型、学习型、创新型、身体投入、情感投入、认知投入、意愿、能力、员工创新行为、心理资本、工作投入、知识分享。由表 6-19 可知，所有构面的因子负荷量介于 0.627 ~ 0.948 之间；合成信度介于 0.809~0.951 之间；平均方差抽取量在 0.517~0.829 之间。因此本模型均符合收敛效度标准。

① KLINE R B. Principles and Practice of Structural Equation Modeling [M]. New York：Guilford publications，2015：263-287.

表 6-18　各变量的相关分析

	EIBUT	EIBEX	PSCTA	PSCRE	PSCLE	PSCIN	WOEBO	WOEEM	WOECO	KNSIN	KNSAB	EDYTD	EDYMD
EIBUT	**0.794**												
EIBEX	0.692***	**0.763**											
PSCTA	0.459***	0.483***	**0.774**										
PSCRE	0.526***	0.511***	0.738***	**0.719**									
PSCLE	0.452***	0.444***	0.697***	0.717***	**0.767**								
PSCIN	0.392***	0.455***	0.724***	0.663***	0.717***	**0.764**							
WOEBO	0.464***	0.420***	0.457***	0.452***	0.499***	0.418***	**0.766**						
WOEEM	0.429***	0.424***	0.512***	0.384***	0.494***	0.459***	0.775***	**0.770**					
WOECO	0.482***	0.475***	0.566***	0.520***	0.567***	0.541***	0.697***	0.719***	**0.738**				
KNSIN	0.496***	0.464***	0.490***	0.511***	0.572***	0.484***	0.502***	0.491***	0.571***	**0.781**			
KNSAB	0.377***	0.405***	0.421***	0.421***	0.460***	0.458***	0.431***	0.494***	0.511***	0.672***	**0.787**		
EDYTD	0.219***	0.286***	0.211***	0.272***	0.225***	0.314***	0.288***	0.265***	0.269***	0.239***	0.282***	**0.619**	
EDYMD	0.291***	0.321***	0.259***	0.324***	0.288***	0.359***	0.342***	0.305***	0.327***	0.296***	0.298***	0.822***	**0.713**

注：*** p<0.001；对角线上为平均方差抽取量（AVE）的平方根。

表 6-19　验证性因素分析汇总表

Construct 构面	Item 指标	Significant test of parameter estimation 参数显著性估计				Item Reliability 题目信度		Composite Reliability 合成信度	Convergence Validity 收敛效度
		Unstd. 非标准化因子负荷量	S. E. 标准误	Z-value Z 值	p-Value p 值	STD. 标准化因子负荷量	SMC 多元相关平方	CR 合成信度	AVE 平均方差抽取量
利用式	EIBUT01	1.000				0.773	0.598	0.911	0.631
	EIBUT02	1.145	0.050	23.124	0.000	0.848	0.719		
	EIBUT03	1.002	0.053	18.949	0.000	0.719	0.517		
	EIBUT04	1.095	0.054	20.432	0.000	0.766	0.587		
	EIBUT05	1.225	0.052	23.476	0.000	0.858	0.737		
	EIBUT06	1.116	0.052	21.374	0.000	0.795	0.632		
探索式	EIBEX01	1.000				0.708	0.501	0.893	0.583
	EIBEX02	1.063	0.060	17.699	0.000	0.745	0.555		
	EIBEX03	1.260	0.067	18.874	0.000	0.796	0.634		
	EIBEX04	1.198	0.063	18.868	0.000	0.796	0.634		
	EIBEX05	1.188	0.067	17.654	0.000	0.743	0.552		
	EIBEX06	1.246	0.067	18.675	0.000	0.788	0.620		
任务型	PSCIN01	1.000				0.766	0.586	0.855	0.597
	PSCIN02	1.069	0.052	20.732	0.000	0.808	0.653		
	PSCIN03	0.999	0.052	19.221	0.000	0.755	0.569		
	PSCIN04	0.990	0.051	19.341	0.000	0.759	0.576		

续表

Construct 构面	Item 指标	Significant test of parameter estimation 参数显著性估计				Item Reliability 题目信度		Composite Reliability 合成信度	Convergence Validity 收敛效度
		Unstd. 非标准化因子负荷量	S. E. 标准误	Z-value Z 值	p-Value p 值	STD. 标准化因子负荷量	SMC 多元相关平方	CR 合成信度	AVE 平均方差抽取量
关系型	PSCRE01	1. 000				0. 630	0. 397	0. 809	0. 517
	PSCRE02	1. 102	0. 079	14. 008	0. 000	0. 661	0. 437		
	PSCRE03	1. 283	0. 079	16. 160	0. 000	0. 801	0. 642		
	PSCRE04	1. 204	0. 077	15. 727	0. 000	0. 771	0. 594		
学习型	PSCLE01	1. 000				0. 772	0. 595	0. 873	0. 578
	PSCLE02	0. 974	0. 052	18. 573	0. 000	0. 718	0. 515		
	PSCLE03	1. 101	0. 053	20. 776	0. 000	0. 791	0. 615		
	PSCLE04	1. 124	0. 054	20. 635	0. 000	0. 786	0. 618		
	PSCLE05	1. 057	0. 056	19. 025	0. 000	0. 733	0. 537		
创新型	PSCTA01	1. 000				0. 766	0. 587	0. 861	0. 555
	PSCTA02	0. 938	0. 054	17. 230	0. 000	0. 678	0. 460		
	PSCTA03	1. 016	0. 052	19. 562	0. 000	0. 759	0. 576		
	PSCTA04	1. 033	0. 053	19. 484	0. 000	0. 756	0. 572		
	PSCTA05	1. 033	0. 053	19. 655	0. 000	0. 762	0. 580		

续表

Con-struct 构面	Item 指标	Significant test of parameter estimation 参数显著性估计				Item Reliability 题目信度		Composite Reliability 合成信度	Convergence Validity 收敛效度
		Unstd. 非标准化因子负荷量	S. E. 标准误	Z-value Z 值	p-Value p 值	STD. 标准化因子负荷量	SMC 多元相关平方	CR 合成信度	AVE 平均方差抽取量
身体投入	WOEBO01	1.000				0.815	0.664	0.903	0.609
	WOEBO02	0.911	0.039	23.248	0.000	0.804	0.646		
	WOEBO03	0.942	0.040	23.793	0.000	0.817	0.668		
	WOEBO04	0.914	0.044	20.978	0.000	0.746	0.556		
	WOEBO05	0.973	0.041	23.727	0.000	0.816	0.665		
	WOEBO06	0.863	0.047	18.440	0.000	0.676	0.456		
情感投入	WOEEM01	1.000				0.823	0.677	0.907	0.620
	WOEEM02	0.988	0.043	23.075	0.000	0.791	0.626		
	WOEEM03	1.117	0.045	24.568	0.000	0.826	0.683		
	WOEEM04	1.048	0.048	21.810	0.000	0.760	0.578		
	WOEEM05	0.966	0.042	22.926	0.000	0.788	0.621		
	WOEEM06	0.978	0.047	20.625	0.000	0.730	0.533		
认知投入	WOECO01	1.000				0.775	0.600	0.894	0.586
	WOECO02	1.083	0.051	21.091	0.000	0.791	0.626		
	WOECO03	1.044	0.057	18.333	0.000	0.703	0.494		
	WOECO04	1.048	0.052	20.206	0.000	0.763	0.583		
	WOECO05	1.200	0.057	20.929	0.000	0.786	0.618		

续表

Con-struct 构面	Item 指标	Significant test of parameter estimation 参数显著性估计				Item Reliability 题目信度		Composite Reliability 合成信度	Convergence Validity 收敛效度
		Unstd. 非标准化因子负荷量	S. E. 标准误	Z-value Z 值	p-Value p 值	STD. 标准化因子负荷量	SMC 多元相关平方	CR 合成信度	AVE 平均方差抽取量
	WOECO06	1. 112	0. 054	20. 434	0. 000	0. 770	0. 594		
意愿	KNSIN01	1. 000				0. 811	0. 658	0. 879	0. 593
	KNSIN02	0. 840	0. 044	19. 236	0. 000	0. 713	0. 508		
	KNSIN03	0. 974	0. 043	22. 486	0. 000	0. 801	0. 642		
	KNSIN04	0. 921	0. 044	20. 798	0. 000	0. 762	0. 580		
	KNSIN05	0. 981	0. 047	21. 024	0. 000	0. 760	0. 578		
能力	KNSAB01	1. 000				0. 733	0. 538	0. 827	0. 545
	KNSAB02	0. 998	0. 059	16. 875	0. 000	0. 730	0. 533		
	KNSAB03	1. 039	0. 058	17. 794	0. 000	0. 770	0. 593		
	KNSAB04	1. 032	0. 061	16. 984	0. 000	0. 717	0. 514		
员工创新行为	利用式	1. 000				0. 816	0. 666	0. 875	0. 779
	探索式	1. 021		19. 576	0. 052	0. 958	0. 945	0. 893	
心理资本	任务型	0. 936	0. 055	16. 908	0. 000	0. 896	0. 803	0. 951	0. 829
	关系型	0. 876	0. 052	16. 883	0. 000	0. 902	0. 814		
	学习型	0. 787	0. 055	14. 235	0. 000	0. 921	0. 848		
	创新型	1. 000				0. 922	0. 850		

Con-struct 构面	Item 指标	Significant test of parameter estimation 参数显著性估计				Item Reliability 题目信度		Composite Reliability 合成信度	Conver-gence Validity 收敛效度
		Unstd. 非标准化因子负荷量	S. E. 标准误	Z-value Z 值	p-Value p 值	STD. 标准化因子负荷量	SMC 多元相关平方	CR 合成信度	AVE 平均方差抽取量
工作投入	身体投入	1.000				0.914	0.835	0.929	0.814
	情感投入	0.782	0.046	17.123	0.000	0.848	0.719		
	认知投入	1.028	0.054	19.135	0.000	0.942	0.887		
知识分享	意愿	1.052	12.628	0.083	0.934	0.948	0.899	0.882	0.789
	能力	1.000				0.824	0.679		

资料来源：本研究设计。

二、区别效度

本研究应用严谨的 AVE 法对区别效度进行检验。Fornell 和 Larcker 建议每个构面 AVE 均方根需要大于各成对变量的相关系数，则显示构面间具有区别效度。而本研究对角线各构面 AVE 均方根均大于对角线外的标准化相关系数，因此模型研究构面之间具有区别效度，具体见表6-20。

表 6-20　AVE 区别效度分析

	AVE	员工创新行为	心理资本	工作投入	知识分享
员工创新行为	0.779	0.883			
心理资本	0.829	0.663	0.910		
工作投入	0.814	0.627	0.678	0.902	
知识分享	0.789	0.643	0.693	0.702	0.888

资料来源：本研究设计。

三、模型拟合度

SEM 分析的结果（见图 6-1），卡方值（χ^2）为 3954.415，卡方值/自由度（χ^2/df）为 2.598，拟合优度指标（GFI）为 0.797，调整后的拟合优度指标（AGFI）为 0.779，近似误差均方根（RMSEA）为 0.050，标准化残差均方根（SRMR）为 0.044，塔克-刘易斯指标（TLI）为 0.896，比较拟合指标（CFI）为 0.900，显示模型具可以接受的模型拟合度，具体见表 6-21。

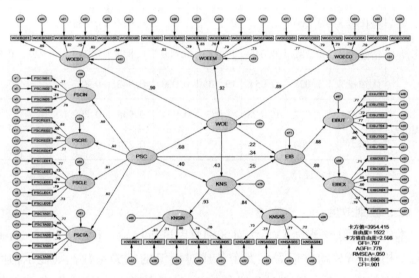

图 6-1 研究模型结果图

表 6-21 拟合度指标

Model fit 拟合指标	Criteria 可容许范围	Model fit of research model 研究模型拟合度
χ^2 卡方值	越小越好	3954.415
df 自由度	越小越好	1522
（χ^2/df）卡方值/自由度	$1<\chi^2/df<3$	2.598
GFI 拟合优度指标	≥ 0.9	0.797
AGFI 调整后的拟合优度指标	≥ 0.9	0.779

Model fit 拟合指标	Criteria 可容许范围	Model fit of research model 研究模型拟合度
SRMR 标准化残差均方根	≤0.08	0.044
TLI（NNFI） 塔克-刘易斯指标（非规范拟合指标）	≥0.9	0.896
RMSEA 近似误差均方根	≤0.08	0.050
CFI 比较拟合指标	≥0.9	0.900

资料来源：本研究设计。

第四节　共同方法偏误检验（CMB）的结果

共同方法偏误的研究采用 CFA 比较法进行，此方法是将两个 CFA 模型卡方值与自由度差值比较：模型一（见图6-2）为 CMB 模型，假设所有的题目均受到同一个共同因素的影响；模型二（见图6-3）是依照原有模型构面进行 CFA 完全有相关分析。比较两模型的卡方差异值与自由度，两模型比较后若模型二显著优于模型一，则表示受到 CMB 影响的模型是不成立的，因此可知假设模型未受 CMB 的影响。

从表6-22可以看出单因子模型卡方值远大于多因子模型卡方值，即研究的假设模型单因子模型比多因子模型受到共同因子影响的模型还要好，因此可以判断研究模型没有受到 CMB 的影响，至少没有明显的影响。

表6-22　单因子与多因子模型比较

	χ^2 卡方值	df 自由度	$\Delta\chi^2$ 卡方值差	Δdf 自由度差	p-value p 值
多因子	220.799	38	904.567	6	0.000
单因子	1125.366	44			

资料来源：本研究设计。

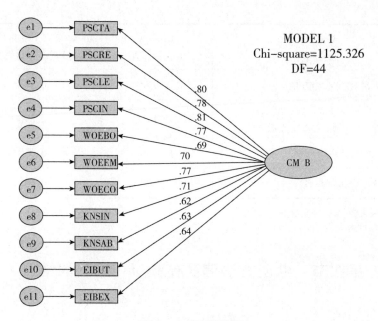

图 6-2   单因子模型

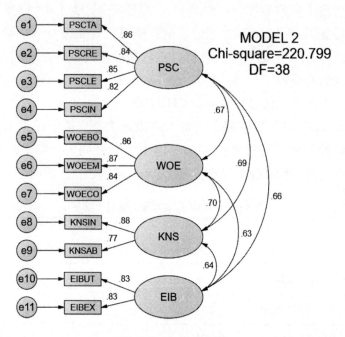

图 6-3   多因子模型

第五节 假设检验结果与分析

本研究为检验提出的研究假设，使用实证的研究方法在文献和基础理论的基础上进行回归模型的建构，并对回归模型进行检验，同时在研究中考虑到控制变量的影响作用，本研究把调研的高新技术企业的员工人数、生存时长、企业资产、所属区域进行虚拟转换，将控制变量纳入建构的回归模型中进行分析。分析员工创新行为、利用式、探索式、心理资本、任务型、关系型、学习型、创新型、工作投入、身体投入、情感投入、认知投入、知识分享、分享意愿、分享能力等变量之间的关系，进而验证本研究的研究假设是否成立，并对检验结果进一步展开分析。

一、心理资本对员工创新行为的主效应检验与分析

（一）检验结果

如表 6-23 所示，本研究首先对心理资本与员工创新行为的关系进行分析，并将心理资本的维度变量任务型心理资本、关系型心理资本、学习型心理资本、创新型心理资本分别作为自变量，在回归模型 Model1、Model2、Model3、Model4、Model5 中把员工创新行为作为因变量，控制变量的企业资产、截至目前的生存时长、企业的员工人数、企业的所属区域等均统一放入回归模型参与回归。回归结果（Model1 至 Model5）表明，一方面，本研究心理资本能有效解释员工创新 33% 的行为变异（R^2 和 Adj. R^2 这两个参数表示回归方程可以解释的变异占总变异的百分比，R^2 和 Adj. R^2 这两个值越大表明自变量对因变量的解释程度越高；F 值用于评估回归模型的拟合优度和自变量对因变量的影响程度，F 值越大，表明回归模型解释力越强，自变量的线性组合对因变量有显著性影响，下同），且正相关关系显著（$\beta = 0.559^{***}$）。另一方面，任务型心理资本（$\beta = 0.502^{***}$）、关系型心理资本（$\beta = 0.548^{***}$）、学习型心理资本（$\beta = 0.471^{***}$）、创新型心理资本（$\beta = 0.448^{***}$）同员工创新行为之间均存在着显著的正向效应，故本研究的研究假设 H1 和其四个子假设（创新型、关系型、学习型

和任务型）H1a、H1b、H1c、H1d 均成立。

表6-23　心理资本及对员工创新行为的回归分析

		因变量：员工创新行为				
		Model1	Model2	Model3	Model4	Model5
生存时长	4~5 年	-0.038	-0.041	-0.006	-0.033	-0.030
	6~8 年	0.028	0.044	0.040	0.029	0.043
	9 年以上	0.028	0.048	0.041	0.042	0.053
员工人数	51~100 人	-0.034	-0.034	-0.044	-0.045	-0.067
	101~200 人	-0.016	-0.017	-0.020	-0.027	-0.044
	201 人以上	-0.029	-0.022	-0.050	-0.039	-0.055
企业资产	101 万~500 万元	0.074	0.082	0.062	0.082	0.106 *
	501 万元以上	0.037	0.047	0.053	0.063	0.092
所属区域	京津冀区域	0.048	0.085	0.085	0.021	0.068
	长三角区域	-0.070	-0.062	-0.024	-0.101	-0.062
	珠三角区域	0.027	0.036	0.042	0.002	0.023
	西南区域	0.027	0.038	0.025	0.010	0.062
	其他区域	0.010	0.014	0.021	-0.011	0.022
心理资本			0.559 ***			
任务型				0.502 ***		
关系型					0.548 ***	
学习型						0.471 ***
创新型						0.448 ***
R^2		0.344	0.291	0.334	0.258	0.242
Adj. R^2		0.330	0.275	0.319	0.241	0.255

		因变量：员工创新行为				
		Model1	Model2	Model3	Model4	Model5
F 值		23. 306***	18. 199***	22. 212***	15. 433***	14. 167***

资料来源：本研究设计。

（二）结果分析

从实证结果来看，任务型心理资本（β = 0. 502***）、关系型心理资本（β = 0. 548***）、学习型心理资本（β = 0. 471***）、创新型心理资本（β = 0. 448***）同员工创新行为之间均存在着正向作用。企业在实践中提升员工的心理素质，应该从任务型心理资本、关系型心理资本、学习型心理资本、创新型心理资本四方面进行。

任务型心理资本对员工创新行为的正向影响得到了实证的支持。从表6-23 数据分析结果可以看出，"任务型心理资本→员工创新行为"的标准化回归系数为 0. 502（β = 0. 502***），这表明任务型心理资本对员工创新行为有显著的积极作用。这与 Peterson、Bakker 等学者的研究结论相符。说明任务型心理资本主要是从员工积极情感与坚韧性入手，让他们在工作中保持乐观向上的心理状态以及面对逆境的适应能力，因此企业对于员工在创新过程中应该鼓励多于苛责，激励他们以"失败为成功之母"的勇气敢于尝试，要有坚定的意志，不畏艰难的精神，如此才能永葆活力。这进一步表明在当前高新技术企业员工面临国际国内技术和市场双重压力的现实困难情况下，员工在面临公司交办的任务和需要解决的困难时都具有积极情感与坚韧性的特质，因此在面对挫折时，不会轻言放弃，并且不畏艰难且使命必达。

关系型心理资本对员工创新行为的正向影响得到了实证的支持。从表6-23 中数据分析结果可以看出，"关系型心理资本→员工创新行为"的标准化回归系数为 0. 548（β = 0. 548***），这表明关系型心理资本对员工创新行为有显著的积极作用。这与 Goldsmith 等学者的研究结论相符。该结论说明关系型心理资本主要从员工的情绪智力与感恩着手，企业管理者要让员工在工作中管理自己和他人的情绪，并且在工作中对他人提供的协助能有正向的反馈，因此高新技术企业需要塑造员工感恩企业、感恩团队的组织文化。研究结果进一步说明高新技术企业员工的关系型心理资本具有情绪智力与感恩的特质，因此在员工创新的过程之中，能够察觉自我情绪与他人情绪，并建立良好的人际关系，这有利于在创新的过程中彼此合作，共克时艰，发挥所长，群策群力地激发员工的创新行为。

学习型心理资本对员工创新行为的正向影响得到了实证的支持。从表6-23数据分析结果可以看出，"学习型心理资本→员工创新行为"的标准化回归系数为0.471（$\beta = 0.471^{***}$），说明心理资本中的学习型心理资本对员工创新行为有正向的作用，而且是有显著的积极作用。这与孙鸿飞、Digan等学者的研究相符。该结论说明学习型心理资本主要是增进员工的学习效能感，让员工在工作学习过程中能转化自身的知识与信念，然后转为技术水平，因此当员工面对一项比较复杂的任务时，可以把它分解成若干部分，把一个大目标分解成若干个小目标，然后一个个地达成，在此过程中慢慢精进自己的经验与能力。研究结果进一步说明了高新技术企业员工的知识密集型特征，学习永远是高新技术企业员工创新的不竭动力和创新来源，要把握员工的学习型心理资本，促进他们的学习效能感与知识共享意愿，在公司内部能够利用员工个人所学的知识、技能与他人分享，这也是推进和激发员工创新行为工作中不可或缺的重要管理环节。

创新型心理资本对员工创新行为的正向影响得到了实证的支持。从表6-23数据分析结果可以看出，"创新型心理资本→员工创新行为"的标准化回归系数为0.448（$\beta = 0.448^{***}$），表明创新型心理资本对员工创新行为有显著的积极作用。这与杨燕和高山行、钱晓烨等学者的研究成果相符。研究结论说明创新型心理资本主要是增进员工创新效能感，通过创新性的工作内容获取成果，对工作中面对的不确定因素能够有足够的容忍力。研究结果进一步表明高新技术企业员工的创新意愿十分强烈，具备创新的潜力和能力，具备开拓创新的动力和心理状态，创新型心理资本具有创新自我效能感与模糊容忍度的特质，愿意采用新的工作方式，尝试新的思路。对高新技术企业来说，要对员工的创新意愿加以尊重和激励，对于创新的结果不应要求立即有立竿见影的成效，关键在于激发员工的创新潜力和提供施展创新能力的舞台，这有助于公司长期的创新发展。

综合上述，任务型心理资本、关系型心理资本、学习型心理资本、创新型心理资本4个维度对员工创新行为，以关系型心理资本的作用最为重要。员工在高新技术企业工作过程中，通过任务型心理资本、关系型心理资本、学习型心理资本、创新型心理资本的相互作用，这些心理因素将共同指导员工在实践上的创新，进一步激发员工创新行为，最终提升高新技术企业的持续发展能力。

二、工作投入在心理资本与员工创新行为间的中介效应检验与分析

根据 Baron 和 Kenny 提出的解决方案，因果步骤法可分为 3 个检验步骤。第一步是对自变量与因变量的回归系数 c 进行检验，验证回归系数 c 是否具有显著性；第二步是对自变量与中介变量的回归系数 a 进行检验，验证回归系数 a 是否具有显著性；第三步是对自变量和中介变量对因变量的回归系数 b 和 c' 进行检验，看回归系数 b 和 c' 是否具有显著性，根据其显著性可做出是否有意义的判断。如果回归系数 c、a 和 b 都显著，则存在中介效应。若系数 c' 不显著，就称为完全中介效果（full mediation）；部分中介效果（partial mediation）则是要符合回归系数 c' 显著，且 c' 小于 c 的条件。换句话说，完全中介是在中介变量被控制后，自变量到因变量的直接效果不存在，若自变量到因变量的直接效果仍然存在，则称中介效果为部分中介。以往对间接效果的相关研究中指出，用自助法（bias-corrected bootstrap）来检验间接效果比因果步骤法及系数乘积法更具有统计检验力。自助法是将原始样本采用抽出后再放回的重复抽样统计方法。每当产生一次的抽样样本，便自行估计一次 a 与 b 的乘积。Hayes 建议这个过程至少重复 1000 次。倘若研究者进行 1000 次的重复抽样，那么间接效果（a×b）则会产生 1000 次的估计值，这 1000 次间接效果将会形成自己的抽样分配，也就可以产生间接效果的标准误及信赖区间。自助法可以产生具有统计检验力间接效果的信赖区间，特别是偏误修正自助法（bias-corrected bootstrap method）。

（一）心理资本对工作投入的效应检验与分析

1. 检验结果

通过对变量心理资本和工作投入的文献进行梳理和归纳，分别将任务型心理资本、关系型心理资本、学习型心理资本、创新型心理资本作为自变量，因变量是工作投入，将控制变量企业的生存时长、员工人数、企业

资产、所属区域等都一同纳入回归模型。回归结果（Model6、Model7、Model8、Model9、Model10）如表6-24所示。从结果中可以看出，心理资本有效解释了37.7%的工作投入变异，且正相关关系显著（β=0.599***）。另外，任务型心理资本（β=0.549***）、关系型心理资本（β=0.477***）、学习型心理资本（β=0.561***）、创新型心理资本（β=0.503***）同工作投入之间均存在着显著的正向效应，故本研究的假设H2和其四个维度的子假设H2a、H2b、H2c、H2d成立。

表6-24　心理资本对工作投入的回归分析

		因变量：工作投入				
		Model6	Model7	Model8	Model9	Model10
生存时长	4~5年	-0.007	-0.011	0.029	-0.005	0.001
	6~8年	0.075	0.091	0.096	0.071	0.090
	9年以上	0.086	0.106	0.113	0.093	0.110
员工人数	51~100人	-0.031	-0.028	-0.051	-0.036	-0.065
	101~200人	0.026	0.024	0.012	0.019	-0.004
	201人以上	-0.019	-0.011	-0.048	-0.025	-0.046
企业资产	101万~500万元	0.039	0.047	0.039	0.044	0.074
	501万元以上	0.057	0.065	0.095	0.074	0.113*
所属区域	京津冀区域	-0.094	-0.056	-0.049	-0.135*	-0.075
	长三角区域	-0.106	-0.096	-0.061	-0.144*	-0.097
	珠三角区域	-0.060	-0.050	-0.049	-0.088	-0.064
	西南区域	-0.080	-0.069	-0.076	-0.104*	-0.043
	其他区域	-0.090	-0.086	-0.081	-0.116*	-0.077
心理资本		0.599***				
任务型			0.549***			

续表

		因变量：工作投入				
		Model6	Model7	Model8	Model9	Model10
关系型				0.477 ***		
学习型					0.561 ***	
创新型						0.503 ***
R^2		0.391	0.341	0.267	0.348	0.295
Adj. R^2		0.377	0.326	0.251	0.333	0.279
F 值		28.443 ***	22.907 ***	16.177 ***	23.673 ***	18.567 ***

资料来源：本研究设计。

2. 结果分析

从实证结果来看，员工心理资本及其四个维度对工作投入具有显著的正向影响。因此，假设 H2、H2a、H2b、H2c、H2d 成立。本研究证实了四种心理资本对工作投入的正向作用。这与顾远东和彭纪生、Alessandri 等学者的研究结果相符。本研究通过回归模型分析，发现任务型与学习型心理资本对于工作投入的预测力大于关系型与创新型心理资本。任务型心理资本的内容主要源于乐观的心理状态以及面对逆境的能力。说明高新技术企业员工任务型心理资本、关系型心理资本、学习型心理资本、创新型心理资本在心理素质的侧重方向上不尽相同，对工作中加大工作投入也有相应差异。任务型心理资本是员工任务达成的有效途径。员工拥有乐观与韧性，有助于其在身体、情感与认知上的投入。学习型心理资本是指高新技术企业员工对企业内部知识的吸收，把企业内的知识经过自身知识加以转化。资源基础理论指出企业必须高度重视内部知识的学习和掌握、转化和利用，这也是高新技术企业核心竞争力的来源。当然企业拥有的知识深度和广度和企业员工的组成及水平有很大关系，员工拥有学习型心理资本，拥有强大的心理动力，高强度的工作投入才有可能进行，并有助于员工的工作投入，有员工的全心投入，企业才能拥有持续的竞争优势。心理资本虽然能使人有信心地去执行具有挑战性的工作，即使面临失败的挫折，也能在逆境中奋力崛起，展现出坚韧不拔的特质，但是，一个人如果有很积极的心理资本，但没有投入在工作任务中，纵使有强大的心理素质与心理资源，仍无法对创新行为或创新绩效有所帮助。因此，心理资本对员工创新行为的作用效果必然需要通过一个中介变量促发，才能最终体现。根据工作资源理论，工作投入是工作资源的具体反映，代表企业可以提供足够的工作环境与条件给员工，让员工可以进行工作投入。研究结果表明，高新技术企业员工个体在工作角色扮演的过程中，会在身体、认知和情感上进行运用和表达。工作投入影响员工心理资本的作用问题引起了众多学者兴趣，而且也有一定的学术和实践成果积累。员工的心理资本对工作投入有着重要的影响作用，被工作资源激励的员工，会更有工作投入的热诚。研究结果进一步证实高新技术企业要激发员工的自我效能感在工作投入中的作用。

（二）工作投入对员工创新行为的效应检验与分析

1. 验证结果

回归结果（Model11 至 Model14）如表 6-25 所示。对工作投入与员工创新行为的影响关系进行分析，分别将工作投入的 3 个维度变量（身体、情感、认知）作为自变量，因变量是员工创新行为，控制变量是将企业的生存时长、员工人数、企业资产、所属区域等相关变量均统一放入回归模型参与回归。从回归分析结论可以看出，工作投入有效解释了因变量员工创新行为 29.6% 的变异，且正相关关系显著（$\beta = 0.526^{***}$）。另外，身体投入（$\beta = 0.465^{***}$）、情感投入（$\beta = 0.453^{***}$）、认知投入（$\beta = 0.510^{***}$）同员工创新行为因变量之间均有着正向影响作用，故假设 H3 及其子假设（身体、情感和认知）H3a、H3b、H3c 均成立。

表 6-25 工作投入对员工创新行为的回归分析

		因变量：员工创新行为			
		Model11	Model12	Model13	Model14
生存时长	4~5 年	−0.017	−0.021	−0.009	−0.011
	6~8 年	0.010	0.030	0.035	−0.002

		因变量：员工创新行为			
		Model11	Model12	Model13	Model14
生存时长	9 年以上	0.018	0.033	0.054	0.011
员工人数	51~100 人	−0.043	−0.050	−0.055	−0.050
	101~200 人	−0.051	−0.051	−0.051	−0.062
	201 人以上	−0.041	−0.042	−0.047	−0.056
企业资产	101 万~500 万元	0.073	0.077	0.115*	0.047
	501 万元以上	0.059	0.074	0.099	0.052
所属区域	京津冀区域	0.126*	0.125	0.123	0.122
	长三角区域	−0.005	−0.006	−0.032	0.001
	珠三角区域	0.054	0.036	0.046	0.062
	西南区域	0.082	0.083	0.067	0.083
	其他区域	0.058	0.035	0.047	0.067
工作投入		0.526***			
身体投入			0.465***		
情感投入				0.453***	
认知投入					0.510***
R^2		0.311	0.256	0.248	0.290
Adj. R^2		0.296	0.239	0.231	0.274
F 值		20.055***	15.262***	14.637***	18.104***

资料来源：本研究设计。

2. 结果分析

实证结果表明高新技术企业员工工作投入在心理资本与员工创新行为间起部分中介作用。这表明，企业应充分重视员工在执行任务时的工作投入程度，并通过提高工作投入来提升员工创新行为。

身体投入对员工创新行为的正向影响得到了实证的支持。从表6-25数据分析可以看出，"身体投入→员工创新行为"的标准化回归系数为0.465（β=0.465***），表明身体投入对员工创新行为有显著的作用。这与杨燕和高山行、Jena和Memon等学者的研究结论相符。研究结论说明员工的身体投入对于创新行为的激发有很大的影响效应，说明员工个体是否具有创新意识，首先在身体投入上表现得十分明显，员工都不上班，或者对公司的工作都不积极参与进去，可想而知，对公司的工作态度就表明不可能有创新行为产生，所以要想员工有积极的创新行为，必须让员工有积极的身体投入。研究结果进一步表明，高新技术企业员工在创新过程中，要重视个人身体投入，保证身心健康，身体是革命的本钱，首先要爱护自己的身体，其次在工作中要全身心地投入工作中去，保持旺盛的战斗力，工作中出勤状况是具体表现，这种状态在组织中是容易观察的，也是最为基本的工作投入。这给高新技术企业提出了要关爱员工的身体健康，增加健身场所，在办公区域为员工提供锻炼的空间和时间，让员工有放松身体的机会，多组织活动，提供员工休息区和活动区，像腾讯在办公大楼就提供了攀岩等场所，为员工参加体育活动提供了空间。

情感投入对员工创新行为的正向影响得到了实证的支持。从表6-25数据分析结果可以看出，"情感投入→员工创新行为"的标准化回归系数为0.453（β=0.453***），表明情感投入对员工创新行为有显著的作用。这与Kwon和Kim、赵轩维、夏恩君和李森等学者的研究结论相符。结论说明情感投入可以为员工与同事或他人的工作角色产生强烈的情感联系，因此培养的人际关系有助于团队合作，进而对于员工创新行为有所提升。研究成果进一步说明高新技术企业的员工要想做出成绩，取得较好的创新成果，要有全心全意的情感投入。只有投入情感，遇到创新过程中的失败自己才能克服，才会身心愉悦地投入工作，才能找到工作的乐趣，不会觉得工作很枯燥，这就要求高新技术企业要关心员工的情感，体现出企业对员工的关心和爱护，多沟通了解员工的生活和工作困难，让员工感受到公司如同家庭的温暖，"士为知己者死，女为悦己者容"，公司要多激发员工的斗志，多做员工思想层面的工作，让员工没有后顾之忧，能放开手脚去创新。

认知投入对员工创新行为的正向影响得到了实证的支持。从表6-25数据分析结果可以看出，"认知投入→员工创新行为"的标准化回归系数为0.510（β=0.510***），表明认知投入对员工创新行为有显著的积极作用。这与柯江林、孙健敏和李永瑞、杨惠和曹先霞等学者的研究结论相符。这说明认知投入对于员工创新行为十分重要，也说明员工在工作中要尽可能地进行认知投入。研究结论进一步表明高新技术企业员工要想在创新层面做出成绩，首先要有认知投入，就是对自己承担的工作要有全面的认知，不能糊里糊涂做事情，要有清晰的工作思路。认知投入指员工的想法与认知能否关注在自身的工作角色上，以利于为组织做出更大的利益贡献。因此进行认知投入的员工，其主动性、专注力与投入程度都相对较高。

综合上述，工作投入可以正向而且显著影响高新技术企业员工的创新行为。这个结果证实了理论界和实践界的共同看法，员工的创新行为会受到其在工作中的工作投入的显著影响，而且还是很重要的作用路径。同时，工作投入的三个维度对员工创新行为水平也显现出明显的积极作用。员工创新行为的增加与身体投入存在正相关关系。这个研究结果与赵轩维、夏恩君和李森的研究有些许不同，其认为身体投入对创造力呈现负向的作用，该研究指出激发创新行为，只有身体投入是不够的。换言之，光投入时间与精力而没有提升至情感与认知的层次，是无法提高员工创新行为的。然而，情感投入与认知投入和员工创新行为之间存在显著正向作用，这个研究结果与赵轩维、夏恩君和李森的研究相符。这代表创新行为的展现如果没有投入工作者的情感与认知是无法尽心竭力工作的，热情、兴趣、专注、信心都是员工创新行为不可或缺的特质。工作投入的三个维度身体投入、情感投入、认知投入对员工创新行为的影响，以认知投入最为重要。

（三）工作投入在心理资本与员工创新行为间的中介效应检验与分析

1. 检验结果

回归结果（Model15、Model16）如表6-26所示。为进一步检验工作投入的中介效应，本研究对工作投入在心理资本与员工创新行为的回归模型中，将心理资本、工作投入分别作为自变量，因变量是员工创新行为，并将企业的生存时长、员工人数、企业资产、所属区域等相关控制变量均统一放入回归模型参与回归。Model16 验证了工作投入在心理资本和员工创新行为间具有中介影响效应,工作投入对员工创新行为的影响效应显著(Adj. R^2 = 0.384,F = 27.440***),回归系数由 Model15 的 0.559 下降至Model16 的 0.379,影响效果呈现的趋势明显减弱,即工作投入在心理资本与员工创新行为之间存在部分中介效应。因此,本研究的假设 H4 得到证实。

表 6-26 工作投入的中介效应

		因变量:员工创新行为	
		Model15	Model16
生存时长	4~5 年	−0.038	−0.036
	6~8 年	0.028	0.005
	9 年以上	0.028	0.003
员工人数	51~100 人	−0.034	−0.025
	101~200 人	−0.016	−0.023
	201 人以上	−0.029	−0.023
企业资产	101 万~500 万元	0.074	0.062
	501 万元以上	0.037	0.020
所属区域	京津冀区域	0.048	0.077
	长三角区域	−0.070	−0.039
	西南区域	0.027	0.045
	珠三角区域	0.027	0.051
	其他区域	0.010	0.037
心理资本		0.559***	0.379***
工作投入			0.299***

		因变量：员工创新行为	
		Model15	Model16
R^2		0.344	0.399
Adj. R^2		0.330	0.384
F 值		23.306***	27.440***

资料来源：本研究设计。

2. 结果分析

本研究结果验证了工作投入如何在心理资本和高新技术企业员工创新行为之间起着部分中介效应，使得假设 H4 得到了部分支持。此结论进一步拓展了 Jena 和 Memon、Montani 等学者提出的研究成果，即心理资本可以促进员工的工作投入，而员工的投入程度也会提高员工创新行为的表现。心理资本较高的员工，会有较高的工作投入水平，对工作满意度、职业生涯满意度和生活满意度也更高。当各项满意程度较高的情况之下，员工的积极情绪会被激发，这些情绪带动了心理资本，有益于个人的创新行为。在注重知识、技术的高新技术企业中，员工创新行为的前提就是要有正向的心理素质，愿意自发性地全身心投入。本研究的结论使得工作投入进入影响员工创新行为的重要路径之中，不再是黑箱里面看不见、摸不着的重要影响机制，为高新企业鼓励员工工作投入提供了理论支持和实践指导。

三、知识分享在心理资本与员工创新行为间的中介效应检验与分析

（一）心理资本对知识分享的效应检验与分析

1. 检验结果

回归结果（Model17 至 Model21）如表 6-27 所示。对心理资本与知识分享的关系进行分析，分别将任务型心理资本、关系型心理资本、学习型心理资本、创新型心理资本作为自变量，把知识分享作为因变量，并将企业的生存时长、员工人数、企业资产、所属区域等相关控制变量均统一放

入回归模型参与回归。从回归分析结果可看出，心理资本解释知识分享变异部分的 35.8%，且正相关关系显著（β = 0.577***）。另外，任务型心理资本（β = 0.484***）、关系型心理资本（β = 0.492***）、学习型心理资本（β = 0.556***）、创新型心理资本（β = 0.497***）同知识分享之间和各个维度均存在着显著的正向效应，故本研究的假设 H5 和其子假设 H5a、H5b、H5c、H5d 均成立。

表 6-27　心理资本对知识分享的回归分析

		因变量：知识分享				
		Model17	Model18	Model19	Model20	Model21
生存时长	4~5 年	−0.072	−0.072	−0.037	−0.071	−0.065
	6~8 年	−0.021	0.001	−0.001	−0.023	−0.005
	9 年以上	−0.002	0.023	0.020	0.002	0.020
员工人数	51~100 人	0.036	0.032	0.019	0.031	0.004
	101~200 人	0.056	0.053	0.046	0.053	0.028
	201 人以上	0.044	0.047	0.018	0.040	0.019
企业资产	101 万~500 万元	0.073	0.084	0.069	0.076	0.106*
	501 万元以上	0.100	0.118*	0.131*	0.113	0.152**
所属区域	京津冀区域	−0.056	−0.016	−0.014	−0.098	−0.039
	长三角区域	−0.074	−0.064	−0.030	−0.113*	−0.067
	珠三角区域	−0.060	−0.052	−0.048	−0.087	−0.063
	西南区域	−0.047	−0.033	−0.044	−0.071	−0.010
	其他区域	−0.072	−0.068	−0.062	−0.098	−0.059
心理资本			0.577***			
任务型				0.484***		
关系型					0.492***	

续表

		因变量：知识分享				
		Model17	Model18	Model19	Model20	Model21
学习型					0.556 ***	
创新型						0.497 ***
R^2		0.372	0.280	0.286	0.347	0.295
Adj. R^2		0.358	0.264	0.270	0.333	0.279
F 值		26.269 ***	17.270 ***	17.751 ***	23.607 ***	18.533 ***

资料来源：本研究设计。

2. 结果分析

经过回归分析检验，可以得出心理资本及其四个维度正向而且显著影响知识分享，假设 H5、H5a、H5b、H5c、H5d 均得到证实。企业通过心理资本，提升知识分享的意愿与能力，有助于提高企业知识的累积与传递，这是高新技术企业最重要的智力资本，这一研究结论与 Wu 和 Lee 的研究结果吻合。本研究将心理资本作为研究重点，并对心理资本的四个维度及其他不同维度对知识分享进行了研究。本研究进一步说明了心理资本与知识分享之间的正向效应，这个结论在知识管理层面取得了广泛的共识，知识分享有理由成为心理资本影响员工创新行为的作用路径之一，这使得知识分享作为中介变量成为可能。心理资本中的任务型心理资本、关系型心理资本、学习型心理资本、创新型心理资本也积极影响着知识分享。其中学习型心理资本对知识分享的影响最大。其可能的原因是学习型心理资本侧重对企业内部知识的吸收和学习，同样有助于将所学习到的知识予以分享。资源基础理论告诉我们，员工充分利用和开发企业内部的知识是企业发展壮大的前提和基础，高新技术企业员工只有对内部的各种知识充分掌握和利用，充分利用内部知识的分享，才可使得企业内部在前进动力上达到高度认同，可以帮助企业员工获得更多的共识，从而有助于提升整个企业的知识创造能力与提升员工的整体素质。

（二）知识分享对员工创新行为的效应检验与分析

1. 检验结果

回归结果（Model22 至 Model24）如表 6-28 所示。对知识分享与员工创新行为的关系进行分析，将知识分享（意愿和能力）作为自变量，因变量是员工创新行为，将控制变量生存时长、员工人数、企业资产、所属区域等相关均统一放入回归模型参与回归。结果可以看出，知识分享有效解释了员工创新行为 28%的变异，且正相关关系显著（β = 0.512***）。另外，知识分享意愿（β = 0.512***）、知识分享能力（β = 0.411***）与员工创新行为间都有着显著的正向影响作用，故假设 H6 和子假设（意愿和能力）H6a、H6b 得到证实。

表 6-28 知识分享对员工创新行为的回归分析

		因变量：员工创新行为		
		Model22	Model23	Model24
生存时长	4~5 年	0.017	0.037	-0.008
	6~8 年	0.061	0.078	0.050
	9 年以上	0.067	0.094	0.054
员工人数	51~100 人	-0.079	-0.077	-0.086
	101~200 人	-0.069	-0.057	-0.080
	201 人以上	-0.076	-0.084	-0.069
企业资产	101 万~500 万元	0.058	0.057	0.081
	501 万元以上	0.042	0.039	0.085
所属区域	京津冀区域	0.107	0.116	0.101
	长三角区域	-0.022	-0.015	-0.038
	珠三角区域	0.053	0.047	0.046
	西南区域	0.065	0.067	0.060

		因变量：员工创新行为		
		Model22	Model23	Model24
所属区域	其他区域	0.048	0.029	0.053
知识分享		0.512***		
意愿			0.512***	
能力				0.411***
R^2		0.296	0.297	0.209
Adj. R^2		0.280	0.281	0.191
F 值		18.666***	18.725***	11.732***

资料来源：本研究设计。

2. 结果分析

本研究验证了知识分享在心理资本与员工创新行为之间起着部分中介效应，这进一步说明高新技术企业具备知识聚集性和知识创造性等特有属性。知识分享的两个维度（知识分享意愿和知识分享能力）对于员工创新行为的积极作用也得到证实。说明知识分享促进高新技术企业员工创新行为具有很强支撑效应。

从表 6-28 数据分析结果可以看出，"知识分享能力→员工创新行为"的标准化回归系数为 0.411（$\beta = 0.411***$），知识分享能力对员工创新行为的正向影响拥有了实证的支持。这与王雁飞和朱瑜、赵洁和张宸璐、王智宁等学者的研究结论相符。说明在工作中，在知识分享过程中知识分享能力维度对员工创新行为有显著的正向作用。知识分享能力是指员工吸收外来知识的能力，并将其转化为可用的知识，且运用他人易于理解的方式传达给他人，使团队成员的知识更进一层，累积提升创新行为的能量。心理资本通过提升知识分享能力，将知识进行有效扩散，使企业在竞争激烈的市场环境中建立起以知识为基础的核心竞争力。所以我们对高新技术企业员工提出要主动和积极通过心理资本来提升组织内部的个体在知识上的分享能力，最终实现员工的创新。

从表6-28数据分析结果可以看出，知识分享意愿维度对员工创新行为的正向影响拥有了实证的支持。"知识分享意愿→员工创新行为"的标准化回归系数为0.512（$\beta = 0.512^{***}$），说明知识分享意愿对员工创新行为有显著的积极作用。这与Wu和Lee、Zhang，Cavusgil和Roath、Presbitero，Roxas和Chadee等学者的研究结论相符。知识分享意愿是指员工能运用自身所学的知识，乐意与他人交流。因此，当员工自发地去接纳新的事物和观点知识，且愿意分享给他人时，都有助于创新行为的产生。知识分享能够帮助员工扩大知识搜索渠道，进一步提升创新意识和抓住创新机会，成员通过彼此学习交换知识，就可以激发更多的灵感，有助于提升创新行为。知识分享意愿对员工创新行为具有正向影响。知识分享意愿是一种动机，当分享者与被分享者的关系良好时，员工的分享意愿就会提升，因此员工内部的关系质量与组织文化就显得特别重要。当员工彼此的关系质量好时，知识分享意愿提升，外部效应就会提升。此外，知识分享意愿也与领导者的态度有关，当领导者重视知识分享时，最终会形成公司决策，并进一步使员工知识分享意愿提高，带动员工创新。知识分享的能力积极影响着员工创新行为。通过辨别知识的价值，使企业从外部找到大量新的知识来源，这些新知识可以帮助企业从内外部知识中选择对企业员工和企业发展有用的部分，在内外知识碰撞中出现技术或者产品或者服务上拥有实现突破性创新的可能。这种企业外部的知识分享的能力帮助企业看到新的市场、新的技术和新的服务，看到自身在知识上的不足、创新上的不足，进一步形成知识饥渴，产生要求知识分享的意愿，最后在知识分享的中介传导下，企业形成竞争优势，使得员工创新行为在知识分享冲击下得到较大提升成为可能。综合上述，知识分享意愿、知识分享能力的两个维度对员工创新行为的影响，以知识分享意愿最为重要。

（三）知识分享在心理资本与员工创新行为间的中介效应检验与分析

1. 检验结果

回归结果（Model25、Model26）如表6-29所示。本研究对知识分享在心理资本与员工创新行为上进行中介作用分析，先将心理资本和知识分享作为自变量，因变量为员工创新行为，将生存时长、员工人数、所属区域、企业资产等相关控制变量均统一放入回归模型参与回归。Model26检验了知识分享的中介作用，知识分享对员工创新行为具有显著的正向效应（Adj. R^2 = 0.380，F = 26.949***），回归系数由 Model25 的 0.559 减少为模型 Model26 的 0.395，影响效果呈现出明显减弱的趋势，即知识分享在心理资本与员工创新行为之间表现出了部分中介效应。由此得知，本研究的假设 H7 得到证实。

表 6-29　知识分享中介效应

		因变量：员工创新行为	
		Model25	Model26
生存时长	4~5 年	−0.038	−0.018
	6~8 年	0.028	0.033
	9 年以上	0.028	0.029
员工人数	51~100 人	−0.034	−0.044
	101~200 人	−0.016	−0.032
	201 人以上	−0.029	−0.041
企业资产	101 万~500 万元	0.074	0.053
	501 万元以上	0.037	0.009
所属区域	京津冀区域	0.048	0.064
	长三角区域	−0.070	−0.049
	珠三角区域	0.027	0.044
	西南区域	0.027	0.040
	其他区域	0.010	0.031
心理资本		0.559***	0.395***
知识分享			0.283***
R^2		0.344	0.395

		因变量：员工创新行为	
		Model25	Model26
Adj. R^2		0.330	0.380
F 值		23.306***	26.949***

资料来源：本研究设计。

2. 结果分析

实证分析研究结果进一步验证了本研究中知识分享在心理资本与员工创新行为二者间发挥部分中介效应，假设 H7 部分得到证实。实证结果表明知识分享在高新技术企业中是促进员工心理资本和创新行为的一个重要传导路径。

经过回归分析检验，可以得出心理资本及四个维度正向而且显著影响知识分享，假设 H5、H5a、H5b、H5c、H5d 均得到证实。企业通过心理资本，提升员工知识分享的意愿与能力，有助于提高企业知识的累积与传递，这是高新技术企业最重要的智力资本，这一研究结论与 Wu 和 Lee 的研究结果吻合。高新技术企业具有知识聚集性和知识创造性等特有属性。说明知识分享对促进高新技术企业员工创新行为具有很强的支撑效应。心理资本通过提升知识分享水平，将知识进行有效扩散，使企业在竞争激烈的市场环境中建立起以知识为基础的核心竞争力。对高新技术企业员工来讲，要想提升个体的知识分享，需要主动积极地提升心理资本的激发活力，来实现员工的创新行为。

通过实证分析，明确了知识分享及其对应的两个维度（知识分享意愿和知识分享能力）对员工创新行为的积极影响，研究提出的假设 H6、H6a、H6b 得到验证。王士红等与 Presbitero, Roxas 和 Chadee 也验证了这一结论。知识分享能够帮助员工打开知识搜索，进一步提升创新意识和机会，成员通过彼此学习交换知识，就可以激发更多的灵感，有助于提升创新行为。高新技术企业领导是否构建知识分享氛围也很重要，公司领导带头进行知识分享，可以调动员工知识分享的积极性。知识分享主要是企业内部和外部的知识交换，在企业内部知识的基础上，快速吸收企业外部知识，加速内外知识的碰撞，产生新的知识，这样企业员工能够快速进行知识更新和迭代，加快创新行为的产生，企业要通过各种途径鼓励员工进行知识分享，提升知识分享意愿和知识分享能力，使员工看到自身知识不足，同时也看到知识的前沿性，前沿性知识一旦聚集，企业就形成了新知识的接收器，企业就有了核心竞争力，加速了员工知识分享意愿和提升知识分享能力的迫切需求，使下一拨儿提升员工的创新行为成为可能。

四、双重并列中介效应检验与分析

1. 检验结果

根据 Hayes 的研究，自助法至少重复 1000 次能够有效对中介效应进行深入检验。所以，本研究为深入了解工作投入的中介效应，采用了自助法进行验证，结果如表 6-30 所示。在"心理资本→员工创新行为"的总效果中置信区间并未包含 0（0.565，0.869），表示总效果成立；在"心理资本→工作投入→员工创新行为"的特定的间接效果中置信区间未包含 0（0.007，0.346），表示特定的间接效果成立，代表中介效果成立；在"心理资本→员工创新行为"的直接效果中置信区间并未包含 0（0.084，0.655），表示直接效果成立，代表为部分中介。

表6-30　自助法检验工作投入中介效应分析（因变量：员工创新行为）

Effect 效果	Point Estimate 点估计	Bootstrap 1000 times 自助法 1000 次	
		Bias-corrected 95%置信区间	
		Lower bound 下界	Upper bound 上界
总效果			
心理资本→员工创新行为	0.706	0.565	0.869
总间接效果			
心理资本→员工创新行为	0.347	0.148	0.638
特定间接效果			
心理资本→工作投入→员工创新行为	0.109	0.007	0.346
直接效果			

续表

Effect 效果	Point Estimate 点估计	Bootstrap 1000 times 自助法 1000 次	
		Bias-corrected 95% 置信区间	
		Lower bound 下界	Upper bound 上界
心理资本→员工创新行为	0.360	0.084	0.655

资料来源：本研究设计。

根据 Hayes 的研究，本研究为深入了解知识分享的中介效应，采用了自助法进行验证，结果如表 6-31 所示。在"心理资本→员工创新行为"的总效果中置信区间并未包含 0（0.565，0.869），表示总效果成立；在"心理资本→知识分享→员工创新行为"的特定的间接效果中置信区间未包含 0（0.034，0.350），表示特定的间接效果成立，代表中介效果成立；在"心理资本→员工创新行为"的直接效果中置信区间并未包含 0（0.084，0.655），表示直接效果成立，代表为部分中介。

表 6-31 自助法检验知识分享中介效应分析（因变量：员工创新行为）

Effect 效果	Point Estimate 点估计	Bootstrap 1000 times 自助法 1000 次	
		Bias-corrected 95% 置信区间	
		Lower bound 下界	Upper bound 上界
总效果			
心理资本→员工创新行为	0.706	0.565	0.869
总间接效果			
心理资本→员工创新行为	0.347	0.148	0.638
特定间接效果			
心理资本→知识分享→员工创新行为	0.158	0.034	0.350
直接效果			
心理资本→员工创新行为	0.360	0.084	0.655

资料来源：本研究设计。

2. 结果分析

本研究进一步对两个并列中介的效应进行效应分析，进一步表明工作投入与知识分享二者的两个中介效应。本研究综合考察了工作投入与知识分享的影响程度，以间接效果的点估计值除以总效果的点估计值可得出，工作投入（0.109/0.706）与知识分享（0.158/0.706）的中介效应占比分别是 15.44%、22.37%，知识分享的影响力大于工作投入。这一分析中介和并列中介的结论为进一步拓宽心理资本和员工创新行为的机制作用赢得了广泛共识和支持，说明在高新技术企业里面知识分享的作用大于工作投入，这进一步说明了高新技术企业具有高知识性、知识聚集性的特点，这为我们进一步对高新技术企业进行知识管理提供了依据。本研究根据Hayes 的自助法验证中介效应。Holbert 和 Stephenson 表明若要比较中介效应的大小就必须对不同的中介效应比例进行计算，中介变量的特定中介效应代表其在总间接效应中所占比例大小。① 因此，本研究使用 AMOS 24.0软件中的自助法方法，将次数设置成 1000 次，将置信区间调节到 95%。由表 6-30、表 6-31 可知，"心理资本→员工创新行为"的总效果与直接效果中的置信区间显示没有包含 0，总效果与直接效果皆显著。而由特定间接效果的点估计值与总效果的点估计值的比值，可以计算出不同中介效果影响的比例。结果表明，工作投入的中介间接效果与总效应比例为0.154，知识分享为中介的间接效果与总效应比例为 0.224，两相比较，前者小于后者，即知识分享的中介效果影响更大。

五、链式中介效应检验与分析

本研究根据 Hayes 的研究方法，选择了自助法检验工作投入和知识分享在心理资本和员工创新行为的链式中介效应模型。本研究实证了工作投入和知识分享二者间的相互关系。

---

① HOLBERT R，STEPHENSON T M. The Importance of Indirect Effects in Media Effects Re-search：Testing for Mediation in Structural Equation Modeling [J]. Journal of Broadcasting & Electronic Media，2003，47（4）：556-572.

（一）工作投入对知识分享的效应检验与分析

1. 检验结果

对工作投入与知识分享的关系进行分析，分别将身体投入、情感投入、认知投入作为自变量，因变量为知识分享，控制变量为企业的生存时长、员工人数、企业资产、所属区域参与回归。回归结果（Model27、Model28、Model29、Model30）如表6-32所示。从结果中可以看出，工作投入有效解释了知识分享 36.7% 的变异，且正相关关系显著（β = 0.585***）。另外，身体投入（β = 0.492***）、情感投入（β = 0.518***）和认知投入（0.578***）同知识分享都有正向影响作用，故本研究假设 H8 和其子假设 H8a、H8b、H8c 成立。

表6-32　工作投入对知识分享的回归分析

		因变量：知识分享			
		Model27	Model28	Model29	Model30
生存时长	4~5 年	−0.051	−0.055	−0.043	−0.044
	6~8 年	−0.043	−0.019	−0.016	−0.058
	9 年以上	−0.020	0.001	0.019	−0.029
员工人数	51~100 人	0.031	0.021	0.018	0.024
	101~200 人	0.022	0.022	0.022	0.010
	201 人以上	0.035	0.031	0.029	0.019
企业资产	101 万~500 万元	0.069	0.075	0.115*	0.039
	501 万元以上	0.115*	0.136*	0.158**	0.106*
所属区域	东北区域	0.013	0.023	−0.006	0.009
	京津冀区域	0.025	0.024	0.022	0.021
	长三角区域	−0.004	−0.006	−0.031	0.004
	珠三角区域	−0.028	−0.051	−0.038	−0.021

		因变量：知识分享			
		Model27	Model28	Model29	Model30
所属区域	西南区域	0.012	0.013	−0.004	0.016
	其他区域	−0.019	−0.045	−0.030	−0.008
工作投入		0.585***			
身体投入			0.492***		
情感投入				0.518***	
认知投入					0.578***
R^2		0.381	0.288	0.317	0.365
Adj. R^2		0.367	0.272	0.301	0.351
F值		27.287***	17.958***	20.548***	25.491***

资料来源：本研究设计。

2. 结果分析

从表6-32数据分析结果可以看出，"身体投入→知识分享"的标准化回归系数为0.492（$\beta = 0.492^{***}$），表明身体投入对知识分享有显著的积极作用。这与Khan和Malik等学者的研究结果相符。身体投入对知识分享的正向影响得到了实证的支持。身体投入是工作开展的基本前提，尤其是高新技术企业的工作，对员工的身体投入强度要求很大，首先是加班加点工作，"997"工作制中的很多员工，如果身体吃不消，就不可能把个人的知识分享出来，或者身体不好经常请假，也不能正常开展知识分享工作，即使有意愿也没有能力。因此，员工想把知识分享工作做好的前提是一定要加大身体投入。因为知识分享后还需要转换为团体或企业的群体性知识，这些都要求员工必须进行身体投入。尤其是在工作中要以认真的态度对待知识分享的价值，争取做一个好的知识分享者，同时尽最大努力做好本职工作的知识分享，本职工作知识自己分享能接地气，不是海阔天空地乱分享，要为知识分享投入很多精力和大量的时间来做好知识分享的准备工作。

从表 6-32 数据分析结果可以看出，"情感投入→知识分享"的标准化回归系数为 0.518（$\beta = 0.518^{***}$），表明情感投入对知识分享有显著的积极作用。这与 Ali 等的研究结果相符。情感投入对知识分享的正向影响得到了实证的支持。情感投入具有内在感化与感恩的特质，因此在创新的过程中，能够察觉自我感情与他人感情进行共情，能为他人考虑，希望他人能比自己优秀，希望他人能把知识学到手，就像老师对待自己的学生，真诚希望知识能通过分享到其他人的知识结构中去，为企业和团队提供知识价值，对知识分享毫无保留，对工作充满热情，而且对工作充满兴趣，这些都是知识分享的前提。俗话说"兴趣是最好的老师"，真诚考虑知识的难易，用真情打动他人，自己能为参与到工作感到骄傲而且精力充沛，心理动力十足，使得员工分享知识的时候能感受其他员工的热情，这样增加了自己对知识分享的信心，使员工在知识分享过程中能感受到知识的价值与自己知识的提升来源于其他人的付出。

从表 6-32 数据分析结果可以看出，"认知投入→知识分享"的标准化回归系数为 0.578（$\beta = 0.578^{***}$），说明心理资本中的认知投入对知识分享有正向的作用，而且是显著的积极作用。这与徐劲松和陈松、逄键涛和温珂①等学者的研究结果相符。认知投入对知识分享的正向影响得到了实证的支持。这说明员工在工作中注意力集中，十分关注本职岗位工作，而且把兴趣点集中到具体的工作中，具有较强的知识学习激情，因此能够将个人所学的知识、技能与他人分享，这也是知识分享推进不可或缺的一环。认知投入主要是提高员工对工作的关注度，面对困难有韧性，面对问题能聚集，有勇于探索的精神，对工作中缺乏的知识有深挖的精神和勇气，因此当员工面对一项困难任务时，可以全神贯注地攻克它，投入自己的全部身心，这个过程对知识分享的需求也是较强的，自己能参与到知识分享过程中去，其他员工的知识分享自己也愿意去学习，营造了良好的知识分享氛围。

综上所述，从实证结果来看，身体投入（$\beta = 0.492^{***}$）、情感投入

---

① 逄键涛，温珂. 主动性人格对员工创新行为的影响与机制 [J]. 科研管理，2017，38（1）：12-20.

（β=0.518***）和认知投入（β=0.578***）同知识分享之间均存在着正向作用。在实际工作中，要激发员工知识分享的意愿和提升员工知识分享的能力，企业可以从激发员工工作中的身体投入、情感投入和认知投入这三方面做一定的铺垫工作。

（二）工作投入和知识分享的链式中介效应检验与分析

1. 检验结果

根据 Hayes 的自助法对中介效应检验。本研究进一步探究工作投入和知识分享的链式中介效应，采用了自助法进行验证，结果如表 6-33 所示。在"心理资本→员工创新行为的"总效果中的置信区间内并未包含 0（0.565，0.869），表示总效果成立；在"心理资本→工作投入→知识分享→员工创新行为"的特定的间接效果中的置信区间未包含 0（0.007，0.254），表示特定的间接效果成立，这代表中介效果成立；在"心理资本→员工创新行为"的直接效果中置信区间并未包含 0（0.084，0.655），表示直接效果成立，代表为部分中介。

表 6-33　工作投入和知识分享自助法检验中介效应分析（因变量：员工创新行为）

Effect 效果	Point Estimate 点估计	Bootstrap 1000 times 自助法 1000 次	
		Bias-corrected 95%置信区间	
		Lower bound 下界	Upper bound 上界
效果			
心理资本→员工创新行为	0.706	0.565	0.869
总间接效果			
心理资本→员工创新行为	0.347	0.148	0.638
特定间接效果			
心理资本→工作投入→知识分享→员工创新行为	0.079	0.007	0.254
直接效果			

续表

Effect 效果	Point Estimate 点估计	Bootstrap 1000 times 自助法 1000 次	
		Bias-corrected 95% 置信区间	
		Lower bound 下界	Upper bound 上界
心理资本→员工创新行为	0.360	0.084	0.655

资料来源：本研究设计。

2. 结果分析

本研究实证了工作投入是心理资本提升员工创新行为的重要路径。在自助法中"心理资本→工作投入→知识分享→员工创新行为"的特定的间接效果中置信区间未包含 0（0.007，0.254），证实了工作投入在心理资本促进员工创新行为提升中具有中介作用，这个研究结果符合了投入—过程产出的结果，心理资本为投入的变量，通过工作投入的过程，产出良好的员工创新行为。此外，"心理资本→员工创新行为"的直接效果中置信区间并未包含 0（0.084，0.655），这表明工作投入在心理资本促进员工创新行为提升中具有部分中介作用。说明工作投入是影响高新技术企业员工创新行为的一个重要前置变量，进一步验证了组织行为学理论的工作投入对员工创新行为影响的结论。有了创新的心理动机，还要有积极的行为，更要有工作投入来实现，工作投入具有高度不确定性，对高新技术企业员工来说，是一个要高度重视的工作过程。这个过程中员工个体的情感、身体和认知投入不同，最后工作投入的结果也有一定差异，所以心理资本起到了十分重要的心理支持作用。另外，本研究证实了知识分享是心理资本提升员工创新行为的重要路径。在自助法中"心理资本→员工创新行为"的特定的间接效果中置信区间未包含 0（0.148，0.638），证实了知识分享在心理资本提升员工创新行为过程中有中介效应，这个结果表明了高新技术企业中员工知识分享的重要性，员工心理资本的特质，会因为知识分享的愿意及能力，进而影响员工的创新行为。此外，"心理资本→员工创新行为"的直接效果中置信区间并未包含 0（0.084，0.655），这表明知识分享在心理资本促进员工创新行为提升中具有部分中介作用。知识分享是高新技术企业员工的探索属性，高新技术的员工具有高知识性，是知识密集的组合体，知识差异化是创新行为产生的前提，如果每个员工知识趋同将对创新产生阻滞作用，创新需要跨学科，而且每个技术在产品实现商业化的过程中，每个环节的知识都发挥着十分重要的作用，所以知识分享就显得十分重要，对于解决前沿技术带来的创新瓶颈有着很好的启发作用，在知识分享中发现创新机会，可产生更多创新行为。

最后，本研究实证了工作投入、知识分享可同时提升心理资本对员工创新行为的影响。在自助法中"心理资本→工作投入→知识分享→员工创新行为"的特定的间接效果中置信区间未包含 0（0.007，0.254），证实了工作投入、知识分享在心理资本促进员工创新行为提升中具有中介作用，这个结果显示，心理资本属于心理变量，首先会通过个人层次的工作投入，进而影响组织层次的知识分享，最后影响员工的创新行为。此外，"心理资本→员工创新行为"的直接效果中置信区间并未包含 0（0.084，0.655），这表明工作投入与知识分享在心理资本促进员工创新行为提升中具有部分中介作用。从这一结论证实了高新技术企业员工有了积极心理资本，就会在工作投入中加大身体、情感和认知投入，把员工个人知识升华为企业的知识，员工有了积极分享的意愿和能力。尤其是能主动在工作中投入身体、情感和认知的员工，以及有较强的知识分享愿望和能力的员工，这部分员工是企业创新的主体来源。

六、环境动态性的调节效应检验与分析

在进行中介及调节效果分析时可采用 Hayes 的研究，采用 Bootstrap 方法进行检验。本研究在之前探讨了心理资本（PSC）对知识分享（KNS）和工作投入（WOE）的间接效果并进行详细的验证，将环境动态性分为技术动态性（EDYTD）以及市场动态性（EDYMD）对知识分享（KNS）→员工创新行为（EIB）及工作投入（WOE）→员工创新行为（EIB）的调节作用。后进行再进一步的调节中介效果的分析。对数据通过抽出放回的方式反复抽样，修正统计可能产生的非正态结果，进行标准误的修正。

1. 验证结果

检验环境动态性在不同水平下作为调节变量，工作投入（WOE）作为自变量对员工创新行为（EIB）作为因变量影响检验的调节效果的大小。调节效应的检验结果如下表 6-34 所示。

表 6-34　调节效果检验

DV	IV	coeff	se	t	p	LLCI	ULCI
KNS	常数	2.188	0.177	12.355	0.000	1.840	2.536
	PSC	0.603	0.032	18.593	0.000	0.539	0.666
WOE	常数	2.099	0.176	11.952	0.000	1.754	2.444
	PSC	0.627	0.032	19.494	0.000	0.563	0.690
EIB	常数	−0.020	0.660	−0.031	0.976	−1.317	1.277
	KNS	0.051	0.157	0.326	0.744	−0.257	0.360
	WOE	0.495	0.137	3.608	0.000	0.226	0.765
	PSC	0.345	0.049	7.030	0.000	0.249	0.442
	EDYTD	0.313	0.302	1.034	0.302	−0.281	0.906
	EDYMD	−0.074	0.277	−0.269	0.788	−0.618	0.469
	WOExEDYTD	**0.143**	**0.064**	**2.236**	**0.026**	**0.017**	**0.269**
	WOExEDYMD	**−0.193**	**0.059**	**−3.270**	**0.001**	**−0.308**	**−0.077**
	KNSxEDYTD	**−0.206**	**0.059**	**−3.497**	**0.001**	**−0.322**	**−0.091**
	KNSxEDYMD	**0.229**	**0.054**	**4.280**	**0.000**	**0.124**	**0.334**

注：自助 5000 次。

技术动态性（EDYTD）对工作投入（WOE）→员工创新行为（EIB）的调节效果为 0.143（p = 0.026 < 0.05），置信区间为（0.017，0.269），区间不包含 0，表示调节效果存在且为正向调节。因此，本研究的假设 H10a 成立。

市场动态性（EDYMD）对工作投入（WOE）→员工创新行为（EIB）的调节效果为−0.193（p = 0.001 < 0.05），置信区间为（−0.308，−0.077），区间不包含 0，表示调节效果存在且为负向调节。因此，本研究的假设 H10b 成立。

技术动态性（EDYTD）对知识分享（KNS）→员工创新行为（EIB）的

调节效果为-0.206（p=0.001< 0.05），置信区间为（-0.322，-0.091），区间不包含 0，表示调节效果存在且为负向调节。因此，本研究的假设 H11a 成立。

市场动态性（EDYMD）对知识分享（KNS）→员工创新行为（EIB）的调节效果为 0.229（p< 0.001），置信区间为（0.124，0.334），区间不包含 0，表示调节效果存在且为正向调节。因此，本研究的假设 H11b 成立。

2. 结果分析

根据表 6-34 数据检验结果，假设 H10 的实证得到支持，假设 H10a、H10b 也得到了支持。这与曹科岩、张文勤和刘云等学者的研究成果相符。说明环境动态性（技术动态性和市场动态性）在工作投入与员工创新行为二者之间有情景边界作用，进一步说明在二者之间存在着调节作用。首先，当技术动态性变动增大时，员工为了适应这样的技术环境而不至被淘汰，必须投入更多的心力来学习新的技术，以强化自身的技术水平，符合时代潮流，因此可以通过增加自身工作投入的状态，增进创新行为的发展，因此技术动态性在工作投入与员工创新行为之间具有正向调节作用。其次，市场动态性变动增大时，对于市场需求的预测难度也相对会提高，因此员工可能会认为自身投注心力实施的创新行为，不一定会被市场青睐，而可能导致其工作信心降低，减少其工作投入对创新行为之影响，因此容易造成其工作投入与创新行为的关系减弱，而产生市场动态性在工作投入对于创新行为的负向的调节作用。

根据表 6-34 数据检验结果，假设 H11 的实证得到支持，假设 H11a、H11b 也得到了支持。这与奚雷，彭灿和张学伟、李正卫、罗瑾琏，胡文安和钟竞等学者的研究成果相符。说明环境动态性对知识分享与员工创新行为之间的关系确实有调节作用。首先，倘若技术动态性变化强烈时，员工需要耗费更多的时间与心力去学习新的知识，导致员工无额外的时间进行知识分享，也可能会因自身的知识分享，导致他人对自身的竞争威胁，因此技术动态性在知识分享与员工创新行为之间存在负向调节作用。其次，因市场动态性的瞬息万变，员工在一致对外的情形下，反而形成市场动态性在知识分享上对创新行为产生正向的调节作用。

七、环境动态性被调节的中介效应检验与分析

1. 验证结果

调节中介效果分析如表 6-35 所示，从结果中可以看出：

技术动态性（EDYTD）调节心理资本（PSC）通过工作投入（WOE）为中介的效果为 0.090，在 95% 的置信区间为（-0.005，0.241），包含 0，表示被调节的中介效果不存在。因此，本研究的假设 H12a 不成立。

市场动态性（EDYMD）调节心理资本（PSC）通过工作投入（WOE）为中介的效果为 -0.121，在 95% 的置信区间为（-0.252，-0.005），不包含 0，表示被调节的中介效果存在。因此，本研究的假设 H12b 成立。

技术动态性（EDYTD）调节心理资本（PSC）通过知识分享（KNS）为中介的效果为 -0.124，在 95% 的置信区间为（-0.251，-0.030），不包含 0，表示被调节的中介效果存在。因此，本研究的假设 H13a 成立。

市场动态性（EDYMD）调节心理资本（PSC）通过知识分享（KNS）为中介的效果为 0.138，在 95% 的置信区间为（0.022，0.234），不包含 0，表示被调节的中介效果存在。因此，本研究的假设 H13b 成立。

表 6-35　被调节的中介效果检验

Moderator 调节变量	Mediator 中介变量	Index 指标	SE（Boot）	BootLLCI	BootULCI
EDYTD	WOE	0.090	0.059	-0.005	0.241
	KNS	-0.124	0.057	-0.251	-0.030
EDYTD	WOE	-0.121	0.062	-0.252	-0.005
	KNS	0.138	0.056	0.022	0.234

注：1. 自助 5000 次。2. SE（Boot）、BootLLCI 和 BootULCI 分别表示通过偏差矫正的百分位 Bootstrap 法估计的间接效应的标准误差、95% 置信区间下限和上限，下同。

2. 结果分析

关于环境动态性中的技术动态性在心理资本通过工作投入对员工创新行为调节的中介效用（假设 H12a），根据表 6-35 数据检验结果显示，假设 H12a 在实证分析中没有得到验证。这与刘业鑫、吴伟伟的研究结果相

符。这个结果显示，技术动态性对工作投入与员工创新行为是正向的调节效果，虽然结果不显著但仍有部分影响，只是影响的程度并不明显。说明高新技术企业中，技术具有独特性，有其科学规律，尤其是当前国外对"芯片"等技术的"垄断"和"卡脖子"，我国以华为为首的高新技术企业十分被动，目前对我国高新技术企业的打压十分明显，这不是我们当前在短时间内能一举突破的，我们只能尊重技术的科技性和规律性，慢慢积累核心技术，总有一个时间点我们能摆脱当前的困境。这也对高新技术企业提出了在具备强大心理资本的同时，需要更加投入工作中去，一步一个脚印，大量投入研发经费，员工也需要加大工作投入，为以后出现类似目前国外技术"卡脖子"的状况做好准备工作。

根据表6-35数据检验结果，假设H12的实证得到支持，假设H12b也得到了支持，说明环境动态性中的市场动态性在心理资本通过工作投入对员工创新行为调节的中介效用为负向。这与刘业鑫、吴伟伟的研究结果相符。这个结果显示，虽然在工作投入的中介的效应分析中，自变量心理资本通过中介变量工作投入对因变量员工创新行为会有正向的影响，但当市场动态性的因素加入后，反而减低了工作投入与员工创新行为的作用关系。

根据表6-35数据检验结果，假设H13的实证得到支持，假设H13a、H13b也得到了支持。这与王雁飞、王丽璇、朱瑜的研究成果相符。说明环境动态性在心理资本通过知识分享对员工创新行为之间的关系有调节作用。首先，技术动态性对心理资本通过知识分享对员工创新行为调节的中介效用为负向，这代表技术动态性变动较大时，员工知识分享与员工创新行为的作用关系会降低。其次，市场动态性对于心理资本通过知识分享对员工创新行为调节的中介效用为正向，这代表面对市场动态性的瞬息变动，有助于知识分享与员工创新行为作用关系的增强。

第六节　稳健性检验

在众多实证研究中，稳健性检验成了观测数据回归分析更合理的因果推断中的改进角色。这也是目前很多专家学者在实证分析中对数据结果进行验证的方法之一，这样可提高验证数据回归结果的有效性。稳健性检验就是提供单一研究中已经存在的多重分析，也就是基于多个合理的模型设定进行估计。通过探讨基准模型估计效应的稳健性，提供额外的证据。如果稳健性检验模型发现相同或者相似的点估计具有较小的标准误，即使多重稳健性检验的不确定性可能增加，对基准模型估计的效应大小而言，不确定性也会减少，不管哪种情况，稳健性检验都可以增加结论的有效性。即改变了模型中的变量用替代变量进行回归，原有方向不变和数字变动微小或者不改变，这样表明稳健性较强，反之则稳健性较弱。

　　根据稳健性检验的现有文献进行总结，稳健性检验的数量和种类很多，如果把微小的细节和差异都考虑进来，稳健性检验可能数不胜数。对于一个研究问题，不是所有的前置稳健性检验都与之有关。相反每个项目都需要一个不同的检验，因为稳健性检验的相关程度取决于特定的模型种类、预期推断和数据结构。我们根据现有文献总结了较常规的稳健性检验，主要以五种方法来做数据回归进行稳健性检验，即模型变异检验、随机置换检验、结构置换检验、极限检验和安慰剂检验。具体如下：一是模型变异检验。主要方法是以离散的方式对基准模型的某项维度进行改变。该检验将模型的某项维度进行改变，比如，改变控制变量、样本大小的设定，来观察和对比改变前后的分析结果和方向。二是随机置换检验。在实际操作中用虚拟变量来替换自变量的方法，将原来的样本按照大小两类标准进行分割，将替换后的进行分割的虚拟变量进行多次回归分析，然后对回归后的核心系数的显著性进行观察和对比是否发生改变，未改变则说明原来的研究结果具备稳健性。三是结构置换检验。该方法要穷尽一个小空间中所有可能的替代模型。该方法好像刀切法，一次删除一个或者一组分析单元，根据结果对比来分析模型在多大程度上依赖这些单元或者组，从而判断出更稳健的模型。四是极限检验。该方法主要是对基准模型不稳健的估计，探讨哪种模型设定会使基准模型估计不稳健，极大限度地讨论出基准模型的错误设定，这个方法探讨的是需要在多大程度上改变模型的设定才能使基准模型估计变得不稳健。五是安慰剂检验。安慰剂对照研究是检验药物治疗的一种方法，主要用于对照实验，其中一组被试接受待评估的治疗，一个控制组接受安慰剂治疗，安慰剂治疗被特意设计为不产生实际效果，最后来进行观察被试组的前后反应是否有显著变化。

本研究为了在原回归分析的基础上验证分析结果的稳健性，采用了上面的第二种方法即随机置换检验法，赵红丹和周君①即通过相似变量替换自变量的方法检验该回归分析结果是否有稳健性。首先，以先前的分析模型作为基准模型，根据选定的自变量的中位数来划分成上中位和下中位两类数据，本研究中的自变量心理资本具备连续数据属性，其中位数是3.53，将自变量心理资本划分为两类数据，来置换原来的心理资本自变量，并进行虚拟变量转换。其次，用置换后的代替变量的虚拟数据，构建新的回归分析模型，再逐一进行回归分析结果验证。最后，通过再次验证，进行置换后的稳健性检验结果与本研究中的结构上文中的结果进行比较，如果排除某些回归系数结果有细微变化的情况下，验证后的回归分析中的关键系数的符号和显著水平都没有改变，那么本研究的回归分析结果具有一定的稳健性。

第七节　实证研究结果汇总

本研究通过调研数据所得研究假设检验结果如下（见表6-36）。

表6-36　研究假设汇总

主要内容	编号	研究假设	结果
心理资本与员工创新行为	H1	心理资本正向影响员工创新行为	成立
	H1a	任务型心理资本正向影响员工创新行为	成立
心理资本与员工创新行为	H1b	关系型心理资本正向影响员工创新行为	成立
	H1c	学习型心理资本正向影响员工创新行为	成立
	H1d	创新型心理资本正向影响员工创新行为	成立

---

① 赵红丹，周君. 企业伪善、道德推脱与亲组织非伦理行为：有调节的中介效应 [J]. 外国经济与管理，2017，39（1）：15-28.

续表

主要内容	编号	研究假设	结果
工作投入的中介作用	H2	心理资本正向影响工作投入	成立
	H2a	任务型心理资本正向影响工作投入	成立
	H2b	关系型心理资本正向影响工作投入	成立
	H2c	学习型心理资本正向影响工作投入	成立
	H2d	创新型心理资本正向影响工作投入	成立
	H3	工作投入正向影响员工创新行为	成立
	H3a	身体投入正向影响员工创新行为	成立
	H3b	情感投入正向影响员工创新行为	成立
	H3c	认知投入正向影响员工创新行为	成立
	H4	工作投入在心理资本与员工创新行为关系间起中介作用	成立（部分中介）
知识分享的中介作用	H5	心理资本正向影响知识分享	成立
	H5a	任务型心理资本正向影响知识分享	成立
	H5b	关系型心理资本正向影响知识分享	成立
	H5c	学习型心理资本正向影响知识分享	成立
	H5d	创新型心理资本正向影响知识分享	成立
	H6	知识分享正向影响员工创新行为	成立
	H6a	知识分享意愿正向影响员工创新行为	成立
	H6b	知识分享能力正向影响员工创新行为	成立
	H7	知识分享在心理资本与员工创新行为关系间起中介作用	成立（部分中介）

续表

主要内容	编号	研究假设	结果
工作投入与知识分享的链式中介作用	H8	工作投入正向影响知识分享	成立
	H8a	身体投入正向影响知识分享	成立
	H8b	情感投入正向影响知识分享	成立
	H8c	认知投入正向影响知识分享	成立
	H9	工作投入与知识分享在心理资本与员工创新行为间起链式中介作用	成立（部分中介）
环境动态性的调节作用	H10	环境动态性调节工作投入对员工创新行为的关系	成立
	H10a	技术动态性调节工作投入对员工创新行为的关系	成立
	H10b	市场动态性调节工作投入对员工创新行为的关系	成立
	H11	环境动态性调节知识分享对员工创新行为的关系	成立
	H11a	技术动态性调节知识分享对员工创新行为的关系	成立
	H11b	市场动态性调节知识分享对员工创新行为的关系	成立
	H12	环境动态性调节心理资本通过工作投入对员工创新行为的间接关系	部分成立
	H12a	技术动态性调节心理资本通过工作投入对员工创新行为的间接关系	不成立
	H12b	市场动态性调节心理资本通过工作投入对员工创新行为的间接关系	成立
	H13	环境动态性调节心理资本通过知识分享对员工创新行为的间接关系	成立
	H13a	技术动态性调节心理资本通过知识分享对员工创新行为的间接关系	成立
	H13b	市场动态性调节心理资本通过知识分享对员工创新行为的间接关系	成立

资料来源：本研究设计。

第八节　本章小结

　　本章对前面几章构建的假设模型进行了相关实证研究。首先，进行样本描述性统计说明，以了解研究对象的个人特征与其所属的企业特征。其次，进行信度与效度的分析，针对研究模型中的员工创新行为、心理资本、知识分享、工作投入、环境动态性等测量题项进行检验，通过检验结果可以知道每个变量的测量题项都符合标准，表示题项具有良好信度与效度。再次，运用结构方程模型构建心理资本对员工创新行为的多元中介效应模型，检验收敛效度、区别效度、模型拟合度等。再其次，用回归分析与自助法检验环境动态性在知识分享对员工创新行为、工作投入对员工创新行为、心理资本通过知识分享对员工创新行为、心理资本通过工作投入对员工创新行为之间的调节作用。接着对直接效应、中介效应和调节效应的实证研究结果展开了讨论和总结。最后，采用了随机置换检验的方法对回归分析做了稳健性检验，检验了数据分析关键系数结果的优化和稳健，进一步验证了构建出的模型的科学性和稳健性。

第七章

研究结论与启示

本研究从现实背景和理论背景论述本研究的研究意义。结合实践指出本研究中还存在的不足之处，为下一步研究提出方向与建议。本研究探讨高新技术企业员工如何通过影响心理资本来提升员工创新行为，分别以工作投入、知识分享及环境动态性为分析研究载体，利用定量方法分析了员工创新行为的影响因素与作用程度。本章在对现有文献梳理和对相关基础理论建构整合模型的基础上，结合调研数据，进行了直接效应回归分析、中介效应检验和调节效应检验，最后得出研究结论。

第一节　研究结论

本研究中以心理资本理论、工作要求—资源模式理论、知识管理理论、双元创新理论和资源基础理论为基础理论，在梳理归纳现有文献的基础上，对本研究提出的核心概念和维度进行了界定和讨论，并对各变量的测量量表在预调研基础上进行了修正，经过对正式调查问卷数据的收集，对假设关系进行实证研究，考察心理资本对员工创新行为的直接效应，同时考察了工作投入、知识分享这两个变量在这一作用路径中的中介效应机制，进一步考察了这两个维度的链式中介，最后加入环境动态性的调节作用和被调节的中介效应的探讨。经过上述检验过程，本研究获得的结论包括以下几方面。

一、心理资本对员工创新行为主效应影响的研究结论

在现有文献中，心理资本对员工创新行为影响的研究有大量成果，以前的实证研究和量表开发都集中在制造业或知识型企业，但是研究高新技术企业，同时用本土量表来进行验证的研究相对不足。因此，本研究将心

理资本本土量表对高新技术企业员工相结合进行实证研究，通过回归模型进行回归分析的相关结果的数据说明，员工创新行为明显能够在心理资本的影响下产生较为显著的正向效应。对技术与知识密集的高新技术企业而言，员工的心理资本对于员工创新行为能有效地起到促进作用。高新技术企业与传统企业相比拥有新的发展模式，高新技术企业须将研发技术与知识累积分享作为企业核心价值，不只是以企业产品的大量生产或是成本降低为主，而是能将企业转型由生产导向转而为技术导向，以高新技术含量创造产品的高附加值。这些都需要高新技术企业员工的创新来完成技术导向和企业转型。高新技术企业的工作内容相较于传统企业面临的创新压力更大。创新工作的行为被视为个人行为，目的在于为企业提出新的想法，并将想法实现的过程。而新想法的产生是反复淬炼的结果，若员工无强大的心理资本，恐怕无法胜任。通过任务型心理资本、关系型心理资本、学习型心理资本、创新型心理资本，可帮助企业员工突破现有发展的瓶颈，从而促进企业转型、升级。同时也说明，高新技术企业在创建和发展的过程中，企业必须高度重视青年人的积极发展、高度重视员工的心理资本建设，为激发员工创新行为提供强有力的智力和行动支撑，共同将这些心理因素用于指导员工在实践上的创新，进一步激发员工创新行为，最终推进高新技术企业实现强有力的持续发展。

二、工作投入和知识分享的中介作用的研究结论

（一）工作投入的部分中介作用

实证检验结果表明，高新技术企业员工工作投入在心理资本与员工创新行为间起到了部分中介作用。这说明，企业应充分重视员工在完成工作时的工作投入程度，并通过提高工作投入来提升员工创新行为。心理资本主要是让人在面临失败的时候有积极向上的动力，在全身心投入工作任务中的时候，需要有坚忍的意志来支持员工做好管理、研发和后勤等工作。心理资本是个体在面对挑战和压力时所具备的积极心理状态，而工作投入是指个体对工作的情感、认知和行为的投入程度。当员工具备较高的心理资本时，他们更有可能在工作中表现出高度的工作投入。Kahn 指出个体在工作中，会通过身心来表达是否愉悦。具体来说，心理资本中的自信、

韧性、乐观和希望等因素可以促进员工对工作的积极态度和动力。自信的员工更有勇气尝试新的想法和方法，而韧性使得员工能够更好地应对创新过程中的失败和挫折。乐观的员工更容易看到问题的积极面和机会，而希望则激发员工对未来的积极预期和信念。Alessandri 等指出心理资本对工作投入很重要，被激励的员工会投入很大的工作热诚。高工作投入的员工更有可能将自己的时间、精力和注意力集中在工作上，并且愿意付出额外的努力来推动创新。他们更容易对工作产生浓厚的兴趣和热情，主动寻求新的知识和技能，积极参与团队合作和知识分享。此结论进一步拓展了 Jena 和 Memon、Montani 等的研究成果，即心理资本在工作中激发员工的极大热情投入工作，而员工的工作投入热情程度也直接影响员工创新行为的表现。因此，工作投入在心理资本和员工创新行为之间起到了促进的作用。心理资本通过增强员工的积极心理状态，进而影响他们的工作投入程度，最终促进员工的创新行为。组织可以通过培养员工的心理资本，提高他们的工作投入水平，以激发员工的创新潜力和推动组织的创新发展。本研究的结论使得工作投入成为影响员工创新行为的重要条件，揭开了工作投入在心理资本和员工创新行为机制里面的黑箱，为高新企业鼓励员工工作投入提供了理论支持和实践指导。

（二）知识分享的部分中介作用

本研究验证了知识分享在心理资本与员工创新行为之间起着部分中介效应，这进一步说明高新技术企业知识密集型和知识创新型的特殊属性，表明知识分享对高新技术企业员工进行创新行为具有很强的促进作用。心理资本是个体在面对挑战和压力时所具备的积极心理状态，而知识分享可以促进员工之间的信息交流和知识传递，进而增强员工的心理资本。这一研究结论与 Wu 和 Lee 的研究结果吻合，表明心理资本与知识分享之间的正向效应。资源基础理论指出企业员工充分利用内部知识是企业发展的前提和基础，高新技术企业员工对内部各种知识充分掌握有助于提升整个企业的知识创造。通过与他人分享自己的知识和经验，员工可以获得他人的认可和尊重，从而提升他们的自尊心和自我效能感。这些积极的心理状态可以促进员工更积极地面对工作中的挑战和压力，从而更有可能表现出创新行为。Presbitero、Roxas 和 Chadee 等指出知识分享能够帮助员工通过交换知识，激发更多的灵感，有助于提升创新行为。具体来说，知识分享可以帮助员工获取新的知识和技能，增强他们的自信心和韧性。此外，知识分享还可以促进员工之间的合作和协作，增强团队的凝聚力和创造力。通过分享知识和经验，员工可以更好地理解彼此的工作和需求，从而更好地协作和配合。这种合作和协作可以激发员工的创新思维，促进新想法和新方法的产生。因此，组织可以通过促进知识分享来增强员工的心理资本，进而促进员工的创新行为。例如，组织可以建立知识管理系统，提供知识分享平台，鼓励员工之间的交流和合作，以及提供培训和发展机会，帮助员工提升知识和技能水平。本研究的结论说明在高新技术企业里面知识分享具有很大作用，这为我们进一步对高新技术企业进行知识管理提供了依据。

（三）工作投入与知识分享的链式中介效应

本研究得出工作投入及其三个（情感、认知和身体）不同维度对知识分享的影响效应，进一步使用 Bootstrap 方法验证了在心理资本对员工创新行为发生作用的路径中，工作投入与知识分享二者表现出来的链式中介效应。结果表明，工作投入及其三个（情感、认知和身体）维度与知识分享、工作投入与知识分享的链式中介效应显著。通过工作投入与知识分享两个核心变量递进呈现链式中介作用，企业员工高度重视工作投入和增强知识分享行为。工作投入及其包含的三个维度均正向影响了员工的创新行为。研究结果进一步证实了 Steinheider 和 Verdorfer 等学者的研究，即工作越投入的员工，其知识分享的意愿与能力就会越高。员工加大工作投入为企业带来更多创新的机会，员工全身心投入工作，加大了对工作的理解，加大了对工作中困难的攻克机会，容易形成团结奋斗、攻坚克难的企业文化，从而进一步将所得到的知识与技术进行分享、储存与管理。工作投入与知识分享在心理资本对员工创新行为间存在链式中介效应。该研究与徐劲松和陈松的结论一致，明晰了工作投入对知识分享的前因影响作用，在员工多角度的工作投入后，对知识分享的意愿就会更加浓厚，工作投入越多，对知识分享的意愿和需求就越大，企业里面在身体投入加大的同时，知识分享能力也会增强，工作投入越多，掌握的企业内部知识也就越多，一部分员工就有了知识分享能力，一部分情感和认知投入变多，对外部知识需求增加，极度希望能获得外部的知识分享，以此来满足当下创新机遇识别和把控所需的知识。可强化心理资本，提升工作投入，进行知识分享，最终开创多样化创新路径。可通过工作投入来开发新的产品和服务，提高企业绩效并有助于企业持续发展。综合上述，在心理资本与员工创新行为关系中，工作投入与知识分享呈递进式链式中介效应，完善知识管理机制，揭开了二者间关系的递推式的链式中介作用。

三、环境动态性的调节作用的研究结论

本研究验证了环境动态性的调节效应，结果显示，环境动态性积极影响着工作投入、知识分享以及员工创新行为等变量间的关系。资源基础理论指出，动态调节能力是企业为了应对外部环境的变化，统一整合内部资源而建立的具有动态性质的特殊能力，进而转化为内部条件去建立竞争优势。

（一）环境动态性调节工作投入对员工创新行为的关系

根据回归分析结论，技术动态性调节工作投入对员工创新行为的关系。例如，技术动态性增加，工作投入对员工创新行为的关系会增加。当技术环境的动态变化增大时，工作投入与员工创新行为间的关系比技术环境的动态变化小时，两者的关系更加紧密。另外，市场动态性调节工作投入对员工创新行为的关系。例如，市场动态性增加，工作投入对员工创新行为的关系会降低。由于企业所处的市场环境起伏动荡，市场的动态变化大，工作投入与员工创新能力的正向关系会因此减弱。由此可知，高新技术企业的工作投入与员工创新行为也随着环境的变动而有所不同。企业员工的工作投入会根据技术的变化幅度而增加与员工创新行为的关系，也就是技术动态性与企业自身的创新能力匹配，有预见性、动态性，能驾驭，能在技术动态性状态下共同持续发展，有助于提升员工创新行为，实现高新技术企业的生存与发展。但对于外在市场，若变化太大，反而削弱了工作投入与员工创新能力的正向关系。

（二）环境动态性调节知识分享对员工创新行为的关系

从回归分析结论来看，技术动态性调节知识分享对员工创新行为的关

系。例如，技术动态性增加，知识分享对员工创新行为的关系会降低。当技术环境的动态变化增大时，知识分享与员工创新行为间的正向关系会减弱。技术型的环境的动态性主要通过研发活动的动态变化对企业的经营产生影响，而且技术变动通常表现出飞跃性增长，企业在技术型的动态环境中会面临更多的挑战，一旦没有跟上技术研发的脚步，就会为企业带来危机，技术动态性削弱知识分享与员工创新行为的关系。市场动态性调节知识分享对员工创新行为的关系。例如，市场动态性增加，知识分享对员工创新行为的关系会增加。当市场动态性增大时，知识分享与员工创新行为间的正向关系会增加，当员工获取最新市场的变化，会分享扩散给公司内部员工，促进公司内部的创新转型，这是决定企业能否存活的关键因素。市场动态性越大，外部的信息越多，越需要知识分享获取外部知识。

（三）环境动态性调节心理资本通过工作投入对员工创新行为的间接关系

从实证检验结论来看，当环境动态性变化时，工作投入中介效应也会有所不同。本研究证实了市场动态性对"心理资本—工作投入—员工创新行为"路径具有调节作用，证实了技术动态性对"心理资本—工作投入—员工创新行为"路径不具有调节作用。这也正面说明了当前美国对我国高新技术企业打压，尤其是在核心技术领域"卡脖子"，对我国高新技术企业的影响巨大，我们可以通过加大工作投入、员工辛勤付出、从亚非拉其他国家拓展市场，但是核心技术需要一代人或者几代人的时间积累，不可能一蹴而就，加大工作投入只能加速核心技术的发展，但是不是立刻获得前沿的高精尖技术，所以员工要做好打持久战的心理准备。

（四）环境动态性调节心理资本通过知识分享对员工创新行为的间接关系

从实证检验来看，技术动态性调节心理资本是通过知识分享对员工创新行为的间接关系。本研究证实了技术动态性和市场动态性二者都对"心理资本—知识分享—员工创新行为"路径具有调节作用。也就是说，无论在市场动态性上还是在技术动态性上，知识分享的中介效应都随之变化。这也从正面回应了高新技术企业的高知识性属性，对新知识和前沿知识的敏感度和吸收能力是巨大的，有新知识就能转化为新技术和新市场，所以知识分享能根据环境动态性的因素发生相应的变动，也证实了环境动态性是无法提前预知的，所以技术对知识分享高度敏感，外部市场对新知识也高度敏感，知识迭代特性在技术和市场层面被调节表现得淋漓尽致。

第二节　研究贡献与实践启示

根据心理资本理论等基础理论，系统性地分析了心理资本对员工创新行为产生的影响。本研究做出了理论贡献，也阐述了实践启示。

一、理论贡献

1. 本研究选取定量实证研究的方法进一步验证了心理资本对员工创新行为的重要性，进一步验证了国内外学者得出的结论。目前心理资本的相关研究中，大部分学者从希望、乐观、自我效能、韧性等维度阐述心理资本的内涵，极少研究从任务型心理资本、关系型心理资本、学习型心理资本、创新型心理资本出发来探讨心理资本对员工创新行为的影响。本研究筛选出全国六个区域 636 位高新技术企业员工作为调研对象来进行研究，同时以文献回顾完善了本研究各变量的维度和研究假设、设计量表。由于四个维度的差异性，结合实践找出其产生差异性的原因，讨论并弥补现有的研究，为心理资本影响创新行为的研究提供了新的研究视角。

2. 本研究结论发现工作投入和知识分享在心理资本上对员工创新行为具有中介作用。以往关注的更多是个体之外的变量，较少关注工作投入和知识分享对员工创新行为的多重中介影响。本研究从员工个体层次出发，探寻高新技术企业员工在工作中的多方投入，尤其是情感、认知和身体投入对创新行为的作用机制，同时在知识分享的能力和意愿上起到传导机制，验证了工作投入、知识分享对心理资本与员工创新行为各自的中介作用，证实了工作投入和知识分享对员工创新行为具有显著影响，不仅拓展了创新行为的组织行为学研究视角，也丰富了员工创新行为前置变量的研究成果，这对打开员工创新行为的黑箱奠定了一定的理论基础。

3. 本研究发现工作投入、知识分享二者在心理资本和员工创新行为中起着链式中介作用。目前现有的文献中还没有把工作投入和知识分享一起纳入中介作用中进行研究的，更鲜有学者研究二者是否具有链式中介作用。本研究通过实证得到了二者的确具有链式中介作用，对进一步理解心理资本、工作投入和知识分享对员工创新行为之间的内在关系、揭示工作投入和知识分享对员工创新行为的影响做出了重要理论贡献。

4. 本研究挖掘了环境动态性（技术动态性和市场动态性）与工作投入和知识分享之间复杂的交互作用，进一步识别了环境动态性在员工创新行为过程中的情景边界效应，现有文献大多关注员工创新行为引发的直接效应，本研究在工作投入和知识分享与员工创新行为之间引入环境动态性作为调节变量。考察了环境动态性在工作投入和知识分享对员工创新行为的调节作用，也分别考察了技术动态性和市场动态性在心理资本通过工作投入和知识分享对员工创新行为的被调节作用。通过技术动态性和市场动态性对工作投入和知识分享影响员工创新行为的情境边界及作用方式的揭示，展示了高新技术和顾客市场对员工创新行为发挥作用的情景条件。这样使得我们在讨论员工创新行为的时候，不仅要紧扣技术和市场不确定性之间的关系，而且要把二者之间的影响关系挖掘得更为清晰和完整，即在关注员工创新行为的时候，把技术不确定性因素和市场不确定性因素作为考虑因素进一步深入研究，为后续研究员工创新行为影响机制提供新的探索性研究框架。

二、实践启示

本研究在前几章理论分析和实证检验的基础上，深入研究了高新技术企业员工心理资本、工作投入、知识分享和员工创新行为的基础理论和现实状况，探讨了这四个变量的关系，得出了有价值的结论。在已有研究的基础上，本实践启示将从企业组织和员工个人两个角度提出管理建议。

（一）企业组织角度

1. 要重视提升员工的心理资本

企业如何在完成技术研发和市场开拓等重要急迫的任务时，同时能最大限度地保障公司员工的身心健康，激发员工保持积极向上、阳光健康的心理状态？本研究从如何提升员工创新行为的个体视角，探究影响其提升的形成机制的前因变量，为提升我国高新技术企业创新指引了方向。本研究就高新技术企业如何提升员工心理资本，有哪些提升维度及这些维度之间关系如何，为高新技术企业提升员工心理指明了道路。当前，我国企业创新转型一直是国家政策主要推动的项目，各种奖励创新的措施也全面展开。但由于创新是一个漫长的过程，需要不断打磨、淬炼、调整，并非一蹴而就，许多企业可能还等不到创新的成果就结束了企业的经营。高新技术企业更是强调知识与技术的创新，若无法拥有突出的创新成果，其企业的经营年限可能会比一般的企业更加短。在高新技术企业中，知识型员工要有良好的心理素质来提升企业的创新水平，从而提高企业的存活率。本研究结论也验证了，高新技术企业员工的心理素质对员工创新行为产生显著正向的作用，而且关系型心理资本与任务型心理资本的作用力对员工创新行为水平的影响程度超过了学习型心理资本与创新型心理资本。在企业内部培训资源有限的情况下，政府或企业人力资源部门应该在员工心理资本养成上，将着力点放在同事之间相互支持与大任务划分小任务的项目合作经验的养成上，使员工以"做中学、学中做"的协作方式去累积其心理资本，这些都是高新技术企业中不可多得的资产，真正实现以创新引导高新技术企业员工向着可持续的路径发展，在过程中不仅企业在创新的推动下有所进展，个人心理资本能量也能有所提升，尤其是给员工提供一个能够相互合作的关系型团队同时需要开发切合员工自身能力的任务型项目，这样心理资本会极大地提升员工创新行为。

2. 企业要积极地为员工创造好的工作投入的工作条件

高工作投入在高新技术企业中是企业发展的常态，但是效果也有差别，这也是管理实践界十分关注的问题。本研究对工作投入在员工创新行为的作用得出了结论，即要想提高员工创新行为，必须让员工加大身体、情感和认知投入，但前提是要充分激发员工的正向心理资本。只有员工把创新型、关系型、学习型和任务型这四类心理资本开发和处理好了，工作投入才会起到中介作用。这就需要企业多了解员工的心理，知道员工所思所想和所虑，不让员工带着不良情绪开展工作，否则即使待够了时间，但是没有投入自己的真实情感，更不会开动自己的认知水平来提升工作质量，这样也就不可能有员工的创新行为产生。由于心理资本、工作投入对员工创新行为都起到很重要的作用，企业必须高度重视激活员工工作投入的情感、身体和认知。同时企业要关注企业员工的身心健康，对于身体状况不太好、精神压力大的员工一定要多给予人文关怀，疏导压力，及时给予心理支持，企业的体育锻炼设施尽可能地配备齐全，场地离员工生活和工作的地方便捷，方便员工在休息期间锻炼身体，企业党群部门多开展团建活动，激发大家的集体意识，增强团队合作意识。多请教国内外创新教育专家，为员工提供多角度的创新思维、创新方法等创新管理培训。

工作投入和知识分享对员工创新行为具有的重要作用，这个中介效应为提升高新技术企业创新行为开拓了新的研究路径和视角。高新技术企业员工增进心理资本的同时，也意识到工作投入和知识分享对员工创新行为的影响，找到了通过心理资本激发高新技术企业员工创新水平存在差异的原因。有了好的工作条件，员工能更多地投入工作，企业要多了解员工的需求和困难，只有员工没有后顾之忧，才能全身心投入企业的工作岗位上，才有精力和动力去进行知识分享，为企业创造一个积极向上、创新氛围浓厚的集体。

从前面理论研究角度证实了高新技术企业员工有了积极心理资本，在工作投入中加大身体、情感和认知投入，在此基础上提升知识分享意愿，同时企业创造条件对有意愿分享知识的员工进行培训，提升员工知识分享能力，把员工个人知识升华为企业的知识，让员工有积极分享的意愿和能力。尤其是对能主动工作，投入身体、情感和认知的员工和有较强的知识分享愿望和能力的员工，企业更应关注他们的工作条件和氛围，这部分员工是企业创新的主要来源，这样的员工也愿意为企业承担相对比较复杂和困难的开拓工作。对公司来说，公司能做到人尽其才，人尽其用；对员工来说，自身价值得到体现，能为自己找到更适合自己的岗位，产生更多的创新行为。对高科技公司来说，提升工作投入激情，激发人才的知识分享极为重要，能够及时分享员工知识，对提升企业创新氛围、团结向上氛围、加快知识创造以及对新产品的开发和市场营销都有极大促进作用，员工会在正向心理资本加持下，积极投入工作，对需要解决问题的知识进行内外分享，而且具备极强的分享意愿和能力，这对提升企业核心竞争力有着极大的战略意义。

3. 企业要及时把握国际国内技术不确定性因素，做好技术研发和知识储备

企业要把握外部不确定性风险，这有助于企业在高复杂性、高不确定

性的环境中能随着市场与技术的变化和演进来调整发展策略，有效提升企业创新能力和水平，为企业"创新战略"的方向提供相应的对策。随着市场经济的不断发展和技术的日新月异，环境的动态性是客观存在的事实，任何企业的经营都避免不了顾客丢失与新技术引发的企业内部和外部环境变化，员工工作投入应随着技术和市场带来的环境变化而变化，帮助企业选择最有利于市场发展的路径。我国的高新技术企业要想实现自身的永续，不能只把希望寄托在政府的政策奖励上，还应在企业内部的工作投入与知识分享上下苦功。况且，环境的动态变化只是促进高新技术企业员工工作投入的外在刺激因素之一。要根据环境的变化，适时针对运营流程提出调整，提高企业的创新能力。企业应该充分利用环境的动态特质，让员工意识到在工作中工作投入与知识分享的重要性，前者在于个人对工作向往的内在动力，后者在于知识的分享与共好，唯有自己投入工作，又愿意分享自身的经验与新知，才能在动荡的环境中摆脱不确定性的困扰，实现企业的创新。本研究的结论表明技术动态性与员工工作投入与创新行为之间没有直接关系，这说明从技术角度来看，企业需要加强对技术的管理工作，以促进员工创新行为。所以企业需要加大对员工的绩效激励、人才培训和知识储备。同时企业还需要加大技术团队的人才建设工作，比如，建立内部技术管理系统，对获取的新技术和新知识进行集中管理和挖掘，组建临时项目组和科研攻坚团队，最大限度利用好本企业的知识员工，加强员工之间的知识分享，组建跨部门研发项目，加强人员和部门之间的合作，以满足企业的技术开发，提升员工创新行为，对现有技术保持高度关注，要积极识别本企业的技术迭代风险，开展相应的技术研发并采取控制措施，积极应对技术动态性给员工带来的不良冲击。

4. 企业要及时把握国际国内市场动态性因素，积极拓展市场应对挑战

从研究结论来看，环境动态性和市场动态性在工作投入和知识分享的交互作用中有较强的影响作用。所以企业应积极面对国内外市场环境的动态变化，主动面对国内外市场变化带来的风险。市场动态性方面，企业要发挥自身技术领先的优势以及把握国际技术发展走向，更要关注顾客的个性化需求，发挥企业员工优势，动员员工积极投入工作，加大知识和信息的获取和分享，第一时间掌握市场需求和企业技术更新迭代的技术信息，激发员工创新行为，让员工在环境动态性中尽快获取技术动态性形成的前

沿技术信息，同时也获取市场动态性形成的市场信息，在企业内部形成全员创新的创新战略格局，比如，国外利用芯片"卡脖子"，我们企业层面应早做准备，及时知晓国外的技术走向，主动获得新知识，在企业内进行知识分享，用新知识代替原有落后的知识和信息。同时对市场信息技术进行把控，做好企业规避风险措施。通过企业员工的主动创新和积极创新行为，提升企业技术产品的竞争力，拓展国内外的市场份额，应对西方国家的技术打压。

(二) 员工个人角度

1. 员工在工作中要保持积极的心理状态

良好的心理状态是员工工作取得好的结果的必备条件。高新技术企业员工在当前是高收入群体的代名词，同时也是工作很辛苦的代名词，"码农""理工男"等无不被用来描述高新技术员工等高知识技术人才，"内向""不善言辞"等也是这类员工的性格"标签"，人们常对这些高新技术企业员工的审视从压力大、收入高但是容易出现不堪重负等角度解读。这也是为什么高新技术企业的员工要从"任务型心理""关系型心理""学习型心理"和"创新型心理"角度开展心理资本研究探讨，只有具备了强大的心理资本，在面对研发压力、管理压力和市场开展困境时才能不陷于无力感，才会尽快走出工作中的窘境，不会迷失工作方向。

2. 员工在工作中要努力地投入工作

高新技术企业面临高速发展、技术迭代和不断变化的商业模式，此外国际国内市场的高度不确定性，需要相当的工作投入才能关注和研究市场和技术环境的因应之道，如此员工才能够有效协助企业跟上外界变化的脚步，并提升企业的创新水平。工作投入提供了一种有效手段，即通过身体、情感、认知的投入走出工作中的困境，增加克服困难的方式。只有全身心投入工作中，才能做出相应的成绩。高科技公司本就站在科技和知识的最前沿，只有随时保持奋斗的姿态和激昂的战斗意志，才能把握知识的前沿和科技的先机，否则创新机遇稍纵即逝。

3. 员工在工作中要主动进行知识分享

知识分享是心理资本的重要结果，因为只有心理资本丰富的员工，才会不怕别人学习而成为自己的竞争者，这为高新技术企业员工的创新奠定了坚实基础。高新技术企业员工拥有不同类型的心理资本，通过知识分享的意愿与能力，对接企业内外部知识、资源，帮助高新技术企业研发新技术、创造新产品、构建新的商业模式与运营模式去把握创新新潮流，掌握新的个体多样化的市场需求，实现高新技术企业的可持续发展。高新企业员工的知识具有内隐性，很多企业实行项目制，临时组建研发团队、服务团队或市场开发团队，这样使得有能力的人才作为项目负责人或者项目组成员，这就需要较强的知识分享意愿和能力，这两种行为缺一不可。发挥员工的知识特长，使项目组运行更灵活，有知识储备的员工就能在里面如愿地进行知识分享，推进项目进展，有意愿分享和较强的分享能力能更快地使得项目组的知识更新，知道研发团队、服务团队和市场开发团队欠缺的知识点和已掌握的知识点，加快项目组内外和企业内外的知识交换和迭代，这一系列活动的开展使得员工潜移默化地提升了创新水平。

4. 员工要在不确定的环境中稳中求进，与企业一道做出自己的贡献

高新技术企业面临高度不确定性和较大风险性的环境，员工更应重点关注环境动态性对自身的影响，正视工作中自己的创新水平，以不变应万变，打铁必须自身硬，把握高新技术企业的发展方向，结合自身优势，努力提升自身素质，应对市场动态性和技术动态性对自身的冲击，发挥好自身在企业中的"螺丝钉"作用，通过工作投入和知识分享积极学习先进知识，并且保持定力，从多渠道、多角度学习知识，不要自绝于世，要多与外界保持技术和知识的交流和沟通，为后续创新活动做好知识铺垫，为后续激发更多的创新行为创造机会，与先进管理知识和技术知识保持一致，在激烈的竞争中不落伍。

第三节　研究局限与展望

一、研究局限

本研究从心理资本对员工创新行为构建了主效应的整合概念框架，从个人心理资本的视角探寻员工创新行为并形成机制，虽然本研究取得了一些理论和实践成果，但是还有不足，需要在后续研究中加以完善和改进。

1. 本研究在调查对象上具有一定的局限性。首先，本研究在研究中选择的调查样本有其局限性，如本研究以东北区域、京津冀区域、长三角区域、珠三角区域、西南区域及其他区域的高新技术企业员工为调研对象，研究得出的结论是否适用于国内没有调查数据的区域的高新技术企业的各类岗位上的员工，需要进一步验证。其次，本研究调查对象的岗位以高新技术企业的研发人员与行政人员居多，研究结论是否能够包含所有工作岗位也有待进一步商榷。最后，在本次数据问卷调研中，本研究在全国6个主要区域回收有效问卷636份，这些有效问卷是否能脱离时间和资源的限制，调查对象的样本数量也具有一定的局限性。

2. 定量调研的局限性。本研究采用定量的方式进行，以问卷发放来采集数据，仅对高新技术企业当前阶段的情况进行调研。在具体调研过程中，并未以面对面的方式进行高新技术企业员工的访谈。因此所得到的结论属于广泛性的结论，在深度上略显不足。此外，本研究因受限于主变量与次变量的维度众多，并没有针对员工创新行为中的探索性创新与利用性创新加以区分，探讨不同的员工创新行为是否受到自变量、中介变量、调节变量影响。员工创新行为在高新技术企业的发展过程当中，不同的前因变量创新方式极有可能导致较大的创新行为的差异化，本研究并未对其进行深入探究。后续研究可将探索性创新与利用性创新加以分别探讨，增进研究的细致程度。

3. 研究构建整合模型的局限性。在本研究中，对心理资本和员工创新行为建构了的整合作用机制模型，探究了工作投入与知识分享在心理资本对员工创新行为的中介效应，两个变量在主效应之间的链式中介效应，环境动态性在心理资本对员工创新行为情景中的调节效应以及进一步深入本研究中的被调节的中介作用。但是，本研究的资源和时间有一定局限性，仅选择了个人视角的变量（心理资本、知识分享、工作投入和员工创新行为）和组织视角的变量（技术动态性和市场动态性），应再出现另外视角变量，比如，领导视角或者团体视角的中介变量与调节变量，这些研究将进一步解开心理资本影响员工创新行为的黑箱。此外，本研究从个人的心理资本出发，终于员工创新行为，探究心理资本与员工创新行为之间的影响机制，并未对心理资本的前因变量进行探讨，也未对员工创新行为所造成的结果变量进行延伸，需后续研究完善。

二、研究展望

针对上文提出的研究局限性进行深入分析，根据具体问题展望未来的研究，建议后续研究中在加大样本调研数量、调研对象进一步完善、增加定性研究、细化员工创新行为和建构中介调节整合模型等方面完善本研究的现有局限，进一步提升后续研究的适用性和严谨性。

1. 扩大调查样本的区域与高新技术企业的数量，以提高样本的代表性。可以加大调研的力度，收集除了本研究涉及的 6 个区域的其他区域数据。同时进一步扩大问卷调查对象的行业，增加高新技术企业员工的岗位类别，调研更广泛的高新技术领域的所处企业，将研究调查对象覆盖面扩大。增加调查样本的数量，以此增加研究结果的稳定度，并降低因样本量不足导致的数据偏差的可能性。

2. 增加定性研究，挖掘心理资本对员工创新行为作用过程的深度。由于定量研究得到的是广泛意见的归纳，其背后原因可能是冰山一角，更加值得去挖掘。如不同类型的心理资本对工作投入、知识分享、员工创新行为的影响力不尽相同，不同的工作投入对知识分享、员工创新行为的作用力也有所差别，其所造成差异的原因都值得深究。这些都是定量研究中所解释不了的现象。未来的研究方向，可以通过质性研究，找出产生差异的原因。此外，深入研究产生这些差异的原因，探索心理资本、工作投入、知识分享对高新技术企业员工创新行为更精确的影响因素。

3. 研究方法的精进，以分辨出探索式创新与利用式创新影响因素的差异。本研究虽然采用双元创新理论的探索式创新与利用式创新来作为研究员工创新行为的因变量，但在研究中由于维度过多，因此在研究方法中，将员工创新行为这个因变量整合为一个维度。根据 March 的分类，探索式创新是以大幅激进的行为进行创新，强调创造、获取全新的知识，以追求超越目前组织的知识基础为创新的本质。利用式创新是以小幅渐进的方式进行创新，针对原有的产品进行改善。由此可以看出，两种员工创新行为的层次有所不同，其影响的因素以及作用力大小也有可能不同。未来的研究可以将探索式创新与利用式创新进行分别探讨，如此便可提供高新技术企业能衡量自身的创新模式，给予创新不同的路径思考。

4. 探索其他对员工创新行为的影响因素，在新变量研究基础上，进一步完善整合模型。在本研究中，成功建构了心理资本对员工创新行为的整合机制模型，从多视角研究了工作投入、知识分享两个中介作用，同时进一步研究了工作投入、知识分享二者之间存在的链式中介，此外还包括了技术动态性和市场动态性的调节作用和被调节的中介效应。在后续研究中，可以在心理资本和员工创新行为的主效应中加入团队或者组织的研究视角，在整合模型中增添新的中介变量或情景变量展开深入分析，进一步构建和完善心理资本对员工创新行为的整合理论框架。

参考文献

一、中文文献

［1］曹红军，王以华．动态环境背景下企业动态能力培育与提升的路径：基于中国高新技术企业的实证研究［J］．软科学，2011，25（1）．

［2］曹科岩，窦志铭．组织创新氛围，知识分享与员工创新行为的跨层次研究［J］．科研管理，2015，36（12）．

［3］曹科岩．团队心理安全感对成员创新行为影响的跨层次研究：知识分享的中介作用［J］．心理科学，2015，38（4）．

［4］曹威麟，彭传虎，梁樑．国外工作投入与工作倦怠研究述评与展望［J］．科研管理，2013，34（11）．

［5］曹兴，刘芳，邬陈锋．知识共享理论的研究述评［J］．软科学，2010，24（9）．

［6］陈国权，王晓辉．组织学习与组织绩效：环境动态性的调节作用［J］．研究与发展管理，2012，24（1）．

［7］陈劲，金鑫，张奇．企业分布式创新知识共享机制研究［J］．科研管理，2012，33（6）．

［8］陈收，施秀搏，吴世园．互补资源与创新资源协同对企业绩效的影响：环境动态性的调节作用［J］．系统工程，2015，33（1）．

［9］陈熹，范雅楠，云乐鑫．创业网络，环境不确定性与创业企业成长关系研究［J］．科学学与科学技术管理，2015，36（9）．

［10］高伟明，曹庆仁，许正权．伦理型领导对员工安全绩效的影响：安全氛围和心理资本的跨层中介作用［J］．管理评论，2017，29（11）．

［11］高中华，赵晨，李超平，等．高科技企业知识员工心理资本对其离职意向的影响研究：基于资源保存理论的调节中介模型［J］．中国软科学，2012（3）．

[12] 古家军，吴君怡．新创企业员工间高质量关系影响失败学习的机理研究 [J]．科研管理，2020，41（5）．

[13] 顾远东，彭纪生．创新自我效能感对员工创新行为的影响机制研究 [J]．科研管理，2011，32（9）．

[14] 管建世，罗瑾琏，钟竞．动态环境下双元领导对团队创造力影响研究：基于团队目标取向视角 [J]．科学学与科学技术管理，2016，37（8）．

[15] 郭钟泽，谢宝国，程延园．如何提升知识型员工的工作投入？基于资源保存理论与社会交换理论的双重视角 [J]．经济管理，2016，38（2）．

[16] 韩杨，罗瑾琏，钟竞．双元领导对团队创新绩效影响研究：基于惯例视角 [J]．管理科学，2016，29（1）．

[17] 韩翼，杨百寅．真实型领导，心理资本与员工创新行为：领导成员交换的调节作用 [J]．管理世界，2011（12）．

[18] 侯二秀，陈树文，长青．企业知识员工心理资本维度构建与测量 [J]．管理评论，2013，25（2）．

[19] 解学梅，吴永慧．企业协同创新文化与创新绩效：基于团队凝聚力的调节效应模型 [J]．科研管理，2013，34（12）．

[20] 柯江林，孙健敏，李永瑞．心理资本：本土量表的开发及中西比较 [J]．心理学报，2009，41（9）．

[21] 李德强，彭灿，杨红．网络能力对双元创新协同性的影响：环境动态性的调节作用 [J]．科技管理研究，2017，37（10）．

[22] 李锐，田晓明，孙建群．自我牺牲型领导对员工知识共享的作用机制 [J]．南开管理评论，2014，17（5）．

[23] 李伟，梅继霞．内在动机、工作投入与员工绩效：基于核心自我评价的调节效应 [J]．经济管理，2012，34（9）．

[24] 李鲜苗，徐振亭．领导心理资本对员工知识共享的跨层次影响研究 [J]．软科学，2018，32（1）．

[25] 李显君，马雅菲，徐可，等．汽车产品开发过程知识共享影响因素实证研究 [J]．科研管理，2011，32（2）．

[26] 李晓艳，周二华．顾客言语侵犯对服务人员离职意愿的影响研

究：心理资本的调节作用 [J].南开管理评论，2012，15（2）.

[27] 李永占.变革型领导对员工创新行为的影响：心理授权与情感承诺的作用 [J].科研管理，2018，39（7）.

[28] 李悦，王怀勇.双元创新行为与心理脱离：矛盾式领导风格的调节作用及其边界条件 [J].科学学与科学技术管理，2018，39（10）.

[29] 连坤予，谢姗姗，林荣茂.中小学教师职业人格与主观幸福感的关系：工作投入的中介作用 [J].心理发展与教育，2017，33（6）.

[30] 连欣，杨百寅，马月婷.组织创新氛围对员工创新行为影响研究 [J].管理学报，2013，10（7）.

[31] 梁阜，李树文.变革型领导对员工创新行为的影响机制：一个跨层次模型研究 [J].科技进步与对策，2016，33（24）.

[32] 梁祺，张纯.包容型领导对员工创新行为的影响：知识共享的中介和批判性思维的调节 [J].商业研究，2016（5）.

[33] 刘丽丽，杜荣，艾时钟.IT服务企业中文化对知识共享与创新行为关系的影响 [J].中国管理科学，2016，24（4）.

[34] 刘明霞，徐心吾.真实型领导对员工知识共享行为的影响机制：基于道德认同的中介作用 [J].中国软科学，2019（2）.

[35] 龙勇，汪谷腾.模块化组织知识共享对创新绩效影响机制的实证研究 [J].管理工程学报，2018，32（3）.

[36] 路琳，陈晓荣.人际和谐取向对知识共享行为的影响研究 [J].管理评论，2011，23（1）.

[37] 罗瑾琏，胡文安，钟竞.双元领导对新员工社会化适应与创新的双路径影响研究 [J].科学学与科学技术管理，2016，37（12）.

[38] 逄键涛，温珂.主动性人格对员工创新行为的影响与机制 [J].科研管理，2017，38（1）.

[39] 彭说龙，谢洪明，陈春辉.环境变动，组织学习与组织绩效的关系研究 [J].科学学与科学技术管理，2005，26（11）.

[40] 钱晓烨，杨百寅，迟巍.心理资本与区域创新活动：来自我国地级市的实证研究 [J].中国软科学，2014（2）.

[41] 任皓，温忠麟，陈启山，等.工作团队领导心理资本对成员组织公民行为的影响机制：多层次模型 [J].心理学报，2013，45（1）.

[42] 宋锟泰, 张正堂, 赵李晶. 时间压力促进还是抑制员工创新行为? 一个被调节的双重路径模型 [J]. 科学学与科学技术管理, 2020, 41 (1).

[43] 苏屹, 周文璐, 崔明明, 等. 共享授权型领导对员工创新行为的影响: 内部人身份感知的中介作用 [J]. 管理工程学报, 2018, 32 (2).

[44] 孙鸿飞, 倪嘉苒, 武慧娟, 等. 知识型员工心理资本与工作绩效关系实证研究 [J]. 科研管理, 2016, 37 (5).

[45] 唐国华, 孟丁. 环境不确定性对开放式技术创新战略的影响 [J]. 科研管理, 2015, 36 (5).

[46] 唐于红, 毛江华. 个体感知差异和职场排斥对知识共享行为的影响机制 [J]. 科研管理, 2020, 41 (4).

[47] 田立法. 高承诺工作系统驱动知识共享: 信任关系的中介作用及性别的调节作用 [J]. 管理评论, 2015, 27 (6).

[48] 王凤彬, 陈建勋. 动态环境下变革型领导行为对探索式技术创新和组织绩效的影响 [J]. 南开管理评论, 2011, 14 (1).

[49] 王启亮, 虞红霞. 协同创新中组织声誉与组织间知识分享: 环境动态性的调节作用研究 [J]. 科学学研究, 2016, 34 (3).

[50] 王士红, 徐彪, 彭纪生. 组织氛围感知对员工创新行为的影响: 基于知识共享意愿的中介效应 [J]. 科研管理, 2013, 34 (5).

[51] 王文平, 谈正达. 有核网络型集群中知识共享深度与知识型企业的创新资源投入关系研究 [J]. 管理工程学报, 2008, 22 (3).

[52] 王雁飞, 王丽璇, 朱瑜. 基于资源保存理论视角的心理资本与员工创新行为关系研究 [J]. 商业经济与管理, 2019, 39 (3).

[53] 王雁飞, 朱瑜. 组织社会化, 信任, 知识分享与创新行为: 机制与路径研究 [J]. 研究与发展管理, 2012, 24 (2).

[54] 王桢, 陈乐妮, 李旭培. 变革型领导与工作投入: 基于情感视角的调节中介模型 [J]. 管理评论, 2015, 27 (9).

[55] 王智宁, 吴应宇, 叶新凤. 员工知识共享的计划行为模型: 基于江苏高科技企业问卷调查的分析 [J]. 情报杂志, 2011, 30 (3).

[56] 文鹏, 包玲玲, 陈诚. 基于社会交换理论的绩效评估导向对知识共享影响研究 [J]. 管理评论, 2012, 24 (5).

[57] 翁清雄，杨惠，曹先霞．科研人员职业成长，工作投入与工作绩效的关系 [J]．科研管理，2017，38（6）．

[58] 吴庆松，游达明．员工心理资本、组织创新氛围和技术创新绩效的跨层次分析 [J]．系统工程，2011，29（1）．

[59] 吴松强，苏思骐，沈忠芹，等．产业集群网络关系特征对产品创新绩效的影响：环境不确定性的调节效应 [J]．外国经济与管理，2017，39（5）．

[60] 奚雷，彭灿，张学伟．外部学习与双元创新协同性的关系：环境动态性的调节作用 [J]．技术经济与管理研究，2018，8（5）．

[61] 向阳，曹勇．知识治理，知识共享与员工创新行为：基于认知视角的研究 [J]．中国管理科学，2012，20（S2）．

[62] 徐劲松，陈松．群体资源对个体知识共享的跨层次影响：心理资本的视角 [J]．科研管理，2018，39（3）．

[63] 闫艳玲，周二华，刘婷．职场排斥与反生产行为：状态自控和心理资本的作用 [J]．科研管理，2014，35（3）．

[64] 阎亮，张治河．组织创新氛围对员工创新行为的混合影响机制 [J]．科研管理，2017，38（9）．

[65] 阎亮，白少君．高绩效工作系统与员工创新行为：个人感知视角的影响机制 [J]．科技进步与对策，2016，33（20）．

[66] 杨皖苏，杨善林．主动性—被动性员工创新行为：基于挑战性—阻断性压力源双路径分析 [J]．科学学与科学技术管理，2018，39（8）．

[67] 杨燕，高山行．心理资本对企业自主创新的作用机理研究：基于组织学习视角的整合框架 [J]．科技进步与对策，2010，27（23）．

[68] 杨自伟，翟海燕．组织战略信息对员工创造力的影响：基于社会资源与认知评价理论整合的视角 [J]．现代管理科学，2015（12）．

[69] 于米．个人/集体主义倾向与知识分享意愿之间的关系研究：知识活性的调节作用 [J]．南开管理评论，2011，14（6）．

[70] 余福茂．集群企业知识分享行为影响因素的实证研究 [J]．科学学研究，2009，27（10）．

[71] 袁朋伟，董晓庆，翟怀远，等．共享领导对知识员工创新行为

的影响研究：知识分享与团队凝聚力的作用 [J]. 软科学, 2018, 32 (1).

[72] 张洁, 廖貅武. 虚拟社区中顾客参与、知识共享与新产品开发绩效 [J]. 管理评论, 2020, 32 (4).

[73] 张文勤, 刘云. 研发主管目标取向对团队反思与知识分享行为的影响 [J]. 科研管理, 2014, 35 (9).

[74] 张晓东, 朱敏. 激励、同事态度和个人文化对知识共享的影响 [J]. 科研管理, 2012, 33 (10).

[75] 张秀峰, 胡贝贝, 张莹, 等. 国家高新区出口转化绩效及影响因素研究：基于创新驱动的视角 [J]. 科学学研究, 2021, 39 (6).

[76] 张亚军, 张金隆, 张千帆, 等. 威权和授权领导对员工隐性知识共享的影响研究 [J]. 管理评论, 2015, 27 (9).

[77] 张钰, 李瑶, 刘益. 社会资本对企业创新行为的影响：基于利用式创新和探索式创新的实证研究 [J]. 预测, 2013, 32 (2).

[78] 张振刚, 余传鹏, 李云健. 主动性人格、知识分享与员工创新行为关系研究 [J]. 管理评论, 2016, 28 (4).

[79] 赵斌, 刘开会, 李新建, 等. 员工被动创新行为构念界定与量表开发 [J]. 科学学研究, 2015, 33 (12).

[80] 赵观兵, 梅强, 万武. 创业环境动态性、创业者特质与创业资源识别关系的实证研究：以产业集群为视角 [J]. 科学学与科学技术管理, 2010, 31 (8).

[81] 赵红丹, 周君. 企业伪善、道德推脱与亲组织非伦理行为：有调节的中介效应 [J]. 外国经济与管理, 2017, 39 (1).

[82] 赵洁, 张宸璐. 外部知识获取、内部知识分享与突变创新：双元性创新战略的调节作用 [J]. 科技进步与对策, 2014, 31 (5).

[83] 赵兰香, 姚萌, 吴博. 隐性知识视角下创新型人才培养模式研究 [J]. 科研管理, 2019, 40 (11).

[84] 赵轩维, 夏恩君, 李森. 网络众包参与者创造力影响因素研究 [J]. 科研管理, 2019, 40 (7).

二、英文著作

[1] BAKKER B A, LEITER P M. Where to Go From Here: Integration and Future Research on Work Engagement [M]. New York: Psychology Press: Work Engagement: A Handbook of Essential Theory and Research, 2010.

[2] DALKIR K. Knowledge Management in Theory and Practice [M]. Cambridge: MIT press, 2017.

[3] DAVENPORT H T, PRUSAK L. Working Knowledge: How Organizations Manage What They Know [M]. Boston: Harvard Business School Press, 1999.

[4] DODGSON M, GANN D, SALTER A. Think, Play, Do: Technology, Innovation, and Organization [M]. New York: Oxford University Press, 2005.

[5] DRUCKER P F. Innovation and Entrepreneurship: Practice and Principles [M]. London: William Heinemann Ltd, 1985.

[6] HAIR F J, BLACK C W, ANDERSON E R, et al. Multivariate Data Analysis [M]. Prentice hall: Upper Saddle River, 1998.

[7] HAYES A F, PREACHER K J. Conditional Process Modeling: Using Structural Equation Modeling to Examine Contingent Causal Processes [M]. Washington, DC: IAP Information Age Publishing, 2013.

[8] JONG J P J. Individual Innovation: the Connection Between Leadership and E mployees, Innovative Work Behavior [M]. Zoetermeer: EIM, 2007.

[9] KLINE R B. Principles and Practice of Structural Equation Modeling [M]. New York: Guilford publications, 2015.

[10] MACEY H W, SCHNEIDER B, BARBERA M K, et al. E mployee Engagement: Tools for Analysis, Practice, and Competitive Advantage [M]. New Jersey: Wiley-Blackwell, 2019.

[11] SCHUMPETER A J. The Theory of Economic Development [M]. Cambridge: Harward University Press, 1934.

[12] STEINHEIDER B, VERDORFER P A. Climate Change? Exploring the Role of Organisational Climate for Psychological Ownership. In Theoretical Orientations and Practical Applications of Psychological Ownership [M]. Berlin:

Springer，2017.

　[13] THOMPSON D J. Organizations in Action：Social Science Bases of Administrative Theory [M]. New York：McGraw-Hill，1967.

　[14] VROOM H V. Work and Motivation [M]. Hoboken：Wiley，1964.

　[15] WEST M A，FARR J A. Innovation and Creativity at Work：Psy chological and organizational strategies [M]. Hobken：John Wiley，1990.

三、英文期刊

　[1] ABDUL N，RAZAK A N，PANGIL F，et al. Theories of Knowledge Sharing Behavior in Business Strategy [J]. Procedia Economics and Finance，2014 (37).

　[2] AKRAM T，SHEN L，HAIDER J M，et al. The Impact of Organiza edge Sharing [J]. Journal of Innovation & Knowledge，2020，5 (2).

　[3] ALESSANDRI G，CONSIGLIO C，LUTHANS F，et al. Testing a Dy namic Model of the Impact of Psychological Capital on Work Engagement and Job Performance [J]. Career Development International，2018，23 (3).

　[4] ALI M，ALI I，ALBORT - MORANT G，et al. How Do Job Share or Hide Knowledge？[J]. International Entrepreneurship and Management Journal，2021，17 (2).

　[5] ALLAMEH M S. Antecedents and Consequences of Intellectual Capital：The Role of Social Capital，Knowledge Sharing and Innovation [J]. Journal of Intellectual Capital，2018，19 (5).

　[6] AMABILE M T. A Model of Creativity and Innovation in Organizations [J]. Research in Organizational Behavior，1988 (10).

　[7] ARDICHVILI A. Invited Reaction：Meta - Analysis of the Impact of Psychological Capital on E mployee Attitudes，Behaviors，and Performance [J]. Human Resource Development Quarterly，2011，22 (2).

　[8] AVEY B J，WERNSING S T，LUTHANS F. Can Positive E mployees Help Positive Organizational Change？Impact of Psychological Capital and E mo tions on Relevant Attitudes and Behaviors [J]. The Journal of Applied Behavioral Science，2008，44 (1).

［9］ AVOLIO J B, GARDNER L W, WALUMBWA O F, et al. Unlocking the Mask: A Look at the Process by Which Authentic Leaders Impact Follower Attitudes and Behaviors ［J］. The Leadership Quarterly, 2004, 15 (6).

［10］ BAKKER B A, DEMEROUTI E, SANZ-VERGEL I A. Burnout and Work Engagement: The JD-R Approach ［J］. Annval Review of Organizational Psychology and Organizational Behavior, 2014, 1 (1).

［11］ BAKKER B A, DEMEROUTI E. The Job Demands - Resources Model: State of the Art ［J］. Journal of Managerial Psychology, 2007, 22 (33).

［12］ BARNEY B J. Looking Inside for Competitive Advantage ［J］. Academy of Management Perspectives, 1995, 9 (4).

［13］ BARNEY B J. Firm Resources and Sustained Competitive Advantage ［J］. Advances in Strategic Management, 1991, 17 (1).

［14］ BARON M R, KENNY A D. The Moderator-Mediator Variable Distinction in Social Psychological Research: Conceptual, Strategic, and Statistical Considerations ［J］. Journal of Personality and Social Psychology, 1986, 51 (6).

［15］ CADENASSO M, PICKEETT S, GROVE J. Dimensions of Ecosystem Complexity: Heterogeneity, Connectivity, and History ［J］. Ecological Complexity, 2006, 3 (1).

［16］ CHENG H J, YEH H C, TU W C. Trust and Knowledge Sharing in Green Supply Chains ［J］. Supply Chain Management, 2008, 13 (4).

［17］ CHIN W W. Commentary: Issues and Opinion on Structural Equation Modeling ［J］. Management Information Systems Quarterly, 1998, 22 (1).

［18］ COASE R. The Problem of Social Cost ［J］. Journal of Law & Economics, 2013 (3).

［19］ CUI A, GRIFFITH A D, CAVUSGIL T S. The influence of Competitive Intensity and Market Dynamism on Knowledge Management Capabilities of Multinational Corporation Subsidiaries ［J］. Journal of International Marketing, 2005, 13 (3).

［20］ DESS GG. Dimensions of Organizational Task Environments ［J］.

Administrative Science Quarterly, 1984, 29 (1).

[21] DIGAN P S, SAHI K G, MANTOK S, et al. Women's Perceived E mpowerment in Entrepreneurial Efforts: The Role of Bricolage and Psychological Capital [J]. Journal of Small Business Management, 2018, 57 (1).

[22] DUNCAN B R. The Ambidextrous Organization: Designing Dual structures for Innovation [J]. The Management of Organization, 1976, 1 (1).

[23] DUNCAN B R. The Characteristics of Organizational Environments and Perceived Environmental Uncertainty [J]. Administrative Science Quarterly, 1972, 17 (3).

[24] FORNELL C, LARCKER F D. Evaluating Structural Equation Models with Unobservable Variables and Measurement Error [J]. Journal of Marketing Research, 1981, 24 (4).

[25] GOLDSMITH H A, VEUM R J, DARITY W. The Impact of Psycho logical and Human Capital on Wages [J]. Economic Inquiry, 1997, 35 (4).

[26] GRANT M R. The Resource - Based Theory of Competitive Advantage: Implications for Strategy Formulation [J]. California Management Review, 1999, 33 (3).

[27] GRANT M R. Toward a Knowledge-Based Theory of the Firm [J]. Strategic Management Journal, 1996, 17 (S2).

[28] GUPTA A, SMITH G K, SHALLEY E C. The Interplay Between Exploration and Exploitation [J]. Academy of Management Journal, 2006, 49 (4).

[29] HANSEN T M. Knowledge Networks: Explaining Effective Knowledge Sharing in Multiunit Companies [J]. Organization Science, 2002, 13 (3).

[30] HARTER K J, SCHMIDT L F, HAYES L T. Business-Unit-Level Relationship Between E mployee Satisfaction, Employee Engagement, and Business Outcomes: a Meta-Analysis [J]. Journal of Applied Psychology, 2002, 87 (2).

[31] HAYES F A. Beyond Baron and Kenny: Statistical Mediation Analysis in the New Millennium [J]. Communication Monographs, 2009, 76 (4).

[32] HOLBERT R, STEPHENSON T M. The Importance of Indirect

Effects in Media Effects Research: Testing for Mediation in Structural Equation Modeling [J]. Journal of Broadcasting & Electronic Media, 2003, 47 (4).

[33] HORTINHA P, LAGES C, LAGES F L. The Trade-Off Between Customer and Technology Orientations: Impact on Innovation Capabilities and Export Performance [J]. Journal of International Marketing, 2011, 19 (3).

[34] HU L, RANDEL E A. Knowledge Sharing in Teams: Social Capital, Extrinsic Incentives, and Team Innovation [J]. Group & Organization Management, 2014, 39 (2).

[35] HUANG TT, CHEN L, STEWART A. R. The Moderating Effect of Knowledge Sharing on the Relationship Between Manufacturing Activities and Business Performance [J]. Knowledge Management Research & Practice, 2010, 8 (4).

[36] IMAMOGLU Z S, INCE H, TURKCAN H, et al The Effect of Organizational Justice and Organizational Commitment on Knowledge Sharing and Firm Performance [J]. Procedia Computer Science, 2019 (158).

[37] JANSEN P J J, BOSCH D V A F, VOLBERDA W H. Exploratory Innovation, Exploitative Innovation, and Performance: Effects of Organizational Antecedents and Environmental Moderators [J]. Management Science, 2006, 52 (11).

[38] JANSSEN O. Innovative Behaviour and Job Involvement at the Price of Conflict and Less Satisfactory Relations with Co-Workers [J]. Journal of Occupational and Organizational Psychology, 2003, 76 (3).

[39] JANSSEN O. Job Demands, Perceptions of Effort - Reward Fairness and Innovative Work Behaviour [J]. Journal of Occupational and Organizational Psychology, 2000, 73 (3).

[40] JANZ D B, PRASARNPHANICH P. Understanding the Antecedents of Effective Knowledge Management: The Importance of a Knowledge - Centered Culture [J]. Decision sciences, 2010, 34 (2).

[41] JASON V, GEETHA N S. The Role of Leader-Member Exchange and Promotion Focus on Innovative Work Behavior: Mediational Effect of Work Engagement [J]. Anthropologist, 2021, 40 (3).

［42］JAWORSKI J B, KOHLI K. A. Market Orientation: Antecedents and Consequences ［J］. Journal of Marketing, 1993, 57 (3).

［43］JENA K L, MEMON Z N. Does Workplace Flexibility Usher Innova havior ［J］. Global Journal of Flexible Systems Management, 2017, 18 (4).

［44］JENSEN M S, LUTHANS F. Relationship Between Entrepreneurs' Psychological Capital and Their Authentic Leadership ［J］. Journal of Managerial Issues, 2006, 18 (2).

［45］KAHN A W. To be Fully There: Psychological Presence at Work ［J］. Human relations, 1992, 45 (4).

［46］KANG H J, SOLOMON T G, CHOI Y D. CEOs' Leadership Styles and Managers' Innovative Behaviour: Investigation of Intervening Effects in an Entrepreneurial Context ［J］. Journal of Management Studies, 2015, 52 (4).

［47］KANTER M R. Three Tiers for Innovation Research ［J］. Communi cation Research, 1988, 15 (5).

［48］KARATEPE M O, KARADAS G. Do Psychological Capital and Work Engagement Foster Frontline E mployees, Satisfaction? ［J］. International Journal of Contemporary Hospitality Management, 2015, 27 (6).

［49］KEATS W B, AND HITT A M. A Causal Model of Linkages Among Environmental Dimensions, Macro Organizational Characteristics, and Perform ance ［J］. Academy of Management Journal, 1988, 31 (3).

［50］KHAN N M, MALIK F M. My Leader's Group is My Group: Leader-Member Exchange and E mployees, Behaviours ［J］. European Business Review, 2017, 29 (1).

［51］KLEYSEN F R, STREET T C. Toward a Multi - Dimensional Meas-ure of Individual Innovative Behavior ［J］. Journal of Intellectual Capital, 2001, 2 (3).

［52］KOTZé M. The Influence of Psychological Capital, Self-Leadership, and Mindfulness on Work Engagement ［J］. South African Journal of Psychology, 2017, 48 (2).

［53］KWON K, KIM T. An Integrative Literature Review of E mployee Engagement and Innovative Behavior: Revisiting the JD -R model ［J］. Human

Resource Management Review, 2019, 30 (2).

[54] LEITER M, MASLACH C. Burnout and Quality in a Sped-Up World [J]. The Journal for Quality and Participation, 2001, 24 (2).

[55] LI Y, WANG M, VAN J D, et al. From E mployee-Experienced Resource Management Framework [J]. Academy of Management Journal, 2018, 61 (5).

[56] LI Y. Leadership Styles and Knowledge Workers, Work Engagement: Psychological Capital as a Mediator [J]. Current Psychology, 2019, 38 (1).

[57] LUBATKIN H M, SIMSEK Z, LING Y, et al. Ambidexterity and Performance in Small-to Medium-Sized Firms: The Pivotal Role of Top Manage ment Team Behavioral Integration [J]. Journal of Management, 2006, 32 (5).

[58] LUTHANS F, AVEY B J, PATERA L J. Experimental Analysis of a Web-Based Training Intervention to Develop Positive Psychological Capital [J]. Academy of Management Learning and Education, 2008, 7 (2).

[59] LUTHANS F, LUTHANS W K, LUTHANS C B. Positive Psychological Capital: Beyond Human and Social Capital [J]. Business Honzons, 2003, 47 (1).

[60] LUTHANS F, YOUSSEF M C. Human, Social, and Now Positive Psychological Capital Management: Investing in People for Competitive Advantage [J]. 2004, 33 (2).

[61] LUTHANS F, YOUSSEF M C. Psychological Capital: An Evidence-Based Positive Approach [J]. Annual Review of Organizational Psychology and Organizational Behavior, 2017, 4 (1).

[62] MARCH G J. Exploration and Exploitation in Organizational Learning [J]. Organization Science, 1991, 2 (1).

[63] MASLACH C, LEITER M. The Truth About Burnout: How Organizations Cause Personal Stress and What to Do About It [J]. Psychiatric Rehabilitation Journal, 1997, 23 (2).

[64] MCADAM R, MOFFETT S, PENG J. Knowledge Sharing in Chinese Service Organizations: a Multi Case Cultural Perspective [J]. Journal of Knowl

edge Management, 2012, 16 (1).

[65] MILLER D. FRIESEN H P. Strategy-Making and Environment: the Third Link [J]. Strategic Management Journal, 1983, 4 (3).

[66] MONTANI F, VANDENBERGHE C, KHEDHAOURIA A, et al. Examining the Inverted U-Shaped Relationship Between Workload and Innovative Work Behavior: The Role of Work Engagement and Mindfulness [J]. Human Relations, 2019, 73 (3).

[67] NEWBERT L S. E mpirical Research on the Resource-Based View of the Firm: an Assessment and Suggestions for Future Research [J]. Strategic Management Journal, 2007, 28 (2).

[68] ORTIZ J, CHANG H S, CHIH H W, et al. The Contradiction Be [J]. Computers in Human Behavior, 2017 (76).

[69] O'DELL C, GRAYSON J C. If Only We Knew What We Know: I dentification and Transfer of Internal Best Practices [J]. California Management Review, 1998, 40 (3).

[70] PAEK S, SCHUCKERT M, KIM TT, et al. Why is Hospitality Employees, Psychological Capital Important? The Effects of Psychological Capital on Work Engagement and E mployee Morale [J]. International Journal of Hospitality Management, 2015 (50).

[71] PENROSE R. A Generalized Inverse for Matrices [J]. Mathematical Proceedings of the Cambridge Philosophical Society, 1955, 51 (3).

[72] Peterson C. TheFuture of Optimism [J]. American Psychologist, 2000, 55 (1).

[73] PETERSON J S, LUTHANS F, AVOLIO J B, et al. Psychological Capital and E mployee Performance: A Latent Growth Modeling Approach [J]. Personnel Psychology, 2011, 64 (2).

[74] PRAHALAD K C, HAMEL G. The Core Competence of the Corpora tion [J]. Harvard Business Review, 1990, 68 (3).

[75] PRESBITERO A, ROXAS B, CHADEE D. Sustaining Innovation of Information Technology Service Providers: Focus on the Role of Organisational Collectivism [J]. International Journal of Physical Distribution & Logistics Man

agement, 2017, 47 (2/3).

[76] RICH B L, LEPINE J A, CRAWFORD E R. Job Engagement: An tecedents and Effects on Job Performance [J]. Academy of Management Journal, 2010, 53 (3).

[77] RODE H. To Share or Not to Share: the Effects of Extrinsic and In [J]. Journal of Information Technology, 2016, 31 (2).

[78] SCHAUFELI B W, SALANOVA M, GONZÁLEZ-ROMÁ V, et al. The Measurement of Engagement and Burnout: A Two Sample Confirmatory Factor Analytic Approach [J]. Journal of Happiness Studies, 2002, 3 (1).

[79] SCHAUFELI W B, BAKKER A B. Job Demands, Job Resources, and Their Relationship with Burnout and Engagement: a Multi – Sample Study [J]. Journal of Organizational Behavior, 2004, 25 (3).

[80] SCHEPERS J, DE VRIES J, WEELE V A, et al. Exploring the Motivational and Behavioral Foundations of External Technology Experts, Knowl edge Sharing in Collaborative R&D Projects: the Contingency Role of Project Formalization [J]. Journal of Product Innovation Management, 2019, 36 (4).

[81] SCOTT S G, BRUCE R A. Determinants of Innovative Behavior: A path Model of Individual Innovation in the Workplace [J]. Academy of Manage ment Journal, 1994, 37 (3).

[82] Seyyedeh N, Daneshgar F, Aurum A. Investigating Inter–Organiza tional Knowledge Sharing Intention in Supply Chain Partnership [J]. ACIS 2009 Proceedings, 2009 (18).

[83] SNYDER R C, SYMPSON C S, YBASCO C F, et al. Development and Validations of the State of Hope Scale [J]. Journal of Personality and Social Psychology, 1996, 70 (2).

[84] TAN J. Regulatory Environment and Strategic Orientations in a Transi tional Economy: A Study of Chinese Private Enterprise [J]. Entrepreneurship Theory and Practice, 1996, 21 (1).

[85] TOWE C B, PIZZICONI B V, WIIG M K. Knowledge Management: Where Did it Come From and Where Will It go? [J]. Expert Systems with Appli

cations，1997，13（1）.

[86] TSAI W. Knowledge Transfer in Intraorganizational Networks：Effects of Network Position and Absorptive Capacity on Business Unit Innovation and Performance [J]. Academy of Management Journal，2001，44（5）.

[87] TUGADE MM，FREDRICKSON L B. Resilient Individuals Use Positive emotions to Bounce Back From Negative E motional Experiences [J]. Journal of Personality and Social Psychology，2004，86（2）.

[88] VAN ZYL E L，OORT V A，RISPENS S，et al. Work Engagement and Task Performance within a Global Dutch ICT－consulting Firm：The Mediating Role of Innovative Work Behaviors [J]. Current Psychology，2021，40（1）.

[89] WERNERFELT B. A Resource－Based View of the Firm [J]. Strategic Management Journal，1984，5（2）.

[90] WEST M A，FARR J A. Innovation and creativity at work：Psychological and organizational strategies [J]. Health Policy，1991，45（3）：175-186.

[91] WOJTCZUK－TUREK A，TUREK D. Innovative Behaviour in the Workplace [J]. European Journal of Innovation Management，2015，18（3）.

[92] WU W，LEE Y. Do E mployees Share Knowledge When Encountering Abusive Supervision? [J]. Journal of Managerial Psychology，2016，31（1）.

[93] WU W，LEE Y. E mpowering Group Leaders Encourages Knowledge Sharing：Integrating the Social Exchange Theory and Positive Organizational Behavior Perspective [J]. Journal of Knowledge Management，2017，21（2）.

[94] ZHANG C，CAVUSGIL T S，ROATH S A. Manufacturer Governance of Foreign Distributor Relationships：do Relational Norms Enhance Competitiveness in the Export Market? [J]. Journal of International Business Studies，2003，34（6）.

[95] ZIYAE B，MOBARAKI H M，SAEEDIYOUN M. The Effect of Psychological Capital on Innovation in Information Technology [J]. Journal of Global Entrepreneurship Research，2015，5（1）.

附录　调查问卷

企业员工心理资本、工作投入和知识分享
对员工创新行为之影响

尊敬的先生/女士：

您好！

感谢您参与本次问卷调查！本次问卷调查旨在了解心理资本、知识分享、工作投入、员工创新行为、环境动态性的关系。本次问卷采用匿名调查的方式，不用于商业也不涉及个人的隐私。我们对您回答的全部调查问卷内容承诺严格保密，放心作答。

＊填写注意事项

1. 请问卷填写者直接在符合您想法的选项上打"√"；

2. 在提交问卷前，请确保所有题项均已回答；

3. 调查并无正确答案，请您选择最接近想法的答案即可。

员工创新行为（Employees' Innovative Behavior，EIB）

请依照您个人的实际感受在适当的□内打钩。	非常不同意	不同意	稍微不同意	普通	稍微同意	同意	非常同意
利用式创新（Utilization，EIBUT）							
我将提高产品质量和降低成本。	□	□	□	□	□	□	□
我会不断提高产品和服务的可靠性。	□	□	□	□	□	□	□
我会提高操作的自动化水平。	□	□	□	□	□	□	□
我会不断调查现有客户的满意度。	□	□	□	□	□	□	□
我会提升产品质量，保持客户的满意。	□	□	□	□	□	□	□
我会深入地了解现有的客户群。	□	□	□	□	□	□	□
探索式创新（Exploratory，EIBEX）							
我会跳出思维定式来寻找新的技术理念。	□	□	□	□	□	□	□
我会增强新技术的搜索能力。	□	□	□	□	□	□	□
我会为公司创造新的产品或服务。	□	□	□	□	□	□	□
我会寻求新的方法来满足客户的需求。	□	□	□	□	□	□	□
我会对现有产品进行细分研发。	□	□	□	□	□	□	□
我会积极瞄准新客户群体。	□	□	□	□	□	□	□

心理资本（Psychological Capital，PSC）

请依照您个人的实际感受在适当的□内打钩。	非常不同意	不同意	稍微不同意	普通	稍微同意	同意	非常同意
任务型（Task，PSCTA）							
我在工作中总能保持精力充沛。	□	□	□	□	□	□	□
我总是期待未来的工作有好事发生。	□	□	□	□	□	□	□
我不怕有难度的新工作。	□	□	□	□	□	□	□
我能平静地对待高难度的工作。	□	□	□	□	□	□	□
我希望自己有独立承担某项工作的机会。	□	□	□	□	□	□	□
关系型（Relational，PSCRE）							
我知道为什么我的情绪发生变化。	□	□	□	□	□	□	□
我能很好地理解他人的情绪。	□	□	□	□	□	□	□
我感谢那些能够给我指出问题的同事。	□	□	□	□	□	□	□
我会记住给我提供帮助和支持的人。	□	□	□	□	□	□	□
学习型（Learning，PSCLE）							
我相信自己能够将学到的知识转化为技能。	□	□	□	□	□	□	□
我相信自己能够掌握组织其他成员提供的知识。	□	□	□	□	□	□	□
我会自发地学习和提高工作技能水平。	□	□	□	□	□	□	□
我主动学习同事的经验和专业知识。	□	□	□	□	□	□	□
我乐意与同事分享我的经验。	□	□	□	□	□	□	□
创新型（Innovative，PSCIN）							
我能用全新的方法实现我设定的目标。	□	□	□	□	□	□	□
我乐意在工作中尝试新的方法和思路。	□	□	□	□	□	□	□
我能主动调整改变原有的工作方法。	□	□	□	□	□	□	□
我在工作中能打破固有思维和工作方式。	□	□	□	□	□	□	□

工作投入（Work Engagement，WOE）

请依照您个人的实际感受在适当的□内打钩。	非常不同意	不同意	稍微不同意	普通	稍微同意	同意	非常同意
身体投入（Body，WOEBO）							
我对待工作很认真。	□	□	□	□	□	□	□
我尽最大的努力做好本职工作。	□	□	□	□	□	□	□
我在工作上投入了很多精力。	□	□	□	□	□	□	□
我用尽心思地做好工作。	□	□	□	□	□	□	□
我尽我所能去完成我的工作。	□	□	□	□	□	□	□
我在工作上花费了大量时间。	□	□	□	□	□	□	□
情感投入（Emotion，WOEEM）							
我对工作充满热情。	□	□	□	□	□	□	□
我工作时感到精力充沛。	□	□	□	□	□	□	□
我对我的工作感兴趣。	□	□	□	□	□	□	□
我为我的工作感到骄傲。	□	□	□	□	□	□	□
我对我的工作有信心。	□	□	□	□	□	□	□
我对我的工作感到兴奋。	□	□	□	□	□	□	□
认知投入（Cognition，WOECO）							
我会把注意力集中在工作上。	□	□	□	□	□	□	□
我会很关注我的工作。	□	□	□	□	□	□	□
我会把兴趣点放在工作上。	□	□	□	□	□	□	□
我会在工作的时候全神贯注。	□	□	□	□	□	□	□
我会投入全部身心在工作中。	□	□	□	□	□	□	□
我会在工作中投入更多关注度。	□	□	□	□	□	□	□

知识分享（Knowledge Sharing，KNS）

请依照您个人的实际感受在适当的□内打钩。	非常不同意	不同意	稍微不同意	普通	稍微同意	同意	非常同意
意愿（Intention，KNSIN）							
我乐意与他人分享自己的知识与经验。	□	□	□	□	□	□	□
我参与讨论时尽可能提供自己的意见。	□	□	□	□	□	□	□
我会尽可能地解答同事提出的问题。	□	□	□	□	□	□	□
我会尽量给同事提供所需要的资料与文件。	□	□	□	□	□	□	□
我认为与他人分享知识是有成就感的事情。	□	□	□	□	□	□	□
能力（Ability，KNSAB）							
我能快速地找到执行工作所需要的知识。	□	□	□	□	□	□	□
我能站在他人角度表达我的建议。	□	□	□	□	□	□	□
我有能力辨别知识是否促进开展本职工作。	□	□	□	□	□	□	□
我可以快速地找到执行工作所需要的特殊技巧。	□	□	□	□	□	□	□

环境动态性（Environment Dynamics，EDY）

请依照您个人的实际感受在适当的□内打钩。	非常不同意	不同意	稍微不同意	普通	稍微同意	同意	非常同意
技术动态性（Technology Dynamics，EDYTD）							
企业所在领域产品或服务更新很快。	□	□	□	□	□	□	□
企业所在领域技术进步很快。	□	□	□	□	□	□	□
企业所在领域技术人员的流动性越来越快。	□	□	□	□	□	□	□
市场动态性（Market Dynamics，EDYMD）							
企业所在领域竞争者行为很难预测。	□	□	□	□	□	□	□
企业所在领域顾客需求变化情况很难预测。	□	□	□	□	□	□	□
企业所在领域市场营销策略改变频率越来越快。	□	□	□	□	□	□	□
企业所在的行业领域高层管理经常更换。	□	□	□	□	□	□	□

基本资料

1. 您的性别：	(1) □男	(2) □女	

2. 您的年龄：	(1) □25 岁以下	(2) □26~30 岁	(3) □31~35 岁
	(4) □36~40 岁	(5) □41~45 岁	(6) □46~50 岁
	(7) □51 岁以上		

3. 您的教育学历层次：	(1) □大专学历及以下	(2) □本科学历	(3) □硕士学历及以上

4. 您企业截至目前的生存时长为：	(1) □1 年以下	(2) □1~3 年	(3) □4~5 年
	(4) □6~8 年	(5) □9 年以上	

5. 您企业的员工人数为：	(1) □30 人以下	(2) □31~50 人	(3) □51~100 人
	(4) □101~200 人	(5) □201 人以上	

6. 您企业的企业资产为：	(1) □50 万元及以下	(2) □51 万~100 万元
	(3) □101 万~500 万元	(4) □501 万元以上

7. 您企业的所属区域为：	(1) □东北区域	(2) □京津冀区域	(3) □长三角区域
	(4) □珠三角区域	(5) □西南区域	(6) □其他区域

8. 您所担任的岗位为：	(1) □研发	(2) □采购	(3) □客服
	(4) □营销	(5) □企划	(6) □行政
	(7) □生产	(8) □财务	(9) □人力资源
	(10) □其他		

问卷到此结束，请您检查是否有漏答的条目，再次表示感谢！